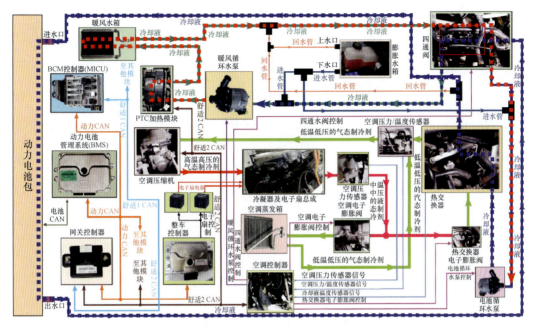

图 3-24 运行预热循环控制图

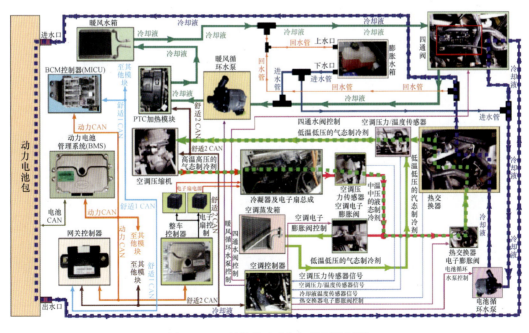

图 3-27 运行散热（冷却）循环控制图

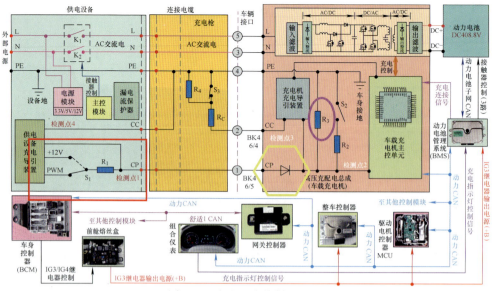

图 4-12　充电系统控制原理图

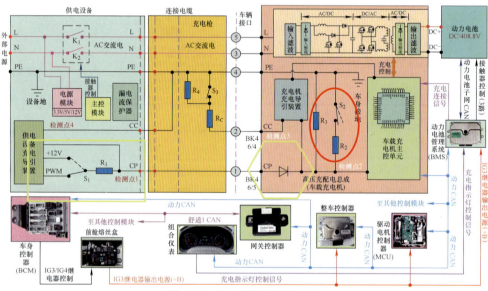

图 4-14　充电系统控制原理图

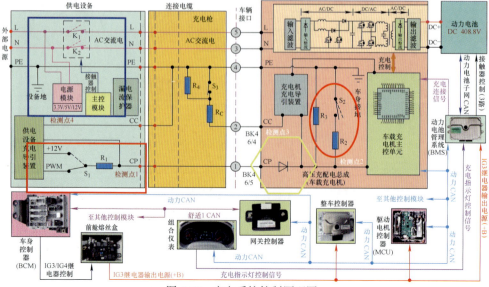

图 4-18　充电系统控制原理图

新能源汽车产教融合系列教材

新能源汽车控制系统及检修

主　编　王　会　邓宏业
副主编　弋国鹏　魏建平
参　编　邵广贵　苏方绪　张小飞

机械工业出版社

《新能源汽车控制系统及检修》结合国内中高职汽车相关技能竞赛常用车型，剖析了新能源汽车控制系统的结构和控制逻辑，并按照故障树的诊断流程对新能源汽车控制系统常见故障的诊断进行详细的讲解，包括整车控制系统认知与检修、电机控制系统认知与检修、动力电池管理系统认知与检修、充电系统认知与检修、空调管理系统认知与检修五大部分的内容，同时对仪表上的相关信号进行了说明。

编写《新能源汽车控制系统及检修》的主要目标，一是规范汽车诊断思维、细化技术细节，引导相关人员在具体故障的诊断过程中进一步掌握新能源汽车控制系统的结构和控制逻辑，并学会使用各种诊断设备进行故障诊断；二是培养相关人员将宽泛的基础知识与实际车型相结合的能力，以便将来更有效地从事汽车故障诊断及相关工作。

《新能源汽车控制系统及检修》可作为高职院校新能源汽车检测与维修专业教材，也可作为参加汽车维修技能竞赛人员的指导性教程。

图书在版编目（CIP）数据

新能源汽车控制系统及检修/王会，邓宏业主编. —北京：机械工业出版社，2023.6

新能源汽车产教融合系列教材

ISBN 978-7-111-73072-9

Ⅰ.①新… Ⅱ.①王… ②邓… Ⅲ.①新能源–汽车–控制系统–车辆修理–职业教育–教材 Ⅳ.①U469.72

中国国家版本馆 CIP 数据核字（2023）第 072063 号

机械工业出版社（北京市百万庄大街22号　邮政编码100037）
策划编辑：李　军　　　　　责任编辑：李　军　丁　锋
责任校对：张晓蓉　李　婷　　封面设计：马精明
责任印制：常天培
北京机工印刷厂有限公司印刷
2023年10月第1版第1次印刷
184mm×260mm・20.75 印张・1 插页・513 千字
标准书号：ISBN 978-7-111-73072-9
定价：69.90元

电话服务　　　　　　　　　　网络服务
客服电话：010–88361066　　　机　工　官　网：www.cmpbook.com
　　　　　010–88379833　　　机　工　官　博：weibo.com/cmp1952
　　　　　010–68326294　　　金　书　网：www.golden-book.com
封底无防伪标均为盗版　　　机工教育服务网：www.cmpedu.com

前　言

为提升汽车相关技能竞赛和日常教学活动的结合度，培养从业人员或学生在汽车故障诊断过程中的诊断思维能力和规范性操作能力，促进从业人员或学生能将理论知识和实际维修案例相结合、并按要求编写出故障诊断报告，帮助从业人员或学生做好汽车相关技能竞赛的准备工作，在经过大量试验和实践总结后，我们编写了这本实践性很强的指导性图书，供高职院校及其他单位汽车相关人员、学生使用。

本书符合国家对技术技能型紧缺人才培养培训工作的要求，注重以就业为导向，以能力为本位，面向市场、面向社会，体现了职业教育的特色，满足了高素质人才培养的需求。

本书的编写以"创新职业教育理念、改革教育教学模式、提升学生职业素质、适应经济社会发展"为指导思想，采用职教专家、行业一线企业和出版社相结合的编写模式。在组织编写过程中，认真总结了历年汽车维修技能竞赛的相关技术文件，通过大量的验证性试验总结竞赛车型的结构特点和控制流程，并基于此制订了规范的诊断流程，同时还注意吸收发达国家先进的职教理念和方法，形成了以下特色：

1) 打破传统的教材体例，以具体故障诊断过程为单元确定知识目标和能力目标，结合实际案例讲解常见故障的诊断过程，使培养过程实现"知行合一"。

2) 以工作过程为导向，细化作业过程，规范思维和作业过程，对必要的理论知识进行了详细解释，真正将技能竞赛的要求和日常教学活动有机结合。

3) 内容选择注重汽车后市场职业岗位对人才的知识和能力要求，力求与相应的职业资格标准衔接，并较多地反映了新知识、新技术、新工艺、新方法和新材料等内容。

4) 坚持高素质技术技能人才培养定位，突出职教特色，将知识、能力和正确价值观的培养有机结合，全面落实课程思政要求，将专业精神、职业精神、信息素养和工匠精神融入教材内容，促进学生德技并修，适应新时代要求。

5) 以汽车新能源技术人员、汽车工程技术人员、汽车运用工程技术人员、汽车维修人员、机动车检验试验工等岗位群的真实生产项目、典型工作任务等为载体，体现汽车新能源产业发展的"四新"，将全国职业院校技能大赛汽车技术赛项、汽车领域职业技能等级证书等内容融入其中。

本书由北京工业职业技术学院王会、荆州职业技术学院邓宏业担任主编；北京中汽恒泰教育科技有限公司弋国鹏、魏建平担任副主编；荆州职业技术学院邵广贵、苏方绪、张小飞参编。比亚迪汽车有限公司、北京中汽恒泰教育科技有限公司提供车辆及资料，王会负责车辆结构和原理部分的编写，魏建平负责电路图绘制、诊断流程编写，邓宏业、邵广贵、苏方绪、张小飞负责内容校验、体例编写、视频录制，弋国鹏负责统稿和审核。此外，北京中汽恒泰教育科技有限公司贺贵栋、刘超、刁习负责车辆试验、数据测量、素材整理工作。在此对他们表示衷心的感谢。

由于技术进展加速，资料繁多，加之编者经验有限，本书内容可能存在疏漏之处在所难免，请使用本书的相关人员提出宝贵意见，以便在今后进行补充和改进。

编　者

目　　录

前言

项目 1　整车控制系统认知与检修 ··· 1

　任务 1　整车控制系统认知 ·· 1
　　任务描述 ·· 1
　　任务目标 ·· 2
　　任务准备 ·· 2
　　知识准备 ·· 2
　　任务实施 ·· 19
　　评价反馈 ·· 20
　　任务拓展 ·· 21

　任务 2　整车控制系统常见故障分析与诊断 ··· 29
　　任务描述 ·· 29
　　任务目标 ·· 29
　　任务准备 ·· 30
　　知识准备 ·· 30
　　任务实施 ·· 46
　　评价反馈 ·· 47

　任务 3　整车控制系统常见故障诊断与排除 ··· 48
　　任务描述 ·· 48
　　任务目标 ·· 48
　　任务准备 ·· 49
　　知识准备 ·· 49
　　任务实施 ·· 51
　　评价反馈 ·· 53
　　任务拓展 ·· 54
　　巩固提高 ·· 76

项目 2　电机控制系统认知与检修 ·· 79

　任务 1　电机控制系统认知 ·· 79
　　任务描述 ·· 79
　　任务目标 ·· 80
　　任务准备 ·· 80
　　知识准备 ·· 80

任务实施 ………………………………………………………………………… 104
　　评价反馈 ………………………………………………………………………… 105
任务 2　电机控制系统常见故障分析与诊断 ……………………………………… 106
　　任务描述 ………………………………………………………………………… 106
　　任务目标 ………………………………………………………………………… 106
　　任务准备 ………………………………………………………………………… 106
　　知识准备 ………………………………………………………………………… 106
　　任务实施 ………………………………………………………………………… 113
　　评价反馈 ………………………………………………………………………… 114
任务 3　电机控制系统常见故障诊断与排除 ……………………………………… 115
　　任务描述 ………………………………………………………………………… 115
　　任务目标 ………………………………………………………………………… 115
　　任务准备 ………………………………………………………………………… 116
　　知识准备 ………………………………………………………………………… 116
　　任务实施 ………………………………………………………………………… 117
　　评价反馈 ………………………………………………………………………… 119
　　任务拓展 ………………………………………………………………………… 120
　　巩固提高 ………………………………………………………………………… 127

项目 3　动力电池管理系统认知与检修 …………………………………………… 129

任务 1　动力电池管理系统认知 …………………………………………………… 129
　　任务描述 ………………………………………………………………………… 129
　　任务目标 ………………………………………………………………………… 130
　　任务准备 ………………………………………………………………………… 130
　　知识准备 ………………………………………………………………………… 130
　　任务实施 ………………………………………………………………………… 146
　　评价反馈 ………………………………………………………………………… 147
　　任务拓展 ………………………………………………………………………… 148
任务 2　动力电池管理系统常见故障分析与诊断 ………………………………… 152
　　任务描述 ………………………………………………………………………… 152
　　任务目标 ………………………………………………………………………… 153
　　任务准备 ………………………………………………………………………… 153
　　知识准备 ………………………………………………………………………… 153
　　任务实施 ………………………………………………………………………… 162
　　评价反馈 ………………………………………………………………………… 163
任务 3　动力电池管理系统常见故障诊断与排除 ………………………………… 164
　　任务描述 ………………………………………………………………………… 164
　　任务目标 ………………………………………………………………………… 164
　　任务准备 ………………………………………………………………………… 165

  知识准备 ··· 165
  任务实施 ··· 170
  评价反馈 ··· 172
  任务拓展 ··· 173
  巩固提高 ··· 190

项目 4 充电系统认知与检修 ·· 193

任务 1 充电系统认知 ·· 193
  任务描述 ··· 193
  任务目标 ··· 194
  任务准备 ··· 194
  知识准备 ··· 194
  任务实施 ··· 209
  评价反馈 ··· 211

任务 2 充电系统常见故障分析与诊断 ···································· 211
  任务描述 ··· 211
  任务目标 ··· 212
  任务准备 ··· 212
  知识准备 ··· 212
  任务实施 ··· 224
  评价反馈 ··· 225

任务 3 充电系统常见故障诊断与排除 ···································· 226
  任务描述 ··· 226
  任务目标 ··· 226
  任务准备 ··· 226
  知识准备 ··· 226
  任务实施 ··· 248
  评价反馈 ··· 251
  任务拓展 ··· 251
  巩固提高 ··· 251

项目 5 空调管理系统认知与检修 ·· 254

任务 1 空调管理系统认知 ·· 254
  任务描述 ··· 254
  任务目标 ··· 255
  任务准备 ··· 255
  知识准备 ··· 255
  任务实施 ··· 258
  评价反馈 ··· 260

  任务拓展 ·· 260
任务 2 空调管理系统常见故障分析与诊断 ·· 282
  任务描述 ·· 282
  任务目标 ·· 283
  任务准备 ·· 283
  知识准备 ·· 283
  任务实施 ·· 294
  评价反馈 ·· 294
任务 3 空调管理系统常见故障诊断与排除 ·· 295
  任务描述 ·· 295
  任务目标 ·· 295
  任务准备 ·· 296
  知识准备 ·· 296
  任务实施 ·· 319
  评价反馈 ·· 322
  任务拓展 ·· 322
  巩固提高 ·· 322

项目1
整车控制系统认知与检修

新能源汽车整车控制系统的主要作用是协调电机控制系统、电池管理系统、充配电系统、热管理系统的运行,它相当于整个车辆的中枢神经系统,其主要功能是控制低压上电、高压上电、车辆速度和温度。

通过本项目的学习,主要达到以下目标:

目标	具体描述
知识目标	能够描述整车控制系统的功能与组成
	能够描述整车控制系统的工作原理
	能够解答整车控制系统常见故障的产生机理
技能目标	能够正确重现整车控制系统的常见故障
	能够合理利用各项数据进行整车控制系统故障的综合分析
	能够准确运用维修工具及设备排除整车控制系统的故障
	能够正确书写诊断报告
	能够举一反三地维修其他各品牌相同系统的故障
素质目标	能够安全规范地进行故障诊断操作,树立安全责任意识
	能够通过规范操作养成良好的工作习惯和工作态度
	能够通过协同工作养成良好的团队协作精神
	能够在操作中养成刻苦钻研、精益求精、勇于创新的工匠精神

本项目的主要任务:
任务1 整车控制系统认知
任务2 整车控制系统常见故障分析与诊断
任务3 整车控制系统常见故障诊断与排除

任务1 整车控制系统认知

任务描述

单位新来了一批实习员工,需要对比亚迪(秦)车辆有一个清晰的认识,请你准备一下,结合实际车辆和相关资料,讲解比亚迪(秦)整车控制系统的结构和工作原理,并对学习效果进行评价。

任务目标

1）能够清楚讲述整车控制系统的功能。
2）能够指明整车控制系统的主要部件，并讲述其工作流程。
3）能够清楚讲述整车控制系统各模块的通信过程。

任务准备

1）防护装备：常规实训着装。
2）车辆、台架、总成：比亚迪（秦）EV 纯电新能源汽车整车或比亚迪（秦）EV 纯电新能源汽车整车解剖平台。
3）专用工具、设备：高压防护工具套装。
4）辅助材料：对应车型比亚迪（秦）EV 线路图及维修手册。

知识准备

一、整车控制系统功能

整车控制系统和其他控制系统一样，也是由各类传感器、控制器、执行器三大部分组成，其核心是整车控制器，也称为主控制器，简称 VCU，如图 1-1 所示为整车控制系统控制结构图，它的各种功能主要围绕 VCU 展开，与驱动电机控制器、动力电池管理系统（BMS）、充配电总成等通过 CAN 总线进行通信。

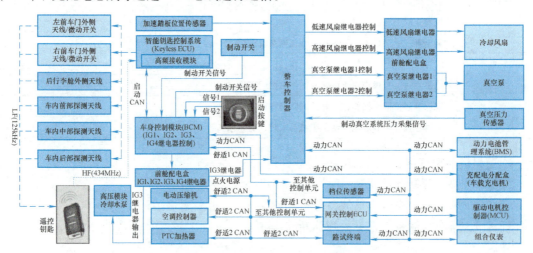

图 1-1　整车控制系统的控制结构图

在车辆上电阶段，VCU 根据车辆的认证信息、热管理信息，以及真空压力传感器、档位、车速、动力电池荷电状态（SOC）、加速踏板位置传感器、制动开关、温度等参数来决定车辆是否可以上电。

在车辆运行过程中，VCU 通过检测档位开关、加速踏板、制动踏板的信号，接收、处理驾驶人的驾驶操作指令，向各个部件发送控制指令，最终控制电机的输出转矩、功率及旋转方向，使车辆按驾驶人的期望行驶。

在系统运行过程中，VCU 针对关键信息的输入判断车辆的状态是否正常，必要时启动保护功能，并视故障的类别对整车进行分级保护，紧急情况下甚至可以关掉驱动电机及切断母线高压系统。

整车控制系统功能

1. 驾驶人意图解析

主要是对驾驶人操作信息进行分析处理，也就是根据档位开关、加速踏板和制动踏板的信号确定驾驶人的意图，进而控制车辆的运行。

加速踏板开度越大，说明驾驶人需要驱动电机的输出功率越大；加速踏板踩得越猛，说明驾驶人的加速意图越明显；制动踏板踩得越深，说明驾驶人需要很大的制动力；制动踏板踩得越猛，说明驾驶人需要紧急制动。VCU 就是加速踏板或制动踏板信息，通知驱动电机输出一定的驱动功率或再生制动功率。在车辆运行过程中，VCU 一方面要合理解析驾驶人的操作，也要接收整车各系统的反馈信息，为驾驶人的决策提供修正信息，如图 1-2 所示为驾驶人操作车辆控制原理图。

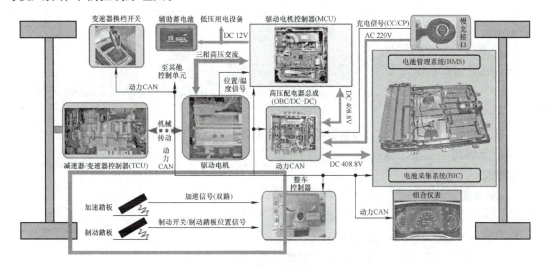

图 1-2 驾驶人操作车辆控制原理图

2. 驱动控制

根据驾驶人对车辆的操纵信息（加速踏板、制动踏板以及换档开关）、车辆状态、道路及环境状况，经分析和处理，在动力电池技术状态允许的前提下，向驱动电机控制器发出相应的指令，控制电机的驱动转矩来驱动车辆，以满足驾驶人对车辆的动力性要求，同时保证车辆的安全性、舒适性。

驾驶人意图解析原理

3. 制动能量回收控制

电动汽车以驱动电机作为驱动转矩的输出机构，电机同样具有回馈制动的性能，此时驱动电机转变为发电机，利用电动汽车的制动能量发电，同时将此能量储存在储能装置中，当满足充电条件时，将能量反充给动力电池组。在这一过程中，VCU 根据加速踏板和制动踏板的开度以及动力电池的 SOC 值来判断某一时刻能否进行制动能量回收，如果可以进行，VCU 向驱动电机控制器发出指令，在满足安全、制动以及舒适性的前提下回收部分能量。

如图 1-3 所示为电动汽车制动能量回收控制流程图。

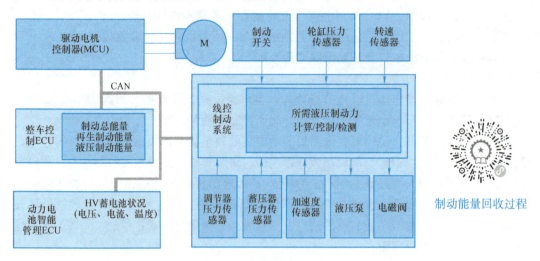

制动能量回收过程

图 1-3 电动汽车制动能量回收控制流程图

（1）制动能量回收过程

制动能量回收可以分为两个阶段：

阶段一：是在车辆行驶过程中驾驶人松开加速踏板但没有踩下制动踏板的车辆滑行阶段。

阶段二：是在驾驶人踩下了制动踏板后开始的制动初期阶段。

（2）车辆制动能量回收过程

应遵循以下原则：

1）制动能量回收不应干预 ABS 的工作。

2）ABS 进行制动力调节时，制动能量回收不工作。

3）当 ABS 报警时，制动能量回收不工作。

4）当驱动电机驱动系统有故障时，制动能量回收不工作。

4. 整车能量优化管理

通过对电动汽车的电机驱动系统、电池管理系统、传动系统以及其他车载能源动力系统（如空调、电动泵等）的协调和管理，提高整车能量利用效率，延长续驶里程。

5. 充电过程控制

充电模式启动后，VCU、驱动电机控制器被 IG 点火电源激活唤醒，充配电总成发送充电模式启动信息至 VCU，VCU 根据当前驱动系统状态，发送禁行信息至驱动电机控制器。此时车辆无法换档行驶，处于禁行状态。

6. 高压上、下电控制

（1）高压上电

根据驾驶人的上电请求指令，通过动力 CAN、舒适 1CAN、启动 CAN、网关控制器、车身控制模块（BCM）、智能钥匙控制系统（Keyless ECU）进行身份验证以及接收解锁信息。在接收到解锁信息后，与 BMS、驱动电机控制器、充配电控制单元、档位控制器等进行

高压上、下电控制过程

数据交换,确认高压系统互锁、绝缘以及动力电池 SOC、档位信息、制动开关、各系统故障等信息正常后,向 BMS 发送上电许可信息。BMS 接收到上电信息后,依次控制主负、预充、主正继电器吸合,进行整车高压上电。如图 1-4 所示为高压上、下电控制流程图。

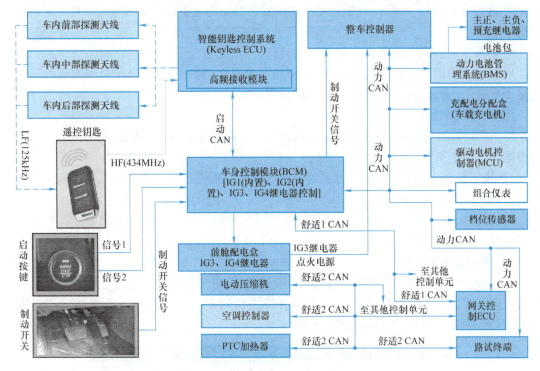

图 1-4　高压上、下电控制流程图

（2）高压下电

当驾驶人再次按压启动按键后,车辆进入整车下电流程,BCM 根据启动按键两个信号判断此时需要整车下电;随即通过舒适 1CAN、网关控制器、动力 CAN 给 VCU 发送整车下电请求;VCU 接收到此消息后通过动力 CAN 发送高压下电命令至 BMS,BMS 接收到下电命令后依次断开主正、主负继电器,高压下电完成。同时 BMS 将这一信息发送至 VCU,VCU 接收到高压下电信息后,通过动力 CAN、网关控制器、舒适 1CAN 给 BMS 发送高压下电完成信息,BMS 接收到此信息后断开 IG1、IG2、IG3、IG4 继电器,整车低压下电。

从图 1-4 中可以看出,所谓上下电流程处理,实质上就是协调各相关部件的上电与下电流程,包括驱动电机控制器、BMS 等部件的供电,预充电继电器、主继电器的吸合和断开时间以及 IG1、IG2、IG3、IG4 继电器吸合和断开时间等。

7. 上坡辅助功能控制

汽车在坡上起步时,驾驶人从松开制动踏板到踩下加速踏板过程中,会出现车辆向后溜车的现象;在坡上行驶过程中,如果驾驶人踩加速踏板的深度不够,会出现车速逐渐降到零然后向后溜车的现象。

为了防止汽车在坡上起步及运行时向后溜车,在整车控制策略中增加了上坡辅助功能,它可以保证车辆在坡上起步时,向后溜车不会超过 10cm;在坡上运行过程中如果动力不足时,车速慢慢降到零,然后会保持零车速,不再向后溜车。

8. 电动化辅助系统管理

电动化辅助系统主要包括电子稳定系统（ESC）及其附属的电子制动辅助装置、电动助力转向系统（EPS）、电子驻车控制系统（EPB）等，这些系统分布在 ESC - CAN 系统，VCU 依据动力 CAN 上的 BMS 提供的动力电池状态和驱动电机控制器的需求，对整车系统进行策略管理。

9. 车辆状态的实时监测和显示

VCU 对车辆的状态进行实时监测，并且将各个系统的信息通过 CAN 总线发送给车载信息显示系统，将状态信息和故障诊断信息显示出来。

10. 行车控制模式

1）正常模式：按照驾驶人意愿、车载负荷、路面情况和气候环境的变化，调节车辆的动力性、经济性和舒适性。

2）跛行模式：当车辆某个系统出现中度故障时，系统不再采纳驾驶人的加速请求，启动跛行模式，最高车速限制在 9km/h。

3）停机保护模式：当车辆某个系统出现严重故障时，VCU 将停止发出指令，车辆进入禁行状态。

11. 故障诊断与处理

VCU 根据传感器的输入及其他通过 CAN 总线通信得到的电机、动力电池、充电机等的信息，连续监视车辆的运行状态，对各种故障进行判断、等级分类、报警显示，并按如图 1-5 所示的故障诊断与处理机制进行处理。

等级	名称	故障后处理
1级	致命故障	电机零转矩，1s紧急断开高压，系统故障灯亮
2级	严重故障	2级电机故障，电机零转矩；2级电池故障，20A放电电流限功率。系统故障灯亮
3级	一般故障	进入跛行工况/降功率，系统故障灯亮
4级	轻微故障	4级故障属于维修提示，但是VCU不对整车进行限制，只是仪表显示；4级能量回收故障，仅停止能量回收，行驶不受影响

图 1-5　电动汽车故障诊断与处理机制

12. 热管理控制

VCU 需要对充电和车辆运行过程中的温度进行热管理。驱动电机工作时会产生高温，如果不加以降温，驱动电机无法正常工作，所以驱动电机机体内设置有冷却液通道，通过冷却液的循环与外界进行热交换，这样能将驱动电机的工作温度保持在一定范围内，防止驱动电机过热；驱动电机控制器不但控制驱动电机的高压三相供电，还要将动力电池的高压直流电转化成低压直流电为铅酸蓄电池充电，在此过程中会产生热量；此外在车辆充电过程中，充配电控制单元内部 IGBT 功率管和驱动电机控制器内部的 IGBT 功率管工作，产生大量热量，如果这些热量不散发，将导致 IGBT 功率管高温后性能下降，严重时可能引发安全事故，因此 VCU 需要通过对冷却风扇的控制实现强制热交换，最终对关键系统或部件进行散热。

13. 动力系统防盗控制

车辆无钥匙进入和启动功能可以使驾驶人直接拉门把手即可进入车辆，并使用一键式点火开关起动车辆，无需操作钥匙，其防盗功能分为车门防盗和动力系统防盗两种，如图1-6所示为防盗认证控制结构图。

防盗控制原理

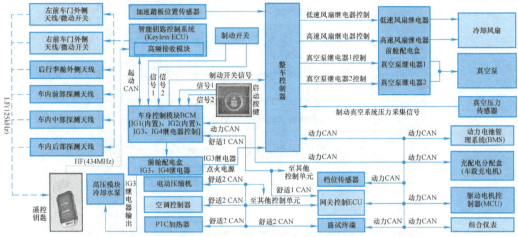

图1-6　防盗认证控制结构图

（1）车门防盗

当驾驶人按压微动开关并拉动门把手时，Keyless ECU检测到车门把手微动开关信号变化，随即通过车外天线（左前、右前车门外天线、后行李舱天线）发送低频（LF）信号（125kHz）至车辆周围查找钥匙；遥控钥匙接收到这个低频信号后，发送高频（HF）信号（434MHz）回应，Keyless ECU内置的高频接收模块将接收到的带有防盗代码信息的数据信号传送至智能钥匙控制单元，智能钥匙控制单元解析此信息，并验证其有效性。如果遥控钥匙数据信息正确有效，智能钥匙控制系统通过CAN发送车门解锁信息至BMS解锁所有车门。

（2）动力系统防盗

动力系统防盗认证过程包括钥匙认证和模块认证两个阶段，其启动按键的系统构成及制动开关线路原理如图1-7所示。

1）钥匙认证。

当驾驶人踩制动踏板时，制动开关将信号输送给BCM，BCM据此判定车辆钥匙认证；BCM将上电信息通过启动CAN发送至Keyless ECU，Keyless ECU通过驾驶室内的前部、中部、后部天线发送低频信号（125kHz）至驾驶室内区域查找钥匙；遥控钥匙接收到这个低频信号后，发送高频信号（434MHz）回应，Keyless ECU内置的高频接收模块对接收到的带有防盗代码信息的数据信号进行解析，并验证其有效性。如果遥控钥匙数据信息正确有效，则钥匙认证就算通过。

2）模块认证。

按压启动按键后，启动按键将信号输送给BCM，BCM据此判定需要进行整车低压、高压上电，随即接通IG3继电器，进行低压上电，VCU、BMS、驱动电机控制器接收到由IG3继电器提供的点火开关信号后被唤醒；VCU首先通过动力CAN发送自身身份认证信息至网关控制器，网关控制器将接收到速率500kbit/s的身份认证信息转换为速率为125kbit/s的身

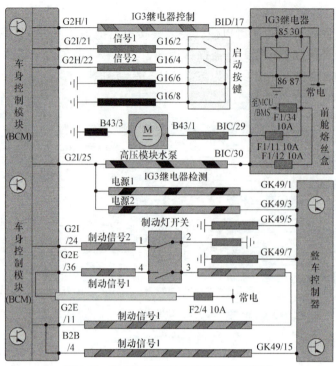

图1-7 启动按键及制动开关线路原理图

份认证信息,通过舒适1CAN发送至BCM,BCM接收到此身份认证信息后进行身份认证,并将认证结果通过启动CAN发送至Keyless ECU。

如果VCU身份认证通过,Keyless ECU通过启动CAN发送解锁信息至BCM,BCM通过舒适1CAN(速率125kbit/s)发送解锁信息至网关控制器,网关控制器将接收到的速率为125kbit/s的信息转换为速率为500kbit/s的数据信息,通过动力CAN总线发送至VCU及组合仪表,VCU接收到解锁信息后,向BMS发送上电信息,车辆进入高压上电流程;组合仪表接收到解锁消息后,解除防盗信息显示功能。在此信息传输过程中,如果信息、通信线路、模块及模块电源异常,将导致车辆高压无法上电。

说明:
如果首先踩制动踏板而没有按启动按键,BCM只会启动钥匙认证功能;如果首先按启动按键,没有踩制动踏板,BCM也会启动钥匙认证功能,钥匙认证通过后,随即启动模块认证,不过仪表会出现如图1-8所示的信息提示。

图1-8 组合仪表信息提示图

14. DC-DC 变换器控制

充配电总成中的 DC-DC 变换器负责将动力电池组的高压转换成指定的直流低压（12V 低压系统），DC-DC 变换器工作模式有两种：

（1）点火开关打开运行模式

踩制动踏板，打开点火开关，BCM 接收到点火开关打开的信息后，自检无异常，BCM 控制 IG1、IG2、IG3、IG4 继电器闭合，整车进入上电流程。待高压上电完成后，VCU 通过动力 CAN 总线发送 DC-DC 变换器启动信息，充配电总成接收到此信息后，启动 DC-DC 变换器控制器，将 DC 408.8V 高压电转换为 +12V 低压电输出至用电设备及辅助蓄电池，为车辆提供源源不断的低压电源。如果点火开关打开后高压上电失败，DC-DC 变换器将无法转换，即低压蓄电池无法补充电能。

（2）充电启动运行模式

连接充电枪，充配电总成检测充电连接正常后启动充电模式，将充电模式启动信号通过动力 CAN 发送至 VCU、驱动电机控制器、BMS 等；VCU、驱动电机控制器、BMS 等接收到充电模式启动信号后，如果自检无异常，BMS 控制高压上电，高压上电完成后，车辆开始充电。此时 VCU 通过动力 CAN 总线发送 DC-DC 变换器启动信号，充配电控制单元接收到此信号后，启动 DC-DC 变换器控制器，将 DC 408.8V 高压电转换为 +12V 低压电输出至用电设备及辅助蓄电池，为车辆提供源源不断的低压电源。如果充电功能不启动，DC-DC 变换器也将不启动，即车辆高压动力电池、低压蓄电池和低压用电设备都无法获得电能，由此可能导致充电失败，如图 1-9 所示为慢充模式下 DC-DC 变换器工作结构图。

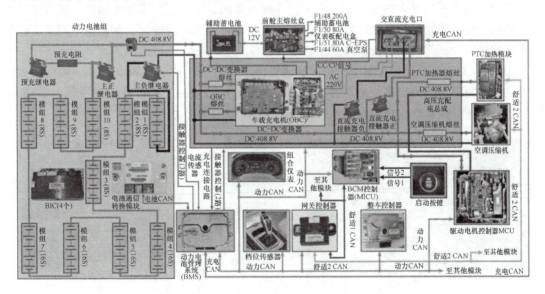

图 1-9　DC-DC 变换器工作结构图（慢充启动）

15. CAN 总线网络化管理

在整车动力控制管理中，VCU 是信息控制的中心，负责动力防盗信息的验证及解除、信息的组织与传输、网络状态的监控、网络节点的管理、信息优先权的动态分配以及网络故障的诊断与处理等，同时协调 BMS、驱动电机控制器、空调系统等模块间的相互通信，如

图 1-10 所示为动力系统 CAN 总线结构图。

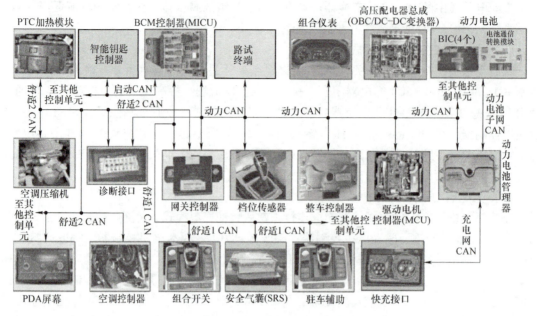

图 1-10　动力系统 CAN 总线结构图

16. 档位控制

档位控制关系驾驶人的安全，正确理解驾驶人意图，正确识别车辆的档位，在基于模型开发的档位管理模块中得到很好的优化。在出现故障时做出相应处理，保证整车安全，在驾驶人出现档位误操作时通过仪表等提示驾驶人，使驾驶人能迅速做出纠正。

如图 1-11 所示为档位控制结构图，车辆档位分为 P、R、N、D 四个档位。换档机构相当于一个控制模块，可以将传感器的信号输入内部的档位模块，档位模块通过动力 CAN 与 VCU、驱动电机控制器、组合仪表等进行数据通信，以传输档位信息。

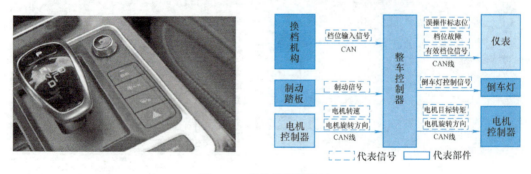

图 1-11　档位控制结构图

（1）结构

如图 1-12 所示为电子换档开关在车上的安装位置和外形结构。如图 1-13 所示为电子档位开关的内部结构，从中可以看出，档位传感器和档位控制模块组合为一体，由控制模块、旋转磁铁、霍尔 IC 元件组成。

图1-12 电子换档开关

图1-13 电子档位开关内部结构

（2）工作原理

档位传感器利用霍尔传感器编码原理实现档位识别。当变速杆移动带动触发器（磁铁）移动时，触发器给霍尔芯片施加磁场强度，产生霍尔电压；档位传感器主模块检测这些霍尔芯片电压，并将这些电压解码与内部存储的档位图谱进行比对，即可判知当前所处档位。如图1-14所示为电子档位控制传感器（模块）档位编码图谱。

档位	IC1		IC2		IC3		IC4		IC5		IC6		IC7		IC8	
	电压/V	编码	电压/V	编码	电压/V	编码	电压/V	编码	电压/V	编码	电压/V	编码	电压/V	编码	电压/V	编码
P	4.8	1	4.8	1	0	0	0	0	4.8	1	4.8	1	0	0	0	0
N	4.8	1	4.8	1	0	0	00	0	0	0	0	0	4.8	1	4.8	1
R	0	0	4.8	1	00	0	4.8	1	00	0	00	0	0	0	4.8	1
D	4.8	1	0	0	4.8	1	0	0	00	0	00	0	4.8	1	4.8	1

图1-14 电子档位控制传感器（模块）档位编码图谱

结合以上编码表，可以得出四种状态，即P位为11001100；N位为11000011；R位为01010011；D位为10100011。

17. 远程监控

车辆配备远程监控功能，操作人员可以通过综合平台或企业平台便捷地获取车辆最近一段周期的实时数据，操作人员对获取的数据进行相应的分析后，即可快速地对车辆故障做出初步诊断，从而极大地减轻客户维护车辆所付出的时间成本。如图1-15所示为远程监控原理图。

远程监控系统在装车后第一次连接网络，综合平台或企业平台就开始对远程监控系统进行管理，其管理内容包括：

（1）CAN唤醒和睡眠

睡眠模式：30s未收到CAN信号，远程监控系统进入睡眠模式并保持一级低功耗。

唤醒模式：收到CAN信号或动力CAN上有充电信号时远程监控系统返回到正常工作模式。

（2）GPS定位

远程监控系统内部集成GPS模块，能够提供车辆当前所处的经度、纬度等定位信息。

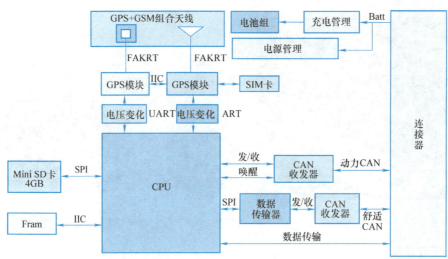

图 1-15　远程监控原理图

(3) 软件升级

升级是指用户在产品开发过程中或产品售出后可通过远程监控系统对车辆软件和参数进行升级，系统支持本地和远程两种升级方式，在系统升级的过程中，CAN 接口要处于关闭状态。从服务端下载到设备的升级数据需要经过 GSM 通道传输。

(4) 实时信息传输

远程监控系统注册成功后，会按一定时间周期向后台上报动力 CAN 或舒适 CAN 上接收的实时数据。内容包括：单体电池电压数据、动力电池包温度数据、整车数据（充电）、卫星定位系统数据、极值数据和报警数据及断电后 3min 内的实时信息。

二、整车控制系统线路

整车控制系统主要线路包括电源线路、制动开关线路、加速踏板位置传感器线路、真空泵控制线路、冷却风扇控制线路、通信（动力 CAN）线路。此处只对电源线路、制动开关线路、加速踏板位置传感器线路做详细说明，其他线路在各自单元中会有详细介绍。

1. VCU 电源

如图 1-16 所示为 VCU 电源线路原理图，从中可以看出，VCU 电源分为两路，均由前舱配电盒里的 IG3 继电器提供。

IG 点火电源一方面为 VCU 提供唤醒信号，是 VCU 判断车辆所处启动运行状态的依据，同时也为 VCU 提供功率电源，如加速踏板位置传感器、冷却风扇继电器控制、真空泵控制、CAN 通信等这些元器件都需要 VCU 提供工作电源的。

如果此电源出现异常，VCU 无法唤醒启动工作，BCM 以及 Keyless ECU 无法对 VCU 进行身份认证，此时动力系统防盗功能将被激活，高压不上电。

2. 制动开关

如图 1-17 所示为制动开关安装位置图。制动开关的作用是反映驾驶人对车辆速度控制的操作意图，一方面用于控制制动灯线路的导通与截止，同时在踩下制动踏板时切断巡航控制、启动 ABS 控制系统、启动驱动电机控制器实现能量回收，以及车辆整车高压上电的控制。

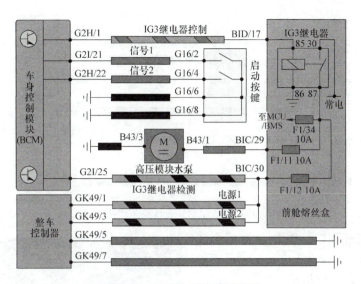

图 1-16　VCU 电源线路原理图

图 1-17　制动开关安装位置图

制动踏板工作原理

（1）结构

制动开关的结构如图 1-18 所示。

（2）工作原理

如图 1-19 所示为制动开关线路原理图，从中可以看出，制动开关内部有两组触点，分别是端子 1 和端子 2 对应的常闭触点、端子 3 和端子 4 对应的常开触点。

1）未打开点火开关、不踩制动踏板时，端子 1 和端子 2 之间的触点接通，端子 3 和端子 4 之间的触点断开，制动开关信号 1 和 2 均保持 0V。

2）踩下制动踏板，端子 1 和端子 2 之间的触点断开，端子 3 和端子 4 之间的触点接通，制动开关信号 2 切换到高电平（+B），信号端子 1 电压切换到模块内部输出的高电平（12V 以上）。

图 1-18　制动开关的结构

1—开关护壳　2—开关触点
3—开关外壳　4—开关后盖
5—开关复位弹簧
6—开关触点推杆

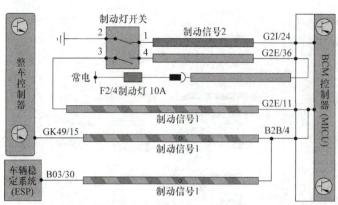

图 1-19 制动开关线路原理图

在整车上电过程中，BCM 根据两个制动开关信号来判断车辆在上电过程中是否处于静止的安全状态。如果有一个信号异常，BCM 不会启动低压、高压上电功能，同时仪表中部提示"启动时，踩下制动踏板，同时按下启动按钮，待"OK"灯点亮后可挂档行驶"，如图 1-20 所示。

图 1-20 组合仪表信息提示图

如果只是制动信号 1 出现异常，高压不上电的同时制动灯不能点亮，更谈不上驱动电机电流输出控制、能量回收、车身稳定控制、ABS 等功能。制动开关信号 2 作为信号 1 的辅助信号，主要用来检测信号 1 的真实性；如果只是制动信号 2 出现故障，高压不上电但制动灯能正常点亮。

3. 加速踏板位置传感器

如图 1-21 所示为比亚迪（秦）车辆上使用的加速踏板位置传感器，它主要用于检测加速踏板的开度变化，并把该信号转变成反映驾驶人对车辆操纵意图的电子信号输送给 VCU，VCU 内部运算处理后，把此信号转变为驱动电机转速、转矩的目标信号，通过 CAN 总线传输给驱动电机控制器，作为驱动电机控制器控制驱动电机转速、转矩、能量回收的重要参考信号。

图 1-21 加速踏板位置传感器图

加速踏板工作原理

为保障系统安全，加速踏板位置传感器设计成双输出传感器，分别由两个滑动电阻式传感器 APS1、APS2 组成，两个传感器在同一基准电压下工作，这种传感器称为电位计式加速踏板位置传感器。随着加速踏板位置的改变，电位计滑动触点与其他端子之间的阻值也发生线性变化，由此产生能反映加速踏板踏量大小和变化速率的电压信号，这两个传感器与加速踏板制成一体。电位计加速踏板通过转轴与传感器内部的滑动变阻器的电刷连接，加速踏板位置传感器的位置改变时，电刷即信号线与接地端之间的电压发生改变，VCU 内部的受压线路将该电压转变成加速踏板的位置信号，即驾驶人对车辆操纵的意图信号，加速踏板位置传感器的内部结构及信号特性如图 1-22 所示。

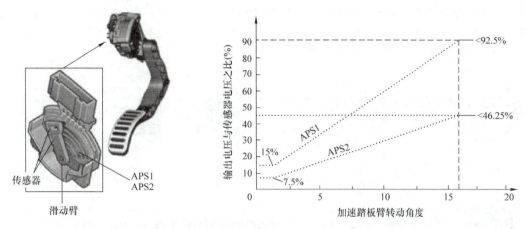

图 1-22　加速踏板位置传感器内部结构及信号特性

如图 1-23 所示为加速踏板位置传感器线路原理图，VCU 通过端子 GK49/23 输出 5V 电源至加速踏板位置传感器端子 1 的 3，为传感器 1 提供 5V 参考电压，通过端子 GK49/37 与加速踏板位置传感器的端子 5 之间的线路为传感器 1 提供接地回路，最后经过传感器的端子 4 与 VCU 的端子 GK49/62 之间线路将反映加速踏板位置的信息输送给 VCU；VCU 通过端子 GK49/24 输出 5V 电源至加速踏板位置传感器 2 的端子 2，为传感器 2 提供 5V 参考电压，通过端子 GK49/38 与加速踏板位置传感器的端子 6 之间的线路为传感器 2 提供接地回路，最后经过传感器的端子 1 与 VCU 的端子 GK49/48 之间线路将反映加速踏板位置的信息输送给 VCU。正常情况下，传感器 1 的信号电压在 0.73～4.06V 变化。传感器 2 信号在 0.35～2.02V 变化。

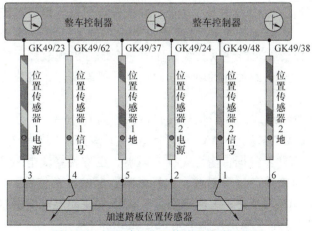

图 1-23　加速踏板位置传感器线路原理图

加速踏板位置传感器 1 作为车辆速度和转矩需求的辅助信号，加速踏板位置传感器 2 作为车辆速度和转矩需求的主信号。如果任一传感器信号出现故障，整车控制系统将启动保护功能，为了行车安全，VCU 将不发送转矩信息至驱动电机控制器，车辆无法行驶。

三、整车控制系统通信线路

在电动汽车整车的网络管理中，VCU 是动力管理控制的中心，通过动力 CAN 总线协调动力系统防盗的启动、认证、解除，驱动电机转矩分配，热管理控制，通信信息的组织与传输、网络状态的监控与管理，信息优先权的动态分配以及网络故障的诊断与处理等功能。如图 1-24 所示为数据总线系统图。

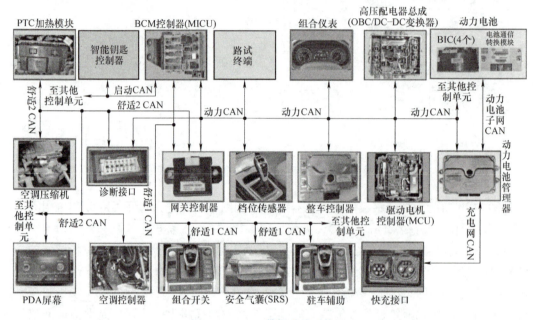

图 1-24　CAN 数据总线系统图

1. 线路结构

如图 1-25 所示为 CAN 数据总线结构原理图。

CAN 总线局域网络中各 CAN 芯片、电阻、二极管等元器件以及线路经过精密匹配，因此在信息传输过程中，才能实现 CAN 总线上显性电平和隐性电平的变化。如果此网络中 CAN 芯片、电阻、二极管等元器件以及线路任何一个地方出现故障，将打破线路平衡，导致 CAN 总线上的电平变化，致使显性电平和隐性电平错误变化，最终将导致总线信息无法传输。

CAN 数据网由双绞线组成，一个信号线路被识别为 CAN-H，另一个信号线路被识别为 CAN-L。在数据总线的末端，CAN-H 和 CAN-L 线路之间有一个 120Ω 的终端电阻。在 CAN 总线系统中，有两个数据传输终端（电阻器，也称为终端电阻），作用是防止数据在传输线终端被反射回来并产生反射波，这将影响数据的正常传输。例如，比亚迪（秦）EV 系列 CAN 的动力 CAN 两个终端电阻分别位于 BMS 和驱动电机控制器中，车身舒适 CAN 的两个终端电阻分别位于电子稳定控制单元 ESC 和 BCM 中。

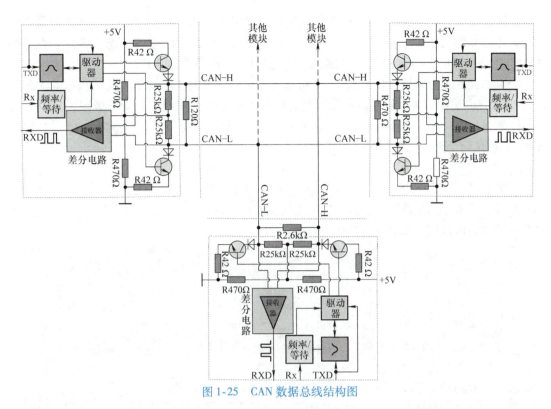

图 1-25　CAN 数据总线结构图

发送 CAN 信号时，电流从控制器的发送端流到 CAN－H，经过终端电阻流入 CAN－L，再返回控制器的接收端。如果通信信号丢失，程序将针对各控制模块设置失去通信故障码。该故障码可通过故障诊断仪读取。

2. 信息发送

CAN 数据符号（1 和 0）以 500kbit/s 的速率按顺序传输。总线传输的数据通过 CAN－H 和 CAN－L 信号电压之间的电压差来表示。如图 1-26 所示为 CAN 数据总线特点，在两个线路总线处于静止时，CAN－H 和 CAN－L 信号线路未被激活，这代表逻辑"0"。在此状态下，两个信号线路电压均为 2.5V，电压差约为 0V。此状态也称静电平状态，即隐性状态，连接的所有控制单元都可以修改它的状态。

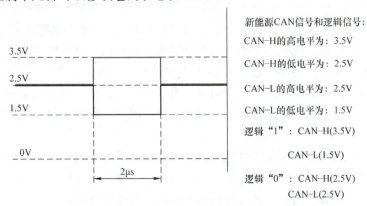

图 1-26　CAN 数据总线特点

当传输逻辑"1"时，CAN-H信号线路被拉高至大约3.5V，CAN-L线路被拉低至约1.5V，电压差约为2.0（±0.5）V，此状态也称动电平状态，即显性状态。因此，在隐性状态时，CAN-H和CAN-L电压差值为0V，显性状态时差值为2.0V。

CAN总线是差分总线。CAN总线H和L从静止或闲置电平驱动到相反的极限。大约为2.5V的闲置电平被认为是隐性传输数据并解释为逻辑"0"。将线路驱动至极限时，CAN总线串行数据总线（H）将升高1V而高速CAN总线串行数据总线（L）将降低1V。极限电压差2V被认为是显性传输数据并解释为逻辑"1"。

3. 实际应用

如图1-27所示为比亚迪（秦）EV系列整车CAN数据总线系统图，其中主要包括动力CAN总线、舒适1CAN总线、舒适2CAN总线、ESC-CAN总线、启动CAN、线路电池子网CAN以及动力电池信息采集器（BIC）子网CAN。

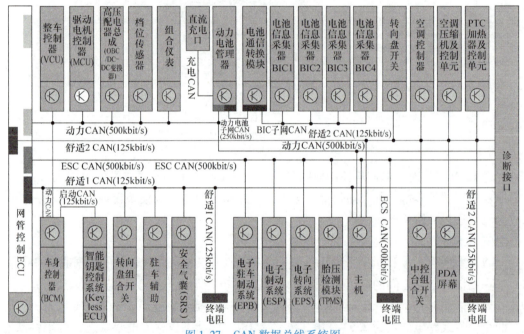

图1-27　CAN数据总线系统图

新能源电动汽车在传统的车辆上多了BMS、VCU、充配电总成、驱动电机控制器、电动空调控制器等控制模块。虽然各模块名称及系统结构有差异，但整体控制功能差别不大，各模块之间除了数据交换外，仪表还需在原有的基础上显示SOC、电压信息、充电状态、动力蓄电池温度等信息，这些信息都是通过CAN总线进行传输。其中动力CAN总线数据信息主要包括：主控制器的防盗认证，动力电池温度、电压、电流，动力电池电量SOC、充电，高压绝缘，高压互锁，加速踏板，制动踏板，档位，能量回收，能量管理，冷却控制，故障等级信息。

车身舒适1CAN总线主要连接转向盘组合开关、驻车辅助系统、SRS、BCM等，这些系统组成一个局域网络。主要数据信息包括：近光灯开启关闭、远光灯开启关闭、刮水器启停及速度信息、安全气囊状态信息、雷达探测距离信息、故障等级信息等。

车身舒适2CAN总线主要连接网关控制器、转向盘开关、空调控制器、空调压缩机及其控制器、PTC加热器及控制器、PDA大屏、主机显示模块等，这些系统组成一个局域网络。主要数据信息包括：整车热管理、鼓风机速度控制、空调温度控制、车辆状态显示、行驶状态、故障等级等信息。

ESC—CAN总线主要连接网关控制ECU、电子驻车制动系统（EPB）、电子车身稳定系统（ESP）、电子转向系统（EPS）、主机显示模块、胎压检测系统（TPMS）等，这些系统模块组成一个局域网络。主要数据包括：车辆速度、制动开关状态、驻车、数据显示、行驶状态、故障等级等信息。

启动CAN总线主要连接BCM与Keyless ECU，这两个控制模块组成一个局域网络。主要数据包括：车身防盗、动力系统防盗、整车控制器认证、故障等级等信息。

动力电池子网CAN以及BIC子网CAN总线主要连接BMS、电池通信转换模块、电池信息采集器BIC，这些模块组成一个局域网络。主要数据信息有：高压绝缘、单体电池电压和温度、充电均衡、远程监控数据、故障等级等信息。

充电CAN总线主要连接BMS与外部直流充电桩，这两个模块组成一个局域网络。主要数据包括：充电桩、单体电池电压以及温度、动力电池电压以及电量SOC、充电终止及许可、充电电流及电压、充电均衡、远程监控数据、故障等级等信息。

任务实施

1）在教师的引导下，以小组为单位学习相关技能，并完成下列作业。
① 整车控制系统的主要功能有哪些？
_____
_____
_____
_____。

② 简述整车高压上电、下电流程。
_____
_____
_____
_____。

③ 简述整车控制系统防盗原理。
_____
_____
_____
_____。

2）在教师的引导下分组，以小组为单位学习相关知识，并结合整车控制系统线路图，完成以下作业：
① 认识线路图中的元素、编码、规则。
② 勾画出线路图中的系统通信线路。
③ 在车辆上查找系统部件，绘制部件线路图。
④ 按照下列表格索引，测量线路和元件标准值，并完成下列数据采集表格。

工作任务	整车控制器线路和元件标准值采集

① 结合所学知识及维修手册，绘制整车控制器相关线路图

② 根据所绘制的线路图，写出整车控制器各端子的端子定义和电压特性

端子号	端子信息详细说明	正常电压状态

评价反馈

一、学习效果评价

找一辆不同车型的新能源汽车，完成与本任务相同的作业。

二、学习过程评价

项目	评价内容	评价等级		
		A	B	C
关键能力考核项目	遵守纪律，遵守学习场所管理规定，服从安排			
	安全意识、责任意识、5S 管理意识、注重节约节能与环保			
	学习积极主动，能参加安排的实习活动			
	团队合作意识，注重沟通，能自主学习及相互合作			
	仪容仪表符合活动要求			
专业能力考核项目	按要求独立完成工作页、任务			
	工具、设备选择得当，工具、设备使用符合技术要求			
	操作规范，符合要求			
	学习准备充分、齐全			
	注重工作效率与工作质量			
	技能点 1：			
	技能点 2：			
小组评语及建议		组长签名： 年 月 日		
老师评语及建议		老师签名： 年 月 日		

任务拓展

- 能够详细描述整车热管理系统工作逻辑。
- 能够详细描述真空泵控制工作过程。
- 查阅其他车型资料对比功能区别。

一、整车热管理系统

1. 整车热管理系统的功能

驱动电机和驱动电机控制器、DC-DC变换器工作电流大，产热量大，同时系统处于封闭的空间，会导致其温度上升，如果温度过高，将导致电机功率下降，电机绕组和驱动电机控制器、DC-DC变换器内部的IGBT功率管烧毁，车辆无法正常运行。

整车热管理系统作用

动力电池最佳的工作温度为25℃左右，但动力电池工作电流大，产热量大，同时电池包处于一个相对封闭的环境，就会导致动力电池的温度上升，如果不加以控制，这将导致动力电池组内部化学结构极不稳定，甚至造成大的安全事故。同时，在低温下车辆充电（慢充、快充）及车辆行驶，动力电池性能急剧下降，导致充电时间加长，行驶里程受限。

车辆在进行慢充电时，车载充电机启动工作，为动力电池补充电能。同时还需要启动DC-DC变换器工作，为辅助蓄电池和整车系统进行低压供电，保证车辆长时间充电时的低压电能。在这期间，车载充电机和DC-DC变换器内部大功率管IGBT持续工作，产生大量热，需要及时散发，保证功率线路正常工作。如果这些热量散发不出去，将导致车载充电机和DC-DC变换器功率线路烧毁，无法正常工作，车辆无法补充电能。

因此，比亚迪（秦）EV电动汽车整车热管理通过引入外部暖风、空调的热源、冷源，实现低能耗热管理控制，增加车辆续驶里程以及缩短充电时间，并提高动力电池使用寿命以及降低动力电池事故风险。

2. 热管理系统组成

比亚迪（秦）EV系列整车热管理系统主要包括电控部分（车载充电机/驱动电机/驱动电机控制器）、动力电池组、空调暖风控制系统、空调制冷控制系统四大部分的液体温控循环系统。

如图1-28所示为电控系统热管理循环图，从中可以看出，电控系统热管理冷却液循环系统将高压模块水泵、充配电总成、驱动电机控制器、驱动电机、散热器采用串联方式实现热管理功能。

动力电池热管理系统将空调暖风的液态温控循环系统与动力蓄电池的液态温控系统打通，中间通过四通阀进行导向连通，控制动力电池的预热功能。同时通过利用空调制冷系统，采用一个板式热交换器，为动力电池进行强制散热冷却，如图1-29所示。

电控系统热管理是由VCU执行驱动电机、驱动电机控制器、DC-DC变换器、OBC的热管理控制，如图1-30所示，热管理系统的线路控制主要组成包括：冷却风扇、电控系统控制单元（包含内部温度传感器）、高压模块水泵、BMS、启动按键、前舱熔丝盒继电器、交直流充电口等。

（1）高压模块水泵

高压模块水泵串联在散热器与充配电总成之间，负责建立系统冷却液流动的动力，其线

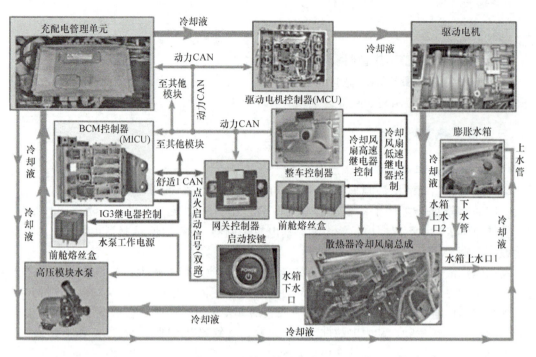

图 1-28　电控系统热管理循环

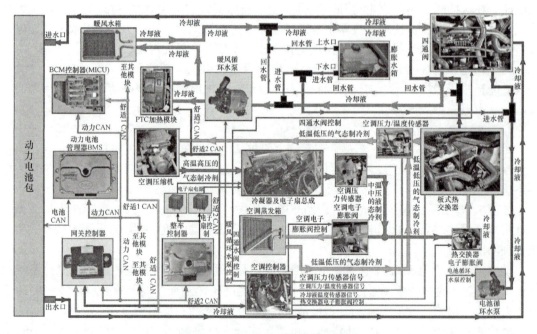

图 1-29　动力电池系统热管理循环

路图如图 1-31 所示。

BCM 接收到点火开关打开或充电设备连接完成信号后，通过内部给端子 G2H/1 一个 +B 电压至前舱熔丝盒端子 BID/17，再通过前舱熔丝盒内部线路连接至 IG3 继电器端子 85，

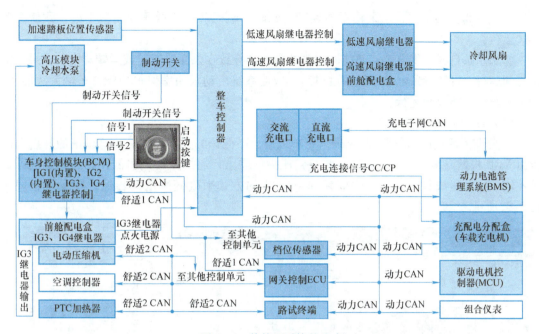

图 1-30 热管理系统的组成

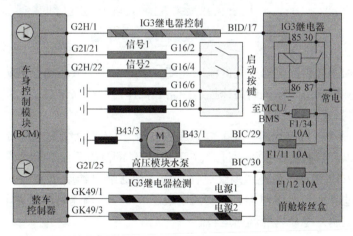

图 1-31 高压模块水泵线路原理图

继电器工作，内部触点闭合。+B（常电）电源于是通过继电器内部触点（闭合）、熔丝 F11 到达高压模块水泵端子 B43/1，为水泵提供电源，高压模块水泵定速运转，系统内冷却液开始循环，为电控系统各模块进行散热。

BCM 内部通过检测端子 G2I/25 的电压，可判知继电器工作状态以及水泵、VCU、驱动电机控制器、BMS 的 +B 电源供电状态。IG3 继电器正常工作后，此端子上电压为 +B，BCM 即判知继电器状态良好，水泵、VCU、驱动电机控制器、BMS 电源供电正常；如果 BCM 控制继电器工作后，检测到此端子电压为 0V 时，即可判知继电器工作异常，水泵、VCU、驱动电机控制器、BMS 电源供电异常，BCM 内部会生成故障码。

如果继电器自身、供电及控制线路出现故障，会导致水泵、VCU、驱动电机控制器、

BMS 无法获得运转电源，水泵将不能运转，同时车辆无法完成低压及高压上电，致使车辆无法运行。

如果水泵自身、供电及接地线路出现故障，会导致水泵无法运转或运转异常，如果车辆长时间运行，可能导致电控系统温度过高，致使系统启动限功率保护功能，车辆无法加速，严重时车辆可能停止运行。

（2）冷却风扇

比亚迪（秦）EV 系列冷却风扇采用单风扇、高低速的控制模式。冷却风扇的开启和停止由 VCU 根据温度以及空调制冷系统管路压力的需求，通过冷却风扇低速和高速继电器直接控制，在低速线路中，采用串联调速电阻 R 的方式来改变风扇的转速，其线路原理如图 1-32 所示。

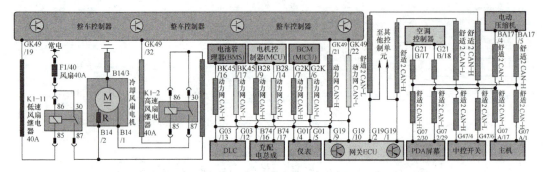

图 1-32 冷却风扇控制线路原理图

冷却风扇可加速散热器表面空气的流动速度，带走由冷却液传递给散热器的热量，降低冷却液的温度，其控制由冷却风扇高速控制线路和低速控制线路组成。

1）冷却风扇低速控制。

VCU 接收到驱动电机控制器、充配电总成通过动力 CAN 总线发送的低等级热管理系统启动请求信息，以及空调制冷系统通过舒适 2CAN 发送的制冷系统启动请求信息后，通过内部将其端子 GK49/19 接地，低速风扇继电器工作，接通继电器端子 87 和端子 30 之间的触点，+B 电源通过熔丝 F1、继电器、冷却风扇端子 B14/2、调速电阻 R 到达冷却风扇电机，为冷却风扇提供电源，冷却风扇低速运转。

2）冷却风扇高速控制。

VCU 接收到驱动电机控制器、充配电总成通过动力 CAN 总线发送的高等级热管理系统启动请求信息，以及空调制冷系统通过舒适 2CAN 发送的制冷系统温度、管路压力信息，通过内部继续保持其端子 GK49/19 和端子 GK49/32 同时接地，高、低速风扇继电器同时工作，接通两个继电器的端子 87 和端子 30 之间的触点，+B 电源通过熔丝 F1、低速风扇继电器、高速风扇继电器、冷却风扇端子 B14/1 到达冷却风扇电机，为冷却风扇提供电源，冷却风扇高速运转。

3）冷却风扇控制策略。

驱动电机控制器通过温度传感器检测其内部 IGBT 散热板温度、电机绕组温度，车载充电机检测其内部 IGBT 散热板温度，如果哪一个温度最先超过设定的安全值，即刻通过动力 CAN 总线发送热管理信息至 VCU，VCU 接收到此信息后，控制冷却风扇运转，其运转和停止的温度节点见表1-1。

表1-1 冷却风扇控制真值表

名　称	内　容	参数/℃
冷却风扇	低速风扇开启的驱动电机控制器内部IGBT温度值	55
	低速风扇关闭的驱动电机控制器内部IGBT温度值	50
	高速风扇开启的驱动电机控制器内部IGBT温度值	65
	高速风扇关闭的驱动电机控制器内部IGBT温度值	60
	低速风扇开启的驱动电机绕组温度值	75
	低速风扇关闭的驱动电机绕组温度值	70
	高速风扇开启的驱动电机绕组温度值	80
	高速风扇关闭的驱动电机绕组温度值	75
	低速风扇开启的车载充电机温度值	80
	低速风扇关闭的车载充电机温度值	70
过温保护（零转矩输出）	IGBT温度值	90
	电机绕组温度值	140

二、真空泵控制

新能源汽车制动系统和燃料汽车制动系统基本相同，由于新能源汽车取消了发动机或在发动机控制基础上使用了新的技术（如启停技术或者混合动力系统），造成真空源缺失或不稳定，使制动能力下降。为弥补这一不足，新能源汽车采用电子真空泵以及发电机技术（制动能量回收）来产生真空和增加制动力。

真空泵工作原理

1. 结构特点

1）双制动模式，即电控制动和能量回收两种模式均可以实现制动效能。
2）由电动真空泵提供稳定的真空压力，真空源来源稳定。

2. 结构组成

制动真空泵控制系统由制动真空泵（包含制动真空罐）和真空压力传感器组成，如图1-33所示。其中制动真空罐主要是用来储存真空，真空压力传感器主要是用来检测真空压力，制动真空泵主要用来抽取系统空气建立真空。整体系统主要是用来帮助驾驶人更省力的操作制动踏板，提高制动效果，降低驾驶人的操作疲劳。

（1）真空压力传感器

真空压力传感器用来检测制动真空管路内部压力，将这一信号发送至整车控制器，整车控制器根据此信号控制真空泵启停。电动车真空压力传感器一般安装于机舱真空罐至真空泵、靠近真空泵的管路上，如图1-34所示，一般采用压敏电阻式压力传感器。

如图1-35所示为压敏电阻式压力传感器内部结构示意图，其核心部分主要由应变电阻、真空室、真空管、接线端子四部分组成。

这种传感器是在单晶硅片上分布着一个惠斯顿电桥，其中一个桥臂电阻采用压敏电阻。当压力发生变化时，压敏电阻值发生变化，于是整个线路就产生一个差动电压信号，此信号

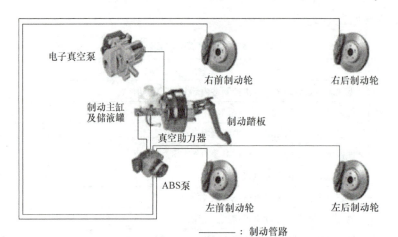

图1-33 制动真空助力系统结构图

图1-34 传感器安装位置图

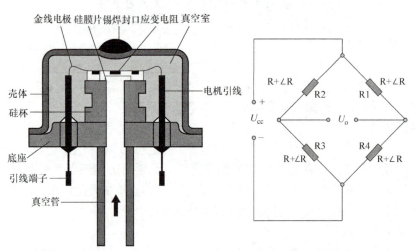

图1-35 压敏电阻式压力传感器内部结构示意图

经专用放大器放大,再经电压到电流的变换,将信号转化成 4~20mA/DC 1~5V 的对外输出。在通常情况下,传感器的信号电压范围从系统管路为大气压力时的 4.5V 左右平稳降至系统真空压力设定值 1.25V 左右。

如图 1-36 所示为真空压力传感器与控制模块之间的连接线路,整车控制器通过其端子 GK49/11 给真空压力传感器提供参考电压,通过其端子 GK49/53 提供接地,真空压力传感器通过其端子 BA31/3 将检测到的真空压力信号输入至整车控制器。

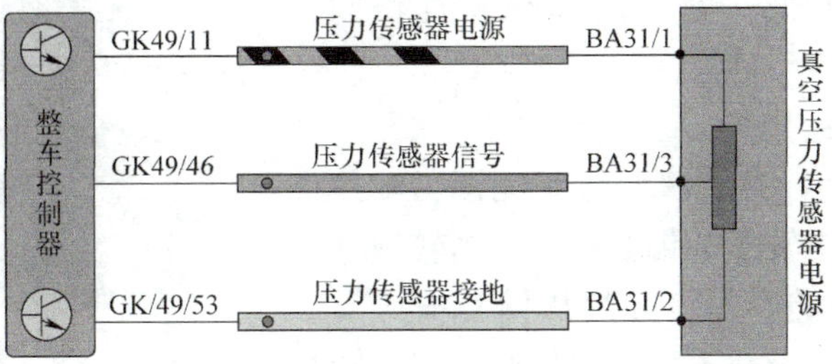

图 1-36 真空压力传感器线路原理图

当传感器信号电压降低至设定安全值时,即确认当前系统真空度正常,整车控制器内部线路停止对真空泵继电器的控制,真空泵停止运行;当传感器信号电压升至设定报警值时,即确认当前系统真空度异常,内部线路启动,启动对真空泵继电器的控制,对真空泵进行供电,真空泵运行,再次建立真空。

(2) 真空泵

真空泵安装在发动机舱前围板与驱动电机之间靠近驱动电机的位置,如图 1-37 所示。新能源汽车常用的电子真空泵主要有三大类。

1) 摇摆活塞式真空泵。

如图 1-38 所示为摇摆活塞式真空泵的结构图,其包含两个 180° 角对置的工作腔。电机主轴连接一个偏心机构,偏心机构驱动连杆及活塞做往复运动,在往复运动过程中,活塞会发生偏转摇摆。活塞的往复运动引起工作腔容积的变化,产生进气和排气的效果;摇摆活塞式真空泵活塞和缸体之间有相对滑动,工作时真空泵温度会升高,活塞上活塞环与缸体之间的过盈量可以通过设计进行调整,其温升比叶片式真空泵低,磨损较慢,噪声也相对较低;摇摆活塞式真空泵采用双腔对置结构,当一腔失效时,真空泵仍可有一定的抽取真空能力。

图 1-37 真空泵安装位置

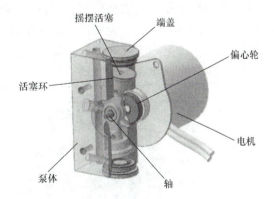

图 1-38 摇摆活塞式真空泵结构图

2) 隔膜式真空泵。

如图 1-39 所示为膜片式真空泵结构图,其包含两个 180° 角对置的工作腔,膜片由一个曲柄机构驱动,此曲柄机构包括一个偏心机构,上面装有两个偏心轴承,推动作用在膜片上的连杆,使膜片受到推力和拉力的作用引起变形。膜片的变形使工作腔容积变化,产生进气和排气的效果。由于膜片与腔体之间无相对运动，摩擦较小，温升速度低，可以使真空泵有长的寿命。

3）叶片式真空泵。

如图 1-40 所示为叶片式真空泵结构图，叶片放置在真空泵工作腔中转子的偏心槽内，当转子开始转动，由于离心力的作用，叶片从偏心槽内滑出，紧贴缸体内壁。转子在工作腔内偏心放置，转子转动过程中，由叶片、泵室、转子封闭的容积不断变化，产生进气和排气的效果；在转子转动过程中，叶片与缸体之间贴紧并相对转动，所以叶片泵温升很快，易磨损，易产生较大的噪声，所以叶片式真空泵对叶片的材料、耐温性、耐磨性等要求极高。

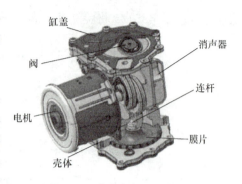

图 1-39 膜片式真空泵结构图

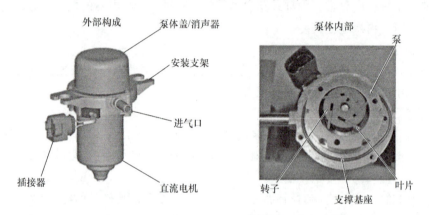

图 1-40 叶片式真空泵结构图

如图 1-41 所示为其内部结构图，当转子回转时，叶片逐渐伸出，叶片间的工作腔逐渐增大，从吸气口吸气，这就是吸气腔。在左部，叶片被定子内壁逐渐压进槽内，工作空间逐渐减小，将气体从出气口排出，这就是出气腔。在吸气口和出气口间有一段密封区，把吸气腔和出气腔隔开，叶片泵转子每转一周，每个工作腔完成一次吸气和出气。

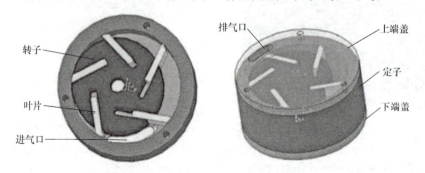

图 1-41 叶片式真空泵内部结构图

真空泵系统包括电动真空泵、继电器、VCU、真空压力传感器。该系统通过真空压力传感器采集压力信息,再通过逻辑判断真空泵的工作时机,为制动系统提供合适的真空助力。同时为了系统工作可靠,采用双线路控制真空泵,如图 1-42 所示为真空泵控制原理图。

当点火开关置于 ON 档时,整车控制器通过端子 GK49/41 和端子 GK49/55 控制两个继电器工作,给真空泵提供双电源,电流流进制动真空泵电机,真空泵运行。真空泵在运行时,整车控制器通过端子 GK49/17 电压的变化监测真空泵运行状态,如果电压为 0,则判断真空泵没有启动,如果电压为 +B,则真空泵启动运行。

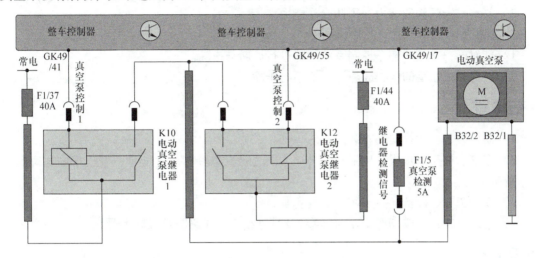

图 1-42　真空泵控制线路原理图

任务 2　整车控制系统常见故障分析与诊断

任务描述

一辆电动轿车,来到修理厂进行修理,车主向业务员主诉仪表提示制动系统故障,同时制动踏板踩踏费力,制动效果明显变差。您作为服务顾问,试车后请确定故障严重程度,与客户沟通说明维修大约用时和费用。

任务目标

1. 知识目标

1)能描述电动汽车加速踏板位置传感器的结构和工作原理。
2)能描述电动汽车变速器换档开关的结构和工作原理。
3)能描述电动汽车整车控制系统的基本结构和工作原理。
4)能描述电动汽车 CAN 总线控制的基本结构和工作过程。
5)能描述与整车控制系统有关的部件,并能准确描述其工作原理。

2. 能力目标

1)可以借助原厂资料(维修手册)准确描述电动汽车整车控制系统的结构和工作原理。

2）能借助原厂维修资料和对车辆的理解，对整车上电故障进行系统分析。
3）能借助原厂维修资料和对车辆的理解，对车辆换档异常故障进行系统分析。
4）能借助原厂维修资料和对车辆的理解，对车辆加速异常故障进行系统分析。
5）能借助原厂维修资料和对车辆的理解，对辅助制动故障进行系统分析。

3. 素质目标

1）能够按照企业5S要求和安全生产规范进行操作。
2）具有一定的沟通能力和团队合作能力。

4. 拓展目标

1）能对同一车型的整车控制系统故障进行诊断与排除。
2）能对其他车型的同类故障进行诊断与排除。

任务准备

1）防护装备：常规实训着装。
2）车辆、台架、总成：比亚迪（秦）EV电动汽车整车或比亚迪（秦）EV电动汽车整车解剖平台。
3）专用工具、设备：高压防护工具套装。
4）辅助材料：对应车型比亚迪（秦）EV电动汽车线路图及维修手册。

知识准备

一、故障现象

1）整车上电故障：踩下制动踏板，打开点火开关，整车可运行指示灯（OK）不点亮，车辆无法上电运行。
2）车辆换档异常：踩下制动踏板，打开点火开关，车辆"OK"灯点亮，此时无法换档至D位或R位。
3）车辆加速故障：踩下制动踏板，打开点火开关，车辆"OK"灯点亮，挂入D位，松开制动踏板，踩加速踏板，车辆无法行驶。
4）辅助制动系统故障：车辆踩制动踏板时费力，制动效果差。

二、故障分析

如图1-43所示为整车控制系统线路原理图。从中可以看出，VCU作为车辆运行的主要控制设备，主要接收制动开关、加速踏板开关、车辆状态等信息，包括对车辆运行模式、电动真空泵、冷却风扇等执行器进行控制，其安全监测和故障处理机制条件都非常高，同时还参与整车动力系统的防盗控制功能，因此在车辆启动及正常运行时，整车控制器的电源及通信尤其重要，是决定车辆能否高压上电和车辆运行的主要条件之一。如果VCU电源及通信出现故障，将首先造成防盗系统不能解除，高压不上电。

同时，驾驶人对车辆控制的意图信息也是通过VCU来解析及发送的，如制动开关信息、加速踏板信息、档位信息、模式开关信息等；如果制动开关信息出现故障，VCU将禁止能量回收功能；如果档位信息出现错误，将导致VCU及驱动电机控制器无法判断驾驶人的意图，车辆将无法正常行驶；如果加速踏板信息出现错误，将导致VCU及驱动电机控制器无法判断驾驶人对车辆运行速度和转矩操控的意图信息，可能造成车辆限功率运行，严重时车辆将无法行驶。

VCU还有一个主要作用是参与整车热管理系统的工作，即控制功率部件冷却风扇。如果此控制出现故障，将导致系统过温出现安全隐患，系统可能启动过温保护，造成车辆限功率以及高压不上电现象。

同时，VCU还依据真空压力传感器的信号，通过控制真空泵继电器1和2来对真空泵进行控制，在汽车行驶过程中提供良好的制动效能，保障行车的安全性。如果此控制及元件出现故障，将导致制动效能明显下降，出现安全隐患。

所以在对VCU做故障分析时，首先要结合系统线路和观察到的现象认真分析，并借助

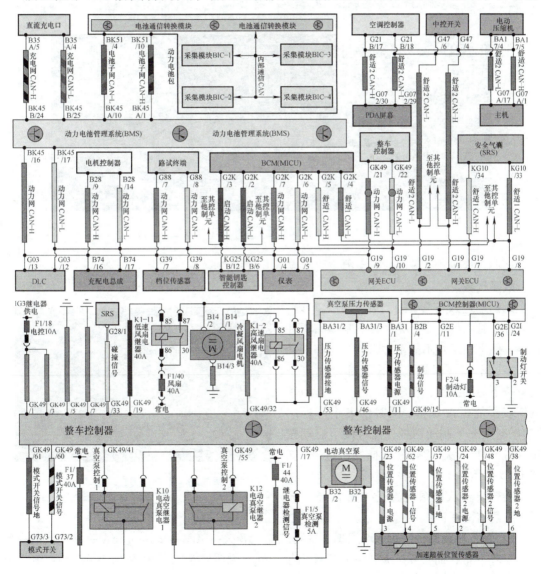

图1-43 整车控制系统线路原理图

诊断仪器逐步缩小故障范围，实施故障维修。诊断前，需要用正确的方法检测车辆辅助蓄电池为+B电压，确保+B电压达到11.5V以上。

1. 整车上电故障分析

拉开车门，点火开关背景灯正常点亮；踩下制动踏板后并保持，打开点火开关，在5s内正、负继电器应发出"咔嗒"的正常工作声，仪表上的可运行指示"OK"灯应正常点亮；电量显示、档位显示应正常，无闪烁；变速杆可正常操作；仪表右侧的车辆模式指示灯ECO应点亮，驻车灯点亮，仪表右上外界温度数值应显示正常，仪表中部文字提示"'OK'已启动，可挂档行驶"，如图1-44所示。

> 注意：该现象说明所有参与高压控制的模块系统自检成功，且无故障或严重故障，高压上电成功，驱动系统准备完成，且已进入可行驶状态。

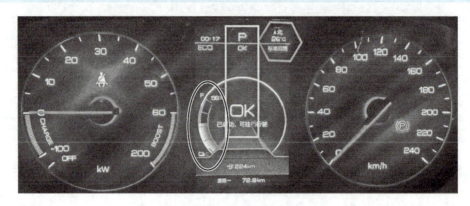

图1-44　车辆仪表显示正常的上电信息

在此过程中，常见的故障现象主要有以下几种：

故障现象1：

无钥匙进入正常；打开车门进入车内，点火开关背景灯正常点亮；踩下制动踏板并保持，钥匙指示灯不能正常闪烁，尾部制动灯或亮或不亮（根据故障设置部位决定）；接着按下启动按钮，钥匙指示灯闪烁，但车辆仪表不能正常点亮，同时仪表中部提示"启动时，踩下制动踏板，同时按下启动按钮，待'OK'灯点亮后可挂挡行驶"，如图1-45所示。

图1-45　车辆仪表显示的信息1

结合防盗认证系统流程（图1-46）分析，方法有两种：

1）踩下制动踏板时钥匙不闪烁，说明"制动开关→BCM→Keyless ECU→室内天线→钥匙"工作异常；而打开点火开关时钥匙出现闪烁，说明"起动开关→BCM→Keyless ECU→室内天线→钥匙"工作正常，两者比对，说明BCM没有接收到正确的制动开关信号。

2）在按下启动按键后仪表提示踩制动踏板，说明BCM已接收到来自启动按键的启动

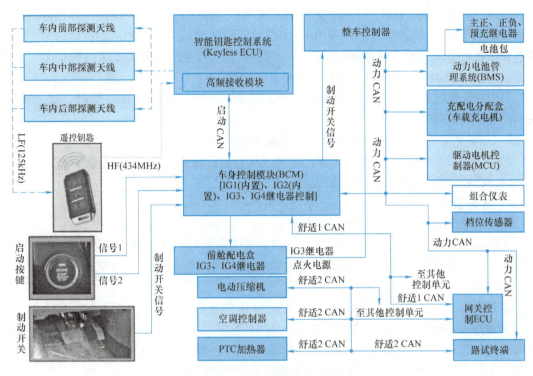

图 1-46 防盗认证系统流程图

信号电压，但没有接收到制动开关信号。

可能原因为：

1）制动开关信号 1 电源及供电线路断路、虚接、短路故障。
2）制动开关信号 1 至 BCM 间线路断路、虚接、短路故障。
3）制动开关信号 2 接地线路断路、虚接故障。
4）制动开关信号 2 至 BCM 间线路断路、虚接、短路故障。
5）制动开关自身内部触点故障。

故障现象 2：

无钥匙进入正常；打开车门进入车内，点火开关背景灯正常点亮；踩下制动踏板并保持，钥匙指示灯没有正常闪烁；释放制动踏板，接着按下启动按钮，钥匙指示灯也没有正常闪烁；踩住制动踏板，同时按下启动按钮，车辆仪表不能正常点亮，但仪表中部提示"未检测到钥匙"，如图 1-47 所示，整车低压和高压不上电，车辆无法行驶。

图 1-47 车辆仪表显示的信息 2

结合防盗认证系统流程图分析，在踩制动踏板、按压启动按键时，钥匙指示灯均没有闪烁，说明"制动开关→BCM→Keyless ECU→室内天线→钥匙""起动开关→BCM→Keyless ECU→室内天线→钥匙"均工作异常，综合其中的共同部分，说明 BCM、Keyless ECU、室内天线、钥匙均可能存在故障。

在踩住制动踏板、打开点火开关时,仪表提示"未检测到钥匙,请将钥匙靠近射频读卡器后启动车辆",说明在上电过程中 BCM 已检测到制动踏板信号和启动按键信号,并且将制动踏板信号输送给了 Keyless ECU,只是始终没有接收到钥匙认证通过的信息,说明 BCM、Keyless ECU、室内天线、钥匙均可能存在故障。

但由于无钥匙进入正常,说明钥匙自身、Keyless ECU、BCM 不存在问题,综合比较,说明造成该现象的故障原因有:

1)车辆钥匙不在车内或车辆钥匙距离车辆探测天线过远。
2)车辆内部(前部、中部、后部)探测天线自身及线路断路、虚接、短路故障。
3)智能钥匙控制系统局部故障。
4)车内信号干扰。

故障现象 3:

无钥匙进入正常;打开车门进入车内,点火开关背景灯正常点亮;踩下制动踏板保持,钥匙指示灯正常闪烁;接着按下启动按钮,车辆无任何反应;松开制动踏板,按下点火开关,钥匙指示灯也不能闪烁。

结合启动按键、制动开关线路原理图(图 1-48)分析,踩下制动踏板时钥匙闪烁,说明"制动开关→BCM→Keyless ECU→室内天线→钥匙"工作正常;而单独打开点火开关时钥匙不能闪烁,说明"起动开关→BCM→Keyless ECU→室内天线→钥匙"工作异常,两者比对,说明 BCM 没有接收到正确的起动开关信号,可能原因为:

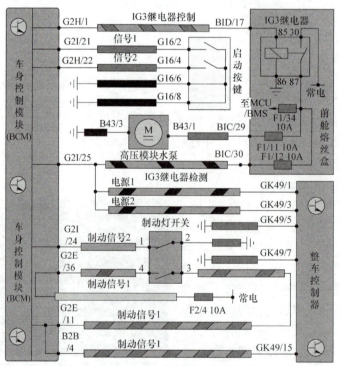

图 1-48 启动按键、制动开关线路原理图

1)启动按键两路信号线路都断路、虚接、短路故障。
2)启动按键接地线路断路、虚接故障。

3）启动按键内部触点故障。

故障现象 4：

无钥匙进入正常；打开车门进入车内，点火开关背景灯正常点亮；踩制动踏板数次并保持，钥匙指示灯正常闪烁；按压启动按键，仪表点亮正常，仪表上可运行指示"OK"灯不能正常点亮，且仪表上的动力系统警告灯、ESP 系统警告灯、驻车故障警告灯点亮，仪表中部循环提示"请检查动力系统""请检查 ESP 系统""请检查电子驻车系统"；同时动力蓄电池主正、主负继电器无声响，高压不能正常上电；制动踏板高度无变化，不能听见前机舱真空泵运转声；车辆无法换入 D 位或 R 位；按压电子驻车按键，可以手动解除及启动电子驻车功能，如图 1-49 所示。

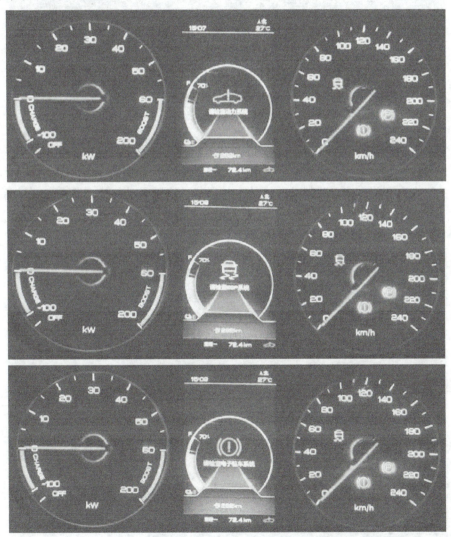

图 1-49　车辆仪表显示的信息 3

分析故障现象，认为与多个系统总线上的模块有关，同时打开点火开关，制动踏板高度无下降、制动真空泵也没有运转，说明 VCU 与外界失去通信，可能原因为：

1）VCU 电源（两路同时）线路断路、虚接、短路故障，注意 IG3 继电器工作正常。

2）VCU 通信线路断路、虚接、短路故障。

3）VCU 自身故障。

故障现象 5：

1）无钥匙进入正常；打开车门进入车内，踩制动踏板数次并保持，按压启动按键，仪表点亮正常，制动踏板高度正常下降；但此时充电连接指示灯点亮 5s 后熄灭，充电指示灯点亮，仪表中部提示"低压供电系统故障，请安全停车并联系服务店"，如图 1-50 所示；前机舱传来电子扇高速运转声；可以听见继电器吸合声，但仪表上可运行指示"OK"灯不能正常点亮；车辆无法换入 D 位或 R 位，即车辆无法行驶。

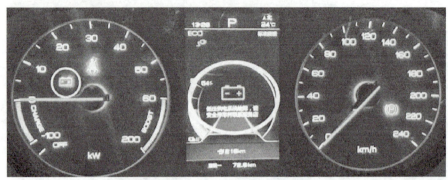

图 1-50　车辆仪表显示的信息 4

2）关闭点火开关，接着踩制动踏板数次并保持，按压启动按键，仪表上动力系统故障指示灯、ESP 系统故障指示灯点亮，同时文字提示"请检查动力系统""请检查 ESP 系统"，如图 1-51 所示；其他故障现象与之前相同。

图 1-51　车辆仪表显示的信息 5

3) 再次关闭点火开关，接着踩制动踏板数次并保持，按压启动按键，仪表上的主警告灯、安全气囊故障指示灯、电子转向系统故障指示灯点亮，文字提示"请检查车辆网络""请检查 SRS 系统""请检查转向系统"，如图 1-52 所示；其他故障现象与 1) 相同。

图 1-52　车辆仪表显示的信息 6

结合以上故障现象及仪表信息可以看出，可以听见动力电池包内接触器吸合并保持，且制动踏板高度反应正常，由此说明 BMS、VCU 正常。如果要"OK"灯点亮，还需要驱动电机控制器和充配电总成自检及内部所集成的其他控制单元正常，最后由驱动电机控制器发送"OK"灯点亮信息至组合仪表，组合仪表才会点亮"OK"灯。此时，以上 3 个现象都有一个共同点，即充电指示灯点亮，由此说明供 12V 低压辅助电源充电的系统 DC-DC 变换器出现故障，而 DC-DC 变换器集成在充配电总成内部，电源以及通信均由充配电总成提供。

结合车辆充配电总成的结构与控制，在车辆充配电总成内集成漏电传感器（绝缘检测）、车载充电机、DC-DC 变换器（供 12V 低压辅助电源）系统，根据系统故障监测逻辑，如果单个系统出现故障，将会点亮各自系统及所关联的故障灯或通过文字提示。如果车辆充配电总成电源、通信出现故障，组合仪表、VCU 在上电过程中就不能通过 CAN 总线接收到充配电总成信息，同时也无法获知其高压绝缘状态以及 DC‑DC 变换器状态，组合仪表根据当前故障信息点亮充电指示灯、主警告灯、动力系统警告灯等，并通过文字提示"请检查车辆网络"及其他文字信息。同时，VCU 在车辆上电后需要通过 CAN 总线接收充配电总成内部发送的车载充电机、DC‑DC 变换器热管理信息，如果没有接收到热管理信息，VCU 启动保护模式，控制电子扇运转。

结合以上信息，说明车辆充配电总成没有激活工作或通信出现异常，其故障主要由以下的一项或多项造成：

1）充配电总成电源（两路同时）线路断路、虚接、短路故障。
2）充配电总成通信线路断路、虚接、短路故障。
3）充配电总成自身故障。

2. 车辆换档异常

故障现象：踩制动踏板数次并保持，按压启动按键，仪表点亮正常，高压正常上电，仪表上可运行指示"OK"灯正常点亮；但仪表上主警告灯、ESP 系统警告灯、驻车故障警告灯点亮，仪表中部循环提示"请检查档位系统""请检查 ESP 系统""请检查电子驻车系统"，如图 1-53 所示；制动踏板高度正常下降，且能听见前机舱真空泵正常运转的声音；在检查过程中，按压电子驻车按键，可以手动解除及启动电子驻车功能；对档位进行切换，发现档位一直显示为 P 位，无法切换至其他档位。

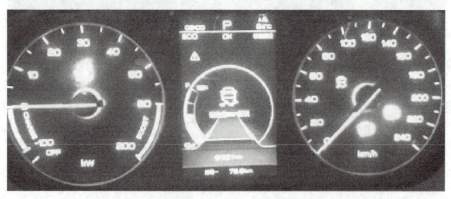

图 1-53 车辆仪表显示的信息 7

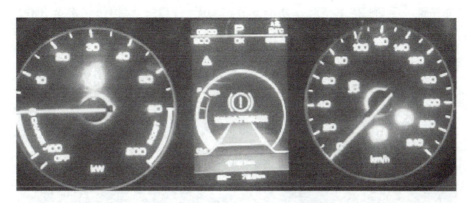

图 1-53　车辆仪表显示的信息 7（续）

结合以上现象，问题的关键在于档位无法切换，结合如图 1-54 所示的档位传感器线路原理图可知，传感器通过动力总线把信号传递给 VCU 及组合仪表，而此时高压可以正常上电，且制动踏板高度反应正常，说明 VCU 工作基本正常；仪表可以显示相关信息，说明仪表通信正常。所以导致换档不正常的原因，主要在于传感器自身没有发出档位切换信号，可以确定为以下的一项或多项：

1）档位传感器电源及线路断路、虚接、短路故障。
2）档位传感器接地线路断路、虚接故障。
3）档位传感器动力 CAN 线路断路、虚接、短路故障。
4）档位传感器自身故障。

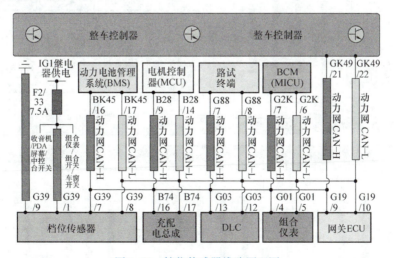

图 1-54　档位传感器线路原理图

3. 车辆加速异常

踩制动踏板数次并保持，按压启动按键，仪表点亮正常，且仪表上可运行指示"OK"灯正常点亮；制动踏板高度下降，且能听见前机舱真空泵正常运转的声音；仪表上 ESP 系统警告灯点亮，仪表中部循环提示"请检查动力系统""请检查 ESP 系统""请检查电子驻车系统"，如图 1-55 所示；切换档位至 D 位，踩加速踏板，电子驻车功能不自动解锁，按压电子驻车按键,手动解除电子驻车功能,但车辆无法行驶;将档位切换至 R 位,故障现象相同。

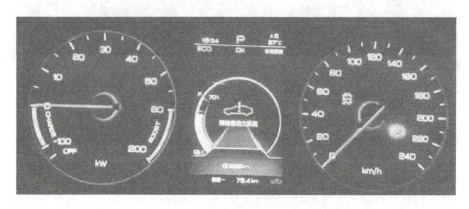

图 1-55　车辆仪表显示的信息 8

根据车辆控制原理,结合制动开关、加速踏板线路原理图(图 1-56)分析得知,加速踏板信号还作为电子驻车功能自动解锁的信号,为驾驶人提供便利、舒适的操作,现踩下加速踏板时驻车制动不能解除,而用手动方式可以解除,说明加速踏板对于解除驻车制动无

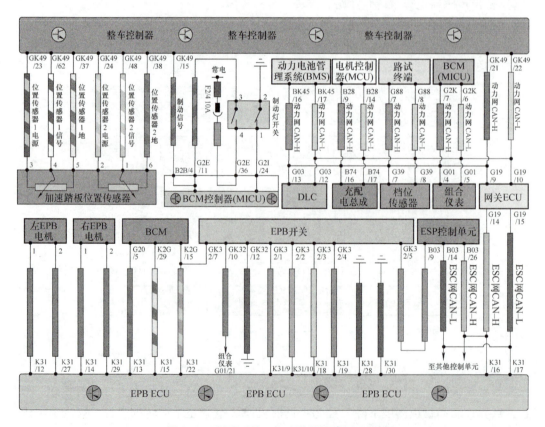

图 1-56　制动开关、加速踏板线路原理图

效；加之手动解除驻车制动器后车辆也无法行驶，仪表显示"请检查动力系统""请检查ESP系统"，均与加速踏板位置传感器信号有关，其原因可以确定为以下的一项或多项：

1）加速踏板传感器 1 电源线路断路、虚接、对地短路故障。
2）加速踏板传感器 1 信号线路断路、虚接、对地短路故障。
3）加速踏板传感器 2 电源线路断路、虚接、对地短路故障。
4）加速踏板传感器 2 信号线路断路、虚接、对地短路故障。

4. 辅助制动系统异常

故障现象 1：

车辆在上电过程中，制动踏板高度不变化，也听不见前机舱真空泵正常运转的声音；车辆上电正常，"OK"灯正常点亮；车辆可正常换档行驶，但踩制动踏板比以前沉，制动效果差且制动距离长；在停止状态下 20s 以上或行驶一段距离后，仪表上制动系统警告灯点亮，文字提示"请检查制动系统"。如图 1-57 所示。

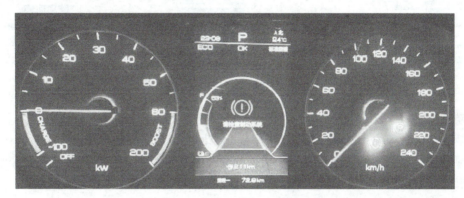

图 1-57　车辆仪表显示的信息 9

结合以上故障现象，车辆可以正常上电并换档行驶，只是踩制动踏板比以前费力，制动效果差且制动距离长，加上听不见前机舱真空泵正常运转的声音，说明制动助力系统、特别是真空泵出现故障。而在制动系统中，制动真空助力系统是帮助驾驶人在踩踏制动踏板时，使用小的力矩来控制车辆制动效果，减少驾驶人的疲劳操作，同时增加制动效果。由此确定应该为真空泵控制出现故障，造成系统无法建立真空度，导致踩制动踏板比以前费力。同时，VCU 在检测到制动踏板有踩踏动作，但真空压力传感器检测信号无变化，即可确认制动真空助力系统出现异常，随即产生故障码，并将此信息发送至组合仪表，仪表点亮制动系统警告灯，同时文字提示"请检查制动系统"。

结合图 1-58 分析，造成真空泵不运转的原因可以确定为以下一项或多项：

1）真空泵接地线路故障。
2）真空泵自身故障。
3）继电器至真空泵之间线路故障。
4）继电器（两个）自身故障。
5）继电器控制线路故障。
6）VCU 局部故障。
7）真空压力传感器及其线路故障。

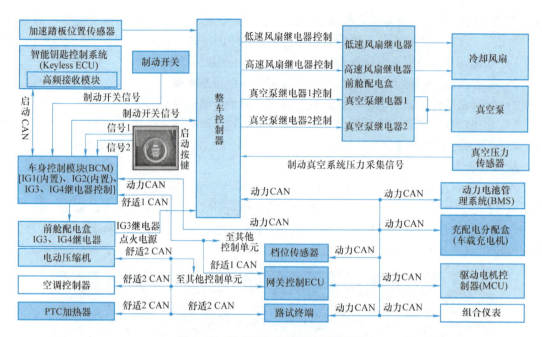

图 1-58 制动系统真空泵控制结构图

故障现象 2：

车辆在上电过程中，制动踏板高度正常变化，同时可以听见前机舱真空泵运转的声音，但真空泵频繁启动，且每次运转时间较长；车辆上电正常，"OK"灯正常点亮；车辆正常换档行驶，踩制动踏板力度正常，制动效果也正常；但仪表上制动系统警告灯点亮，文字提示"请检查制动系统"，如图 1-59 所示。

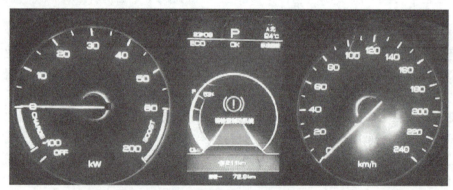

图 1-59 车辆仪表显示的信息 10

仪表上制动系统警告灯点亮，文字提示"请检查制动系统"，说明制动系统出现故障。而车辆制动系统包含 ESP、ABS、真空助力系统、制动液检测等；加上踩制动踏板时，能听见真空泵频繁启动，且每次运转时间较长，基本可以确定为真空泵控制系统存在故障。

结合如图 1-60 所示的真空助力系统线路原理图，分析电动真空泵频繁起动且每次运转时间变长的可能原因为以下一项或多项：

1）真空泵接地线路虚接故障。
2）真空泵自身磨损故障。

项目1 整车控制系统认知与检修

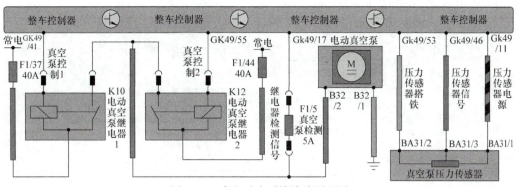

图 1-60　真空助力系统线路原理图

3）继电器至真空泵之间线路虚接故障。
4）继电器自身触点虚接故障。
5）继电器供电线路虚接故障。
6）VCU 局部故障。
7）真空压力传感器及其线路故障。

三、DTC 分析

现在的汽车一般都具有自诊断功能，即使能通过故障现象就可以明确故障范围，但也最好首先读取故障记忆，因为这特别有利于快速发现故障。如果有故障码，应清楚故障码的定义和生成的条件，并基于此展开诊断和故障检修；如果没有故障码，则基于系统的结构和工作原理进行系统诊断。

连接故障诊断仪器，扫描 VCU，读取故障码，实测过程中会遇到三种情况：

1）诊断仪器可以正常和 VCU 通信，但系统没有故障记忆。
2）诊断仪器可以正常和 VCU 通信，并可以读取到系统中所存储的故障码。
3）在打开点火开关后操作诊断仪器，诊断仪器不能和 VCU 通信。此时应尝试和其他控制模块进行通信，综合诊断设备及各个控制模块的连接关系和通信状况来判定故障所在。如图 1-61 所示为诊断仪器和 VCU 之间的通信线路原理图。

如果诊断仪器无法进入车辆所有系统，则可能是故障诊断仪器、诊断连接线、无线或蓝牙通信、OBD–Ⅱ诊断接口、CAN 总线中的一个或多个出现故障；如果只是某个控制单元如法到达，则可能是该控制单元或其电源线路、相邻的 CAN 总线区间出现故障。

利用故障码进行故障诊断时按以下步骤进行：

1）读取故障码，查阅资料了解故障码的定义和生成条件。
2）验证故障码的真实性，验证的方法分两步。
① 清除故障码、模仿故障工况运行车辆、再次读取故障码。
② 通过数据流或在线测量值来判定故障真实性，并由此展开系统测量。

四、故障诊断

针对 VCU 出现的故障，诊断及处理失误将给企业和个人造成相当大的损失。正确的诊断及处理，不可能来自于盲目的主观臆断，而应该是建立在获取与故障有关信息的基础上，

— 43 —

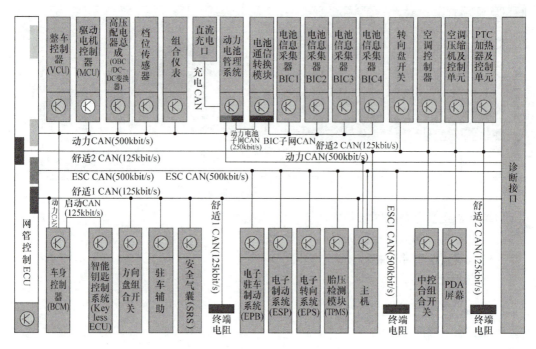

图 1-61　比亚迪（秦）EV 系列诊断通信线路原理图

依据 VCU、BMS、驱动电机控制器等的工作原理以及控制结构，运用科学的分析方法，按照合理的步骤进行综合分析，去伪存真、舍次取主，排除故障受害者，找出故障肇事者，这才是提高故障诊断准确性的关键所在。为了便于分析，不至于被众多杂乱无章的信息扰乱思路，需要结合线路原理图，遵从以下流程进行诊断维修。

整车控制系统导致高压不上电故障诊断流程，如图 1-62 所示。

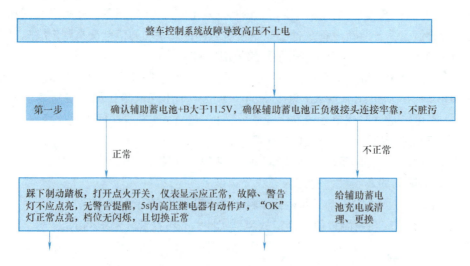

图 1-62　整车控制系统导致高压不上电故障诊断流程

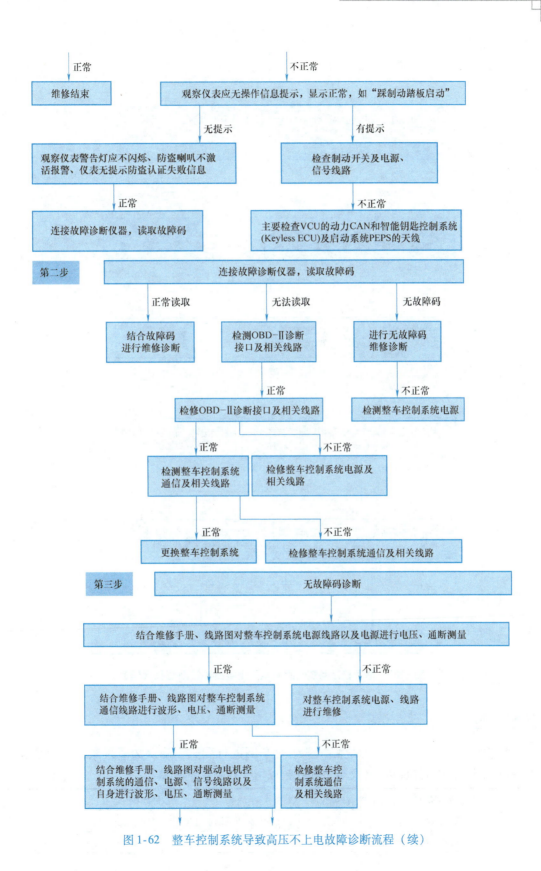

图 1-62 整车控制系统导致高压不上电故障诊断流程（续）

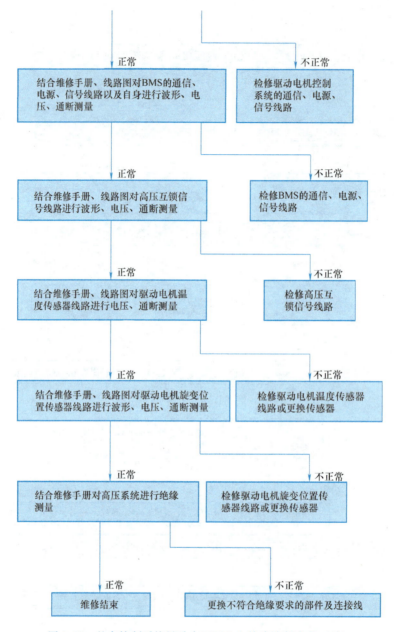

图 1-62 整车控制系统导致高压不上电故障诊断流程（续）

任务实施

1）教师根据下表内容设置故障，学生对车辆进行测试，确认故障现象，进行系统分析，并得出故障的可能原因。（配微课和视频以指导教师设置故障）

序号	故障部位	故障性质	故障现象
1	制动信号线路故障	断路	仪表上高压系统上电指示灯"OK"灯未点亮
2	真空泵控制1信号线路故障	断路	制动灯常亮

（续）

序号	故障部位	故障性质	故障现象
3	真空泵控制 2 信号线路故障	断路	仪表提示"请检查制动系统"
4	真空泵继电器检测信号		
5	加速踏板位置传感器 1/2 信号	断路	仪表提示"请检查制动系统""请检查 ESP 系统"，同时车辆无法运转
6	加速踏板位置传感器 1/2 电源		
7	加速踏板位置传感器 1/2 地线		
8	真空泵压力传感器电源	断路	仪表提示"请检查制动系统"
9	真空泵压力传感器信号线路		
10	真空泵压力传感器接地线路		

2）完成工作页填写。

故障现象描述	（包括故障现象和故障码）	得分
分析故障现象得出可能的故障原因	（结合故障现象及故障码进行故障分析，并得出故障可能原因）	

评价反馈

1）小组讨论。

2）各小组互评。

3）教师记录过程并进行评价。

项目	评价内容	评价等级		
		A	B	C
关键能力考核项目	遵守纪律，遵守学习场所管理规定，服从安排			
	安全意识、责任意识、5S 管理意识，注重节约、节能与环保			
	学习积极主动，能参加安排的实习活动			
	团队合作意识，注重沟通，能自主学习及相互合作			
	仪容仪表符合活动要求			
专业能力考核项目	按时按要求独立完成工作页、任务			
	工具、设备选择得当，工具、设备使用符合技术要求			
	操作规范，符合要求			
	学习准备充分、齐全			
	注重工作效率与工作质量			
	技能点 1：			
	技能点 2：			

(续)

项目	评价内容	评价等级		
		A	B	C
小组评语及建议		组长签名： 年　月　日		
老师评语及建议		老师签名： 年　月　日		

任务3　整车控制系统常见故障诊断与排除

任务描述

一辆电动轿车，来到修理厂进行修理，车主向业务员主诉仪表提示制动系统故障，但制动效果没有问题，同时停车后前机舱一直有"嗡嗡"的声音。服务顾问试车后确定此故障为车辆真空泵一直运转。请你在约定的时间内对车辆进行检修，完成诊断报告单，将修好的车辆返还业务部门，并给客户提供用车建议。注意填写后附件中的汽车维修服务接车单。

任务目标

1. 知识目标

1）能描述电动汽车加速踏板位置传感器的结构和工作原理。
2）能描述电动汽车变速器换档开关的结构和工作原理。
3）能描述电动汽车整车控制系统的基本结构和工作原理。
4）能描述电动汽车CAN总线控制的基本结构和工作过程。
5）能描述与整车控制系统有关的部件，并能准确描述其工作原理。

2. 能力目标

1）可以借助原厂资料（维修手册）准确描述电动汽车整车控制系统的结构和工作原理。
2）能编制整车控制系统引起车辆加速/换档异常的故障树（诊断流程）。
3）能借助原厂资料和诊断设备，按照编制的故障树（诊断流程）进行系统诊断，以确定故障所在。
4）能正确排除诊断出的故障，并对车辆进行试验，以确保车辆运行正常。
5）能正确完成诊断报告，并给客户提供用车建议。

3. 素质目标

1）能够按照企业5S要求和安全生产规范进行操作。
2）具有一定的沟通能力和团队合作能力。

4. 拓展目标

1）能对同一车型的整车控制系统故障进行诊断与排除。

2）能对其他车型的同类故障进行诊断与排除。

任务准备

1）防护装备：常规实训着装。

2）车辆、台架、总成：比亚迪（秦）EV 电动汽车整车或比亚迪（秦）EV 电动汽车整车解剖平台。

3）专用工具、设备：高压防护工具套装。

4）辅助材料：对应车型比亚迪（秦）EV 电动汽车线路图及维修手册。

知识准备

常见故障1：整车控制器（VCU）IG 信号故障

1. 原理简介及系统影响

如图 1-63 所示为 VCU 电源线路原理图，从中可以看出，VCU 的电源分为两路，均由前舱配电盒里的继电器 IG3 提供，经过熔丝 F1/12 后至 VCU 的端子 GK49/1 和端子 GK49/3。IG 点火电源为 VCU 提供唤醒信号，是 VCU 判断车辆所处启动运行状态的依据，同时也为 VCU 提供功率电源，即为加速踏板位置传感器、冷却风扇继电器控制、真空泵控制、CAN 通信等提供电源。

如果此电源出现异常，VCU 无法进行唤醒工作，BCM、Keyless ECU 无法对 VCU 进行身份认证，此时动力系统防盗功能将被激活，高压不上电。

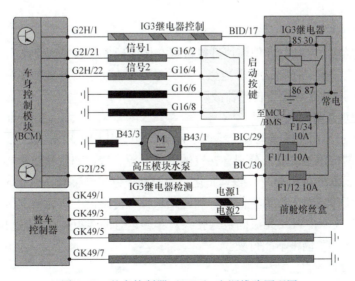

图 1-63　整车控制器（VCU）电源线路原理图

2. 故障机理分析

IG 点火电源为 VCU 提供唤醒信号，是 VCU 判断车辆所处启动运行状态的依据，同时也为 VCU 提供功率电源。如果此电源出现异常，VCU 无法唤醒启动工作，BCM 以及智能钥匙控制系统无法对 VCU 进行身份认证，此时动力系统防盗功能将被激活，高压不上电。

常见故障 2：整车控制器（VCU）的动力 CAN 总线故障

1. 原理简介及系统影响

如图 1-64 所示为动力 CAN 总线线路原理图，从中可以看出，VCU、MCU、充配电总成、BMS、BCM、路试终端、网关 ECU、档位传感器、仪表都是通过动力 CAN 总线连接组成了一个局域网。在这个局域网中，VCU 接收和发送遥控防盗信息、整车热管理信息、气囊数据信息、远程监控数据信息、行驶状态信息、故障等级信息等，并通过网关协调与舒适 CAN 之间相互通信。

如果 VCU 的动力 CAN 总线或控制单元出现故障，将导致 VCU 无法接收和发送以上信息，VCU 将激活防盗模式，造成高压上电失败。

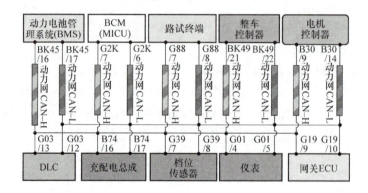

图 1-64 动力 CAN 总线线路原理图

2. 故障机理分析

动力 CAN 总线是 VCU 与其他模块进行数据交换的通道。如果该线路出现故障，VCU 无法接收到遥控钥匙信息、防盗认证等信息，就会触发车辆防盗，导致整车高压上电失败。

常见故障 3：加速踏板位置传感器故障

1. 原理简介及系统影响

如图 1-65 所示为加速踏板位置传感器线路原理图，从中可以看出，加速踏板位置传感器是由两个独立的传感器组成，分别有各自的供电电源、接地和信号线路。加速踏板位置传感器 1 的信号电压范围在 0.73~4.49V 变化，加速踏板位置传感器 2 在 0.35~2.25V 变化。

加速踏板位置传感器 2 作为主信号，加速踏板位置传感器 1 作为辅助信号。如果传感器 1 或 2 的信号出现故障，VCU 无法确定驾驶人对车辆运行的转矩需求，驱动电机控制器无法控制驱动电机转动，车辆将不能行驶。

2. 故障机理分析

为了保证系统的安全性，VCU 接收加速踏板传感器传输的两路信号，来控制车辆行车。其中加速踏板传感器 2 为主控制信号，加速踏板位置传感器 1 为辅助控制信号。如果信号 1 和 2 任意一个异常，将导致 VCU 无法准确判断驾驶人的转矩及速度需求，所以 VCU 启动保护模式，车辆无法加速。

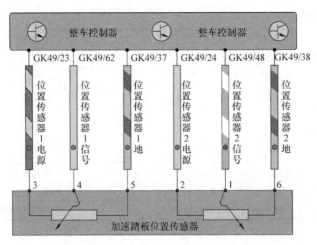

图 1-65　加速踏板位置传感器线路原理图

常见故障 4：制动开关信号故障

1. 原理简介及系统影响

如图 1-66 所示为制动开关线路原理图，BMS 通过端子 G2E/11 接收制动开关的制动信号 1，通过端子 G2I/24 接收制动开关的制动信号 2；BMS 根据制动开关信号 1 和 2 的电压值来识别制动开关是否踩下，并依据此信号判断车辆在上电过程中是否处于静止的安全状态，VCU 通过端子 GK49/15 识别制动信号来实现对驾驶人车辆速度的控制意图。

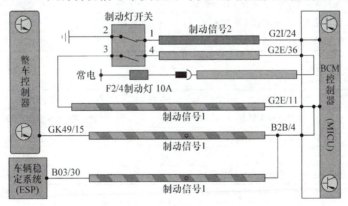

图 1-66　制动开关线路原理图

如果有一个信号异常，BCM 无法确定车辆状态，不启动低压、高压上电功能。

2. 故障机理分析

在整车上电过程中，BMS 根据制动开关信号 1 和信号 2 判断车辆在上电过程中是否处于静止的安全状态下。如果有一个信号异常，BCM 无法确定车辆状态，不启动低压、高压上电功能。

任务实施

1. 教师设置故障

参照知识准备"相关知识"设置相应故障。（配微课和视频以指导教师设置故障）

案例 1　故障设置列表

序号	故障部位	故障性质
1	熔丝 F1/12 与 VCU 之间线路	熔断、虚接、短路
2	熔丝 F1/12	断路、虚接、接触不良
3	熔丝 F1/12 与继电器 IG3 之间线路	断路、虚接

案例 2　故障设置列表

序号	故障部位	故障性质
1	数据通信动力 CAN-H 线路	断路、虚接、短路
2	数据通信动力 CAN-L 线路	断路、虚接、短路
3	数据通信动力 CAN-H 与动力 CAN-L 线路	相互短路

案例 3　故障设置列表

序号	故障部位	故障性质
1	加速踏板位置传感器 1 电源线路	断路、虚接、短路
2	加速踏板位置传感器 1 信号线路	断路、虚接、短路
3	加速踏板位置传感器 1 接地线路	断路、虚接、短路
4	加速踏板位置传感器 2 电源线路	断路、虚接、短路
5	加速踏板位置传感器 2 信号线路	断路、虚接、短路
6	加速踏板位置传感器 2 接地线路	断路、虚接、短路
7	加速踏板位置传感器 1 和 2 信号线路	互相短路
8	加速踏板位置传感器 1 内部电阻	损坏
9	加速踏板位置传感器 2 内部电阻	损坏

案例 4　故障设置列表

序号	故障部位	故障性质
1	制动信号 1 线路	断路、虚接、短路
2	制动信号 2 线路	断路、虚接、短路
3	熔丝 F2/4	熔断、电阻过大
4	熔丝 F2/4 与制动开关之间的线路	断路、虚接、短路
5	制动开关端子 2 到接地间的线路	断路、虚接、短路
6	制动开关内部	常开、常闭、接触不良

2. 教师随机设置故障，学生分组排除并完成工作页工单

		得分
故障现象描述	（包括故障现象和故障码）	
分析故障现象得出可能的故障原因	（结合故障现象及故障码进行故障分析，并得出故障的可能原因）	

（续）

故障点和故障类型确认过程	（完整记录测试过程，直到故障排除。每一步都要求记录测试对象、测试条件、实测结果及判断）	得分
故障机理分析	（分析故障部位及故障性质为什么会导致此故障现象）	

3. 故障修复后检查，并填写完工单

请留下您宝贵的意见！以便我们为您提供更好的服务					尊敬的车主阁下：我中心已遵照您的尊意，将您的座驾 □修理 □保养 □检验完毕，经检查发现您的座驾还有以下问题，敬请您早作处理，以确保您旅途愉快！		完工检验
质量	技术	□好	□一般	□差	检查结果：	处理意见：	检验结果：
	设备	□先进	□落后				
	操作	□规范	□一般	□不规范			处理意见：
工期	待工	□长	□一般				
	待料	□长	□一般				
价格	工价	□满意	□能接受	□不能接受			备注：
	料价	□满意	□能接受	□不能接受			
服务	态度	□热情	□一般	□冷淡			班组签名：
	环境	□整洁	□一般	□脏乱			
	秩序	□有序	□一般	□混乱			检验员签名：
	手续	□烦琐	□简便				
抱怨处理情况	□能得到有效处理 □不能得到有效处理				检验员签名：	技术主管签名：	
其他建议：					出厂检验： 1. 确认油、液及所有安全项目均已检查 2. 检查工单是否填写完整 3. 旧件的处理同车主的交涉是否完成 4. 确认车辆内外的清洁是否完成 5. 清点随车工具和其他物品 6. 确认维修作业位置没有弄脏或弄坏 7. 确认实际维修换件项目和费用是否与报修单相符		服务顾问签名：

评价反馈

1）小组讨论。

2）各小组互评。

3）教师记录过程并进行评价。

项目	评价内容	评价等级		
		A	B	C
关键能力考核项目	遵守纪律，遵守学习场所管理规定，服从安排			
	安全意识、责任意识、5S管理意识，注重节约、节能与环保			
	学习积极主动，能参加安排的实习活动			
	团队合作意识，注重沟通，能自主学习及相互合作			
	仪容仪表符合活动要求			
专业能力考核项目	按时按要求独立完成工作页、任务			
	工具、设备选择得当，工具、设备使用符合技术要求			
	操作规范，符合要求			
	学习准备充分、齐全			
	注重工作效率与工作质量			
	技能点1：			
	技能点2：			
小组评语及建议		组长签名： 年　月　日		
老师评语及建议		老师签名： 年　月　日		

任务拓展

案例1　整车控制器（VCU）IG信号故障诊断过程

第一步：读取故障码（DTC）

连接诊断仪器至OBD诊断接口后，踩制动踏板并保持，打开点火开关，使用诊断仪器与VCU进行通信，显示通信失败；通过使用诊断仪器与MCU连接，从MCU内部读取到故障码，见表1-2。

表1-2　从MCU内读取到的故障码

故障诊断	故障码说明
U014187	与VCU通信故障

记录当前诊断仪器上的故障码信息，利用诊断仪器清除故障码。清除故障码后，将诊断仪器从MCU系统内退出，关闭点火开关。

然后再打开点火开关，如果故障现象消失，车辆正常上电，VCU可以正常通信，则可能为系统故障码保护，造成VCU进入功能性保护模式，车辆无法上电；如果车辆还是不能上电，且故障现象依旧存在，则通过诊断仪器，再次读取故障码，并和先前的故障码进行比对，如果减少，减少的可能为偶发历史故障；如果增加，增加的可能为当前系统关联性故障；如果不变，则此时故障码所指部位可能存在异常。

第二步：DTC 分析

诊断仪器和 VCU 无法通信，但从 MCU 中读取到"U014187：与 VCU 通信故障"的故障码。说明 VCU 不具备通信功能，可能的原因为：

1）VCU 的供电线路故障。

2）VCU 的动力 CAN 总线故障。

3）VCU 自身故障。

第三步：VCU 端的动力 CAN 总线信号测量

当总线出现故障的时候，最好利用示波器同时测量 CAN–H、CAN–L 信号波形，借助信号的形成原理分析故障部位和故障原因，CAN 总线的信号分析可以参考下文：

CAN 总线系统常见的故障有 CAN–H 或 CAN–L 断路、虚接、对正极短路、对正极虚接、对负极短路、对负极虚接、彼此互短、彼此虚接，不同的虚接电阻对系统的影响不同。

> 注意：系统对 CAN–L 与地短路故障有容错功能，在这种情况下还可以正常通信，而对 CAN–H 与地短路故障没有容错功能；系统对 CAN–H 对正极短路故障有容错作用，对 CAN–L 则没有。

当总线出现故障的时候，最好利用示波器同时测量 CAN–H、CAN–L 信号波形，借助信号的形成原理分析故障部位和故障原因，舒适系统 CAN 总线的诊断方法相同。

1. CAN–H 断路的波形分析（图 1-67）

1）隐性电平不变。正常情况下，因为在隐性电平时，所有模块中的晶体管均处于截止状态，所以 CAN–H、CAN–L 的电平实质上就是两个 470Ω 之间的电平，即为 5V 的一半；当 CAN–H 断路时，并没有改变原有线路任何的电流大小，CAN–H、CAN–L 的隐形电平不变。

2）在正常情况下，当左侧模块发送信息时，左侧模块中的晶体管均导通，CAN–H 的电平被 42Ω 拉升到 3.5V，CAN–H 上的电流从左往右流动；此时如果 CAN–H 断路，左侧模块内 CAN–H 对应的晶体管上方的 42Ω 电阻内的电流和电压降将会减小，从而使得左侧模块端 CAN–H 电平在正常上升的基础上进一步增大，因而 CAN–H 的波形从 2.5V 的隐性电平切换到约 3.95V 左右，相对 3.5V 有了约 0.45V 的提高。

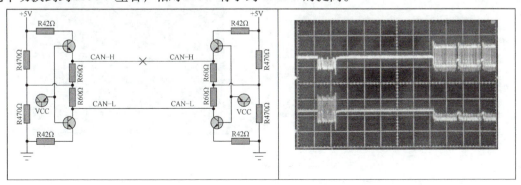

图 1-67　CAN 总线原理、故障及波形（从左侧模块端测得）（略有差异）

3）在正常情况下，当左侧模块发送信息时，左侧 CAN-L 电势因为晶体管导通，使得晶体管上下游的线路导通，造成左侧模块端的 CAN-L 总线上的电平被下拉到 1.5V，CAN-L 上的电流从右往左流动；此时如果 CAN-H 断路，CAN-L 总线内的电流会减小，从而使得 CAN-L 对应的 42Ω 电阻内的电流及电压降同时减小，从而使得左侧模块端 CAN-L 电平在正常下降的基础上进一步减小，所以 CAN-L 的显性电平从 2.5V 切换到约 1.22V 左右，相对 1.5V 也有了约 0.28V 的降低。

4）当左侧模块发送信息时，右侧模块的 CAN-L 显性电平和左侧模块的相同，CAN-H 的显性电平在 CAN-L 的基础上，被 60Ω 及 470Ω 两个电阻形成的串联线路上拉到约 1.48V，但明显低于 2.5V 的隐形电平，有了 CAN-L 的属性，即显性电平在隐形电平的基础上明显降低。

5）这种情况下，右侧的控制模块不会对左侧模块的信号做出反应。

2. CAN-L 断路的波形分析（图 1-68）

1）隐性电平不变。正常情况下，因为在隐性电平时，所有模块中的晶体管均处于截止状态，所以 CAN-H、CAN-L 的电平实质上就是两个 470Ω 之间的电平，即为 5V 的一半；当 CAN-L 断路时，并没有改变原有线路任何的电流大小，CAN-H、CAN-L 的电平不变。

2）在正常情况下，当左侧模块发送信息时，左侧模块中的晶体管均导通，CAN-L 的电平被 42Ω 拉升到 3.5V，CAN-H 上的电流从左往右流动；此时如果 CAN-L 断路，左侧模块内 CAN-H 对应的晶体管上方的 42Ω 电阻内的电流和电压降将会减小，从而使得左侧模块端 CAN-H 电平在正常上升的基础上进一步增大，因而 CAN-H 的波形从 2.5V 的隐性电平切换到约 3.8V 左右，相对 3.5V 有了约 0.3V 的提高。

3）在正常情况下，当左侧模块发送信息时，左侧 CAN-L 电势因为晶体管导通，使得晶体管上下游的线路导通，造成左侧模块端的 CAN-L 总线上的电平被下拉到 1.5V，CAN-L 上的电流从右往左流动；此时如果 CAN-L 断路，CAN-L 总线内的电流会减小，从而使得 CAN-L 对应的 42Ω 电阻内的电流及电压降同时减小，从而使得左侧模块端 CAN-L 电平在正常下降的基础上进一步减小，所以 CAN-L 的显性电平从 2.5V 切换到约 1.0V 左右，相对 1.5V 也有了约 0.5V 的降低。

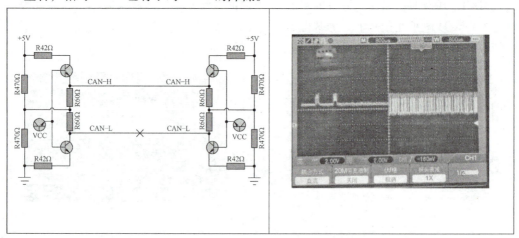

图 1-68 CAN 总线原理、故障及波形（从左侧模块端测得）

4）当左侧模块发送信息时，右侧模块的 CAN – H 显性电平和左侧模块的相同，CAN – L 的显性电平在 CAN – H 的基础上，被 60Ω 电阻下拉到约 3.54V，但明显高于 2.5V 的隐形电平，有了 CAN – H 的属性，即显性电平在隐形电平的基础上明显升高。

5）这种情况下，右侧的控制模块不会对左侧模块的信号做出反应。

> 注意：观察这类信号波形时，先观察波形相位和切换方向重叠的部分，只要有这种类似的波形，就说明总线可能有断路（也可能是大电阻虚接）的地方，至于是 CAN – H 还是 CAN – L 故障，可以参照重叠部分波形的显性电平特性来判定。如果 CAN – H "从"了 CAN – L，说明 CAN – H 故障；如果 CAN – L "从"了 CAN – H，说明 CAN – L 故障。至于是断路还是虚接，最好进一步测量电阻确定。当然也可以通过记忆出现故障以后的总线显性电平的数值来推断故障。

3. CAN – H 虚接的波形分析（图 1-69）

1）隐性电平不变。正常情况下，因为在隐性电平时，所有模块中的晶体管均处于截止状态，所以 CAN – H、CAN – L 的电平实质上就是两个 470Ω 之间的电平，即为 5V 的一半；当 CAN – H 虚接时，并没有改变原有线路任何的电流大小，CAN – H、CAN – L 的电平不变。

2）在正常情况下，当左侧模块发送信息时，左侧模块中的晶体管均导通，CAN – H 的电平被 42Ω 拉升到 3.5V，CAN – H 上的电流从左往右流动；此时如果 CAN – H 虚接，左侧模块内 CAN – H 对应的晶体管上方的 42Ω 电阻内的电流和电压降将会随着虚接电阻的增大而减小，从而使得左侧模块端 CAN – H 电平在正常上升的基础上进一步增大，因而 CAN – H 的波形从 2.5V 的隐性电平切换到 3.95V 以下的某个电平；电阻越大，显性电平越接近 3.95V；虚接电阻越小，显性电平越接近 3.5V；实验中虚接电阻为 1kΩ，显性电平为 3.88V。

3）在正常情况下，当左侧模块发送信息时，左侧 CAN – L 电势因为晶体管导通，使得晶体管上下游的线路导通，造成左侧模块端的 CAN – L 总线上的电平被下拉到 1.5V，CAN – L 上的电流从右往左流动；此时如果 CAN – H 虚接，CAN – L 总线内的电流也会减小，从而使得 CAN – L 对应的 42Ω 电阻内的电流及电压降将会随着虚接电阻的增大而减小，从而使得左侧模块端 CAN – L 电平在正常下降的基础上进一步减小，所以 CAN – L 的波形从 2.5V 切换到最低为 1.22V 的某个电平；电阻越大，显性电平越接近 1.22V；虚接电阻越小，显性电平越接近 1.5V；实验中虚接电阻为 1kΩ，显性电平为 1.26V。

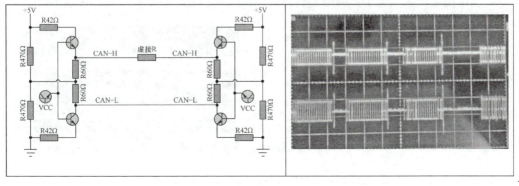

图 1-69　CAN 总线原理、故障及波形（从左侧模块端测得，虚接电阻 50Ω）

4）当左侧模块发送信息时，由于虚接电阻的分压，右侧控制模块端 CAN-H 的电平相对左侧有了明显的下降；电阻越大，分压效果越明显；当虚接电阻达到某个数值时，右侧控制模块端 CAN-H 的电平开始向 2.5V 以下切换，明显具备了 CAN-L 的信号特点；例如实验中虚接电阻为 1kΩ，信号波形从 2.5V 切换到 1.74V，相对 3.5V 有了 1.76V 的降低，显性电平反方向变化；右侧控制模块端 CAN-L 波形和左侧模块相同。

5）当虚接电阻大于某个数值时，右侧的控制模块不会对左侧模块的信号做出反应。

4. CAN-L 虚接的波形分析（图 1-70）

1）隐性电平不变。正常情况下，因为在隐性电平时，所有模块中的晶体管均处于截止状态，所以 CAN-H、CAN-L 的电平实质上就是两个 470Ω 之间的电平，即为 5V 的一半；当 CAN-L 虚接时，并没有改变原有线路任何的电流大小，CAN-H、CAN-L 的电平不变。

2）在正常情况下，当左侧模块发送信息时，左侧模块中的晶体管均导通，CAN-H 的电平被 42Ω 拉升到 3.5V，CAN-H 上的电流从左往右流动；此时如果 CAN-L 虚接，左侧模块内 CAN-H 对应的晶体管上方的 42Ω 电阻内的电流和电压降将会随着虚接电阻的增大而减小，从而使得左侧模块端 CAN-H 电平在正常上升的基础上进一步增大，因而 CAN-H 的波形从 2.5V 的隐性电平切换到 3.8V 以下的某个电平；电阻越大，显性电平越接近 3.8V；虚接电阻越小，显性电平越接近 3.5V；实验中虚接电阻为 1kΩ，显性电平为 3.75V。

3）在正常情况下，当左侧模块发送信息时，左侧 CAN-L 电势因为晶体管导通，使得晶体管上下游的线路导通，造成左侧模块端的 CAN-L 总线上的电平被下拉到 1.5V，CAN-L 上的电流从右往左流动；此时如果 CAN-L 虚接，CAN-L 总线内的电流也会减小，从而使得 CAN-L 对应的 42Ω 电阻内的电流及电压降将会随着虚接电阻的增大而减小，从而使得左侧模块端 CAN-L 电平在正常下降的基础上进一步减小，所以 CAN-L 的波形从 2.5V 切换到最低为 1.0V 的某个电平；电阻越大，显性电平越接近 1.0V；虚接电阻越小，显性电平越接近 1.5V；实验中虚接电阻为 1kΩ，显性电平为 1.1V。

4）当左侧模块发送信息时，右侧控制模块端 CAN-H 波形和左侧模块相同；由于虚接电阻的分压，右侧控制模块端 CAN-L 的电平相对左侧有了明显的上升；电阻越大，分压效果越明显；当虚接电阻达到某个数值时，右侧控制模块端 CAN-L 的电平开始向 2.5V 以上切换，明显具备了 CAN-H 的信号特点；例如实验中虚接电阻为 1kΩ，信号波形从 2.5V 切换到 3.65V，相对 3.5V 有了 0.15V 的上升，显性电平反方向变化。

5）当虚接电阻大于某个数值时，右侧的控制模块不会对左侧模块的信号做出反应。

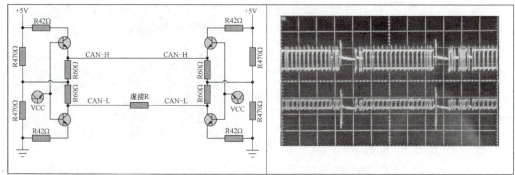

图 1-70　CAN 总线原理、故障及波形（从左侧模块端测得，虚接电阻 200Ω）

注意：观察此类波形时，主要看某个控制模块的 CAN 信号波形的显性电平在"发"和"收"时是否存在幅值减少甚至方向切换。若存在幅值减少但方向未发生切换，就说明存在虚接；若 CAN-H 幅值减少，则为 CAN-H 虚接；若 CAN-L 幅值减少，则为 CAN-L 虚接；电阻越大，幅值差异越大。如果波形方向也发生变化，则需要测量电阻进一步确认是虚接还是断路。当然也可以通过记忆出现故障以后的总线显性电平的数值来推断故障。

5. CAN-H 对 +B 短路的波形分析（图 1-71）

1）CAN-H 的隐性电平为 +B，因为 CAN-H、CAN-L 之间有 60Ω 的电阻存在，所以 CAN-L 的隐性电平相对 CAN-H 会偏低大约 2V。

2）当某侧模块发送信息时，CAN-H 始终为 +B；CAN-L 的波形会在 10V（隐性电平）的基础上切换到 4.4V，相对正常的 1.5V 有明显的提高。

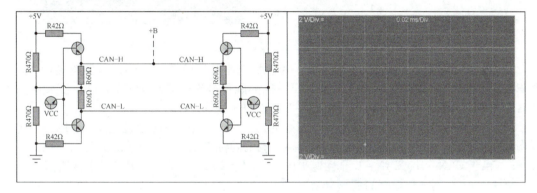

图 1-71 CAN 总线原理、故障及波形（从左侧模块端测得）

6. CAN-L 对 +B 短路的波形分析（图 1-72）

1）CAN-L 的隐性电平为 +B，因为 CAN-H、CAN-L 之间有 60Ω 的电阻存在，所以 CAN-H 的隐性电平相对 CAN-H 会偏低大约 2V。

2）当某侧模块发送信息时，CAN-L 始终为 +B；CAN-H 的波形会在 9.72V（隐性电平）的基础上反向切换到 9.12V，相对正常的 3.5V 有明显的提高。

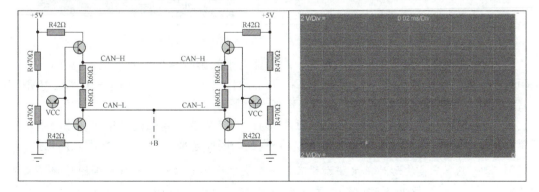

图 1-72 CAN 总线原理、故障及波形（从左侧模块端测得）

注意：观察此类波形时，主要看所有控制模块总线波形的隐性电平是否有一根信号线电平始终保持为+B，而另外一根信号线为10V，如果有，就说明CAN总线对+B短路。如果CAN-H为+B，CAN-L为10V，说明CAN-H对+B短路；如果CAN-L为+B，CAN-H为10V，说明CAN-L对+B短路。

7. CAN-H对+B虚接的波形分析（图1-73）

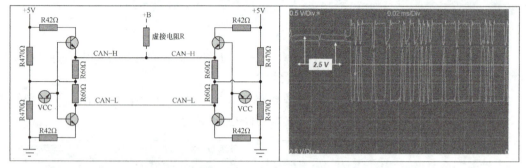

图1-73　CAN总线原理、故障及波形（从左侧模块端测得）

1）与虚接电阻大小有关。电阻越大，对隐性电平的影响越小，隐形电压越接近2.5V；电阻越小，隐性电平越靠近+B，同时CAN-H的隐性电平会略高于CAN-L。实验电阻为200Ω，CAN-H隐性电平为6.5V，CAN-L隐性电平为5.7V。

2）当某侧模块发送信息时，CAN-H波形在6.5V（被提高的隐性电平）和4.5V之间反向切换；同样，CAN-L波形在5.7V（被提高的隐性电平）和1.8V之间正向切换。

3）由于CAN-H、CAN-L显性电平的差值大于2V，CAN总线仍可以正常通信。

8. CAN-L对+B虚接的波形分析（图1-74）

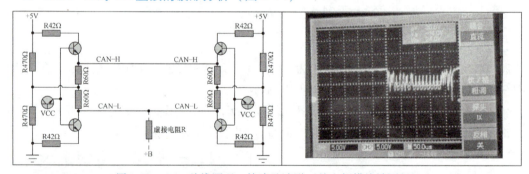

图1-74　CAN总线原理、故障及波形（从左侧模块端测得）

1）与虚接电阻大小有关。电阻越大，对隐性电平的影响越小，隐形电压越接近2.5V；电阻越小，隐性电平越靠近+B，同时CAN-L的隐性电平会略高于CAN-H。实验电阻为200Ω，CAN-L隐性电平为6.5V，CAN-H隐性电平为5.7V。

2）当某侧模块发送信息时，CAN-H波形在5.7V（被提高的隐性电平）和3.96V之间反向切换；同样，CAN-L波形在6.5V（被提高的隐性电平）和2.8V之间正向切换。

注意：观察此类波形时，主要看所有控制模块总线波形的隐性电平是否同时明显大于2.5V，如果有，就说明CAN总线存在对+B虚接。如果CAN-H的隐性电平大于CAN-L，说明CAN-H对+B虚接；如果CAN-L的隐性电平大于CAN-H，说明CAN-L对+B虚接。

9. CAN-H 对接地短路的波形分析（图1-75）

1）因为CAN-H对接地短路，所以CAN-H的隐性电平变为零，而CAN-L的电平因为终端电阻的存在而比CAN-H的隐性电平提高0.5V。

2）当某侧模块发送信息时，CAN-H依然为零，CAN-L相对隐性电平0.5V会更低一点，大约为0.23V。

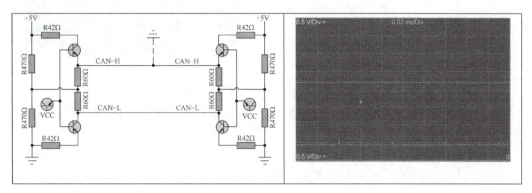

图1-75 CAN总线原理、故障及波形（从左侧模块端测得）

10. CAN-L 对地短路的波形分析（图1-76）

1）因为CAN-L对接地短路，所以CAN-L的隐性电平变为零，而CAN-H的电平因为终端电阻的存在而比CAN-L的隐性电平提高0.5V。

2）当某侧模块发送信息时，CAN-L依然为零，CAN-H相对隐性电平0.5V会提高，大约为2.96V。

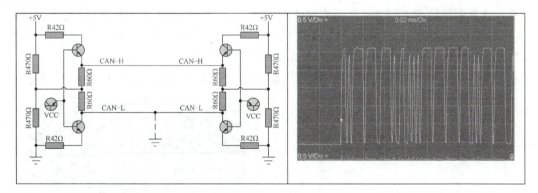

图1-76 CAN总线原理、故障及波形（从左侧模块端测得）

注意：观察此类波形时，主要看所有控制模块总线波形的隐性电平是否有一根信号线电平始终保持为0V，而另外一根信号线为0.5V，如果有，就说明CAN总线对地短路。如果CAN-H为0V，CAN-L为0.5V，说明CAN-H对地短路；如果CAN-L为0V，CAN-H为0.5V，说明CAN-L对地短路。

11. CAN-H 对地虚接的波形分析（图1-77）

1）与虚接电阻大小有关。虚接电阻越小，对隐性电平的影响越大（0~2.5V），电阻越小，隐性电平越靠近0V，因为CAN-H对地虚接，所以CAN-H的隐性电平对CAN-L要

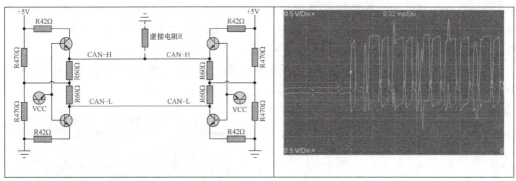

图1-77 CAN总线原理、故障及波形（从左侧模块端测得）

低一些，这是因为终端电阻的存在；实验虚接电阻为200Ω，CAN-H的隐性电平为1.43V，CAN-L的隐性电平为1.65V。

2）当某侧模块发送信息时，因为晶体管导通，CAN-H波形在1.43V（被拉低的隐性电平）与3.1V之间切换，相对正常情况下的3.5V有所下降；同样CAN-L波形在1.65V（被拉低的隐性电平）与1.31V之间切换，相对正常的1.5V有所下降。

3）CAN-H、CAN-L显性电平的差值基本保持在2V，CAN总线仍可以正常通信。

12. CAN-L对地虚接的波形分析（图1-78）

1）与虚接电阻大小有关。虚接电阻越小，对隐性电平的影响越大（0~2.5V），电阻越小，隐性电平越靠近0V，因为CAN-L对地虚接，所以CAN-L的隐性电平对CAN-H要低一些，这是因为终端电阻的存在；实验虚接电阻为200Ω，CAN-L的隐性电平为1.43V，CAN-H的隐性电平为1.65V。

2）当某侧模块发送信息时，因为晶体管导通，CAN-H波形在1.65V（被拉低的隐性电平）与3.43V之间切换，相对正常情况下的3.5V有所下降；同样CAN-L波形在1.43V（被拉低的隐性电平）与1.31V之间切换，相对正常的1.5V有所下降。

3）CAN-H、CAN-L显性电平的差值基本保持在2V，CAN总线仍可以正常通信。

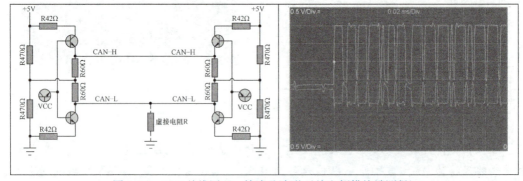

图1-78 CAN总线原理、故障及波形（从左侧模块端测得）

注意：观察此类波形时，主要看所有控制模块总线波形的隐性电平是否同时明显小于2.5V，如果有，就说明CAN总线存在对地虚接。如果CAN-L的隐性电平大于CAN-H，说明CAN-H对地虚接；如果CAN-H的隐性电平大于CAN-L，说明CAN-L对地虚接。

13. CAN–H、CAN–L 互短的波形分析（图1-79）

不管是隐性还是显性，CAN–H、CAN–L 的信号始终维持在 2.5V。

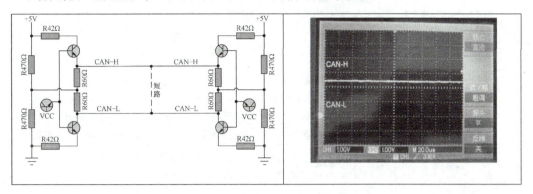

图1-79　CAN 总线原理、故障及波形（从左侧模块端测得）

14. CAN–H、CAN–L 通过电阻短路的波形分析（图1-80）

隐性电平不会发生变化，但 CAN–H 和 CAN–L 的显性电平之间的差值会因为虚接电阻而等幅值减小，电阻越大，两者之间的差值越接近 2V。

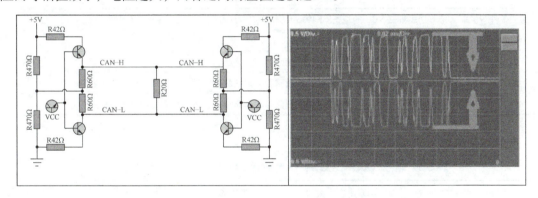

图1-80　CAN 总线原理、故障及波形（从左侧模块端测得）

实际测量结果是 CAN 总线波形未发现故障，下一步对电源线路进行检查。

第四步：线路测试

1）测量 VCU 的 IG 供电电压，见表1-3。

表1-3　VCU 的端子 GK49/1、GK49/3 对地电压测试

可能性	实测结果/V		结论	下一步操作
	GK49/1	GK49/3		
测试条件与标准：打开点火开关，用万用表测量 VCU 的端子 GK49/1、GK49/3 对地电压应为 +B				
1	+B	+B	不确定	测量 VCU 的接地线路是否正常
2	部分 +B	部分 +B	异常	说明两线路均存在虚接故障，下一步测试熔丝 F1/12 两端的对地电压
3	0	0	异常	说明两线路均存在断路故障，下一步测试模块 IG 供电线路对地电压的测试，即熔丝 F1/12 两端的对地电压

2）测量熔丝 F1/12 两端的对地电压，见表1-4。

表1-4　熔丝 F1/12 两端的对地电压测试

测试条件与标准：用万用表测试熔丝 F1/12 两端对地电压，标准均应为 +B

可能性	实测结果/V	结论	下一步操作
1	+B，+B	正常	1）如果上步测试结果为0V，说明端子 GK49/1、GK49/3 到熔丝 F1/12 间的线路存在断路故障，下一步对线路阻值进行测试 2）如果上步测试结果为高于0V，小于 +B 的某个值，说明端子 GK49/1、GK49/3 到熔丝 F1/12 间的线路存在虚接故障，下一步对线路阻值进行测试
2	+B，部分 +B	异常	说明熔丝连接存在阻值过大故障，下一步对熔丝进行检查，必要时更换
3	+B，0	异常	说明熔丝断路故障，更换熔丝前测试熔丝 F1/12 与 VCU 的端子 GK49/1、GK49/3 之间的线路对地电阻，以判断熔丝烧损的原因
4	部分 +B	异常	说明熔丝供电线路存在故障，下一步对熔丝供电线路进行检查
5	0，0	异常	说明熔丝供电线路断路，下一步对熔丝供电线路进行检查

3）测量 VCU 接地端对地电压，见表1-5。

表1-5　VCU 的端子 GK49/5、GK49/7 对地电压测试

测试条件与标准：用万用表测试 VCU 的端子 GK49/5、GK49/7 对地电压，标准均应小于 0.1V

可能性	实测结果/V	结论	下一步操作
1	0	正常	更换 VCU 后进行上电测试
2	0～+B 间的某个值	异常	说明接地线路存在虚接故障，下一步测试接地线路导通性
3	+B	异常	说明接地线路存在断路故障，下一步测试接地线路导通性

4）VCU 电源线路对地电阻测试，见表1-6。

表1-6　端子 GK49/1、GK49/3 和熔丝 F1/12 间的线路对地电阻测试

测试条件与标准：关闭点火开关，用万用表测试端子 GK49/1 或 GK49/3 对地电阻值，标准值为∞。注意：此测试前需确保线路端对端电阻正常，无断路故障

步骤	测试条件	实测结果/Ω	状态	可能原因	下一步操作
1	拔下熔丝 F1/12，断开 VCU 的 GK49、BCM 的 G2I 插接器	∞	正常	VCU、BCM 故障	转本表第2种可能
		存在电阻	异常	线路对地虚接	检修线路
		近乎为0	异常	线路对地短路	
2	连接 VCU 的 GK49 插接器	∞	正常	BCM 内部故障	转本表第3种可能
		存在电阻	异常	VCU 内部对地虚接	更换 VCU
		近乎为0	异常	VCU 内部对地短路	
3	连接 BCM 插接器	∞	正常	熔丝正常损坏	更换熔丝 F1/12
		存在电阻	异常	BCM 内部对地虚接	更换 BCM
		近乎为0	异常	BCM 内部对地短路	

5）线路导通性测量。

① 测量 VCU 端子 GK49/1 和熔丝 F1/12 之间线路的导通性，见表1-7。

表1-7　VCU端子GK49/1和熔丝F1/12之间线路的导通性测试

测试条件与标准：拔掉VCU的GK49插接器、熔丝F1/12，测试电阻应为近乎为0Ω				
可能性	实测结果/Ω	状态	可能原因	操作
1	近乎为0	正常	插接器故障	检修插接器
2	∞	异常	线路断路	维修线路
3	存在电阻	异常	线路虚接	

② VCU端子GK49/3和熔丝F1/12之间线路的导通性，见表1-8。

表1-8　VCU端子GK49/3和熔丝F1/12之间的导通性测试

测试条件与标准：拔掉VCU的GK49插接器、熔丝F1/12，测试电阻应为近乎为0Ω				
可能性	实测结果/Ω	状态	可能原因	操作
1	近乎为0	正常	插接器故障	检修插接器
2	∞	异常	线路断路	维修线路
3	存在电阻	异常	线路虚接	

③ 测量VCU端子GK49/5、GK49/7和接地点之间的导通性，见表1-9。

表1-9　VCU端子GK49/5、GK49/7和接地点之间的导通性测试

测试条件与标准：拔掉VCU的GK49插接器，测试电阻应为近乎为0Ω				
可能性	实测结果/Ω	状态	可能原因	操作
1	近乎为0	正常	插接器故障	检修插接器
2	∞	异常	线路断路	维修线路
3	存在电阻	异常	线路虚接	

第五步：诊断结论验证

注意：完成诊断修理后，某些DTC需要将点火开关旋至OFF（关闭）位置，然后旋回至ON（打开）位置之后，故障诊断仪功能才会清除DTC。

1）将点火开关置于OFF（关闭）位置。
2）安装所有诊断时拆下或更换的部件及插接器。
3）将点火开关置于ON位置。
4）读取并清除DTC。
5）关闭点火开关60s。
6）踩下制动踏板，打开点火开关，车辆仪表显示正常，高压上电正常，维修结束。

案例2　整车控制器（VCU）的动力CAN总线故障的诊断过程

第一步：读取故障码（DTC）

连接诊断仪器至OBD诊断接口后，踩制动踏板并保持，打开点火开关，使用诊断仪器与VCU通信，显示通信失败；通过使用诊断仪器与MCU连接，在MCU内部读取故障码，见表1-10。

表1-10 从MCU内部读取到的故障码

故障诊断	代码说明
U014187	与VCU通信故障

记录当前诊断仪器上的故障码信息，通过诊断仪器清除故障码。清除故障码后，将诊断仪器从MCU内退出，关闭点火开关。然后再打开点火开关，如果故障现象消失，车辆正常上电，VCU可以正常通信，则可能为系统故障码保护，造成VCU进入功能性保护模式，车辆无法上电；如果车辆还是不能上电，且故障现象依旧存在，则通过诊断仪器，再次读取故障码，并和先前的故障码进行比对，如果减少，减少的可能为偶发历史故障；如果增加，增加的可能为当前系统关联性故障；如果不变，则此时的故障码所指部位可能存在异常。

第二步：DTC分析

诊断仪器和VCU无法通信，但从MCU中读取到"U014187：与VCU通信故障"的故障码。说明VCU不具备通信功能，可能原因为：

1）VCU的供电线路故障。

2）VCU的动力CAN总线故障。

3）VCU自身故障。

第三步：线路测试

(1) 测量VCU端CAN-H、CAN-L信号对地波形

测试方法同前。

(2) 测量CAN-H、CAN-L线路端对端的导通性

导通性是检查VCU的CAN-H、CAN-L端子与CAN总线其余控制单元的CAN-H、CAN-L端子之间导线是否存在断路、虚接的故障。

测试时，关闭点火开关，断开辅助蓄电池负极，拔掉动力CAN上所有模块的插接器，CAN-H或CAN-L上所有插接器端子间的电阻都应近乎为零，否则说明存在断路或虚接故障。

(3) 检查CAN-H、CAN-L线路对地是否短路

测试时，关闭点火开关，断开辅助蓄电池负极，用万用表测量VCU的CAN-H、CAN-L端子对地电阻应为7.47kΩ（来自实际测试值，可以参考）。

然后断开VCU、MCU、充配电总成、BMS、BCM、路试终端、网关ECU、档位传感器、仪表端插接器，用万用表测量VCU的CAN-H、CAN-L端子对地电阻应为无穷大，否则说明故障存在：如果测试结果为0Ω，说明线路对地短路；如果测试结果为某个电阻，说明线路对地虚接。

接着依次连接每一个控制模块，然后用万用表测量VCU的CAN-H、CAN-L端子对地电阻，应从7.47kΩ（来自实际测试值，可以参考）逐渐减小：如果连接某个控制模块后，测试结果变为0Ω，说明该模块对地短路；如果连接某个控制模块后，测试结果突然减小，说明该模块对地异常短路。此时应更换该控制模块。

(4) 检查CAN-H、CAN-L线路对电源是否短路

测试时，关闭点火开关，断开辅助蓄电池负极，用万用表测量VCU的CAN-H、CAN-L端子对蓄电池正极之间的电阻应为7.47kΩ（来自实际测试值，可以参考）。

然后断开 VCU、MCU、充配电总成、BMS、BCM、路试终端、网关 ECU、档位传感器、仪表端插接器，用万用表测量 VCU 的 CAN-H、CAN-L 端子对蓄电池正极之间的电阻应为无穷大，否则说明故障存在：如果测试结果为 0Ω，说明线路对蓄电池正极短路；如果测试结果为某个电阻，说明线路对蓄电池正极虚接。

接着依次连接每一个控制模块，然后用万用表测量 VCU 的 CAN-H、CAN-L 端子对蓄电池正极之间的电阻，应从 7.47kΩ（来自实际测试值，可以参考）逐渐减小：如果连接某个控制模块后，测试结果变为 0Ω，说明该模块对蓄电池正极短路；如果连接某个控制模块后，测试结果突然减小，说明该模块对蓄电池正极异常短路。此时应更换该控制模块。

（5）测量 CAN-L 和 CAN-H 线路之间的电阻

测试时，关闭点火开关，断开辅助蓄电池负极，用万用表测量 VCU 的 CAN-H、CAN-L 之间的电阻，应为 60Ω。

然后断开 VCU、MCU、充配电总成、BMS、BCM、路试终端、网关 ECU、档位传感器、仪表端插接器，用万用表测量 VCU 的 CAN-H、CAN-L 端子之间的电阻应为无穷大，否则说明故障存在：如果测试结果为 0Ω，说明 CAN-H、CAN-L 之间线路存在短路；如果测试结果为某个电阻，说明 CAN-H、CAN-L 之间线路存在虚接。

接着依次连接每一个控制模块，然后用万用表测量 VCU 的 CAN-H、CAN-L 之间的电阻，应从无穷大逐渐减小：如果连接某个控制模块后，测试结果变为 0Ω，说明该模块内 CAN-H、CAN-L 之间线路存在短路；如果连接某个控制模块后，测试结果突然减小，说明该模块内 CAN-H、CAN-L 之间线路存在虚接。此时应更换该控制模块。

第四步：诊断结论验证

> 注意：完成诊断修理后，某些 DTC 需要将点火开关旋至 OFF（关闭）位置，然后旋回至 ON（打开）位置之后，故障诊断仪功能才会清除 DTC。

1）将点火开关置于 OFF（关闭）位置。
2）安装所有诊断时拆下或更换的部件及插接器。
3）将点火开关置于 ON 位置。
4）读取并清除 DTC。
5）关闭点火开关 60s。
6）踩下制动踏板，打开点火开关，车辆仪表显示正常，车辆上电恢复正常，维修结束。

案例 3　加速踏板位置传感器故障的诊断过程

第一步：读取故障码（DTC）

连接汽车诊断仪到车辆，踩住制动踏板打开点火开关，在 VCU 中读取到的故障码见表 1-11。

表 1-11　VCU 故障码

故障诊断	故障码说明
P1D7B00	加速踏板位置传感器信号故障——1 信号故障
P1D7C00	加速踏板位置传感器信号故障——2 信号故障
P1D6600	加速踏板位置传感器信号故障——校验故障

第二步：故障码分析

连接诊断仪，打开点火开关，诊断仪进入 VCU 并选择加速踏板数据流，此时踩加速踏板，信息应该随加速踏板位置变化而变化。在踩制动踏板时，发现信号 2 状态没有变化。如图 1-81 所示。

图 1-81　VCU 数据流信息

结合故障分析、故障码定义、数据流，说明车辆无法正常运行是由于加速踏板信号 2 异常造成的，导致以上故障的可能原因有：

1）加速踏板传感器 2 信号线路（断路、虚接、短路）故障。
2）加速踏板传感器 2 供电电源线路（断路、虚接、短路）故障。
3）加速踏板传感器 2 接地线路（断路、虚接、短路）故障。
4）加速踏板传感器 2 自身故障。
5）VCU 局部故障。

说明：信号 1 和信号 2 测量方法相同。

第三步：线路测试

1）测量 VCU 端加速踏板位置传感器 2 输入信号对地电压，见表 1-12。

表 1-12　VCU 端加速踏板位置传感器 2 输入信号对地电压测试

测试条件与标准：打开点火开关，加速踏板匀速踩下时，测试 VCU 端子 Gk49/48 对地电压，应从 0.35~2.25V 逐渐增大				
可能性	测试条件	实测结果/V	状态	下一步操作
1	未踩加速踏板	0.35 左右	正常	如果诊断仪器数据流显示传感器数据错误，则说明 VCU 自身存在故障
	加速踏板匀速踩下	0.35~2.25		
2	未踩加速踏板	0	异常	说明传感器信号输出故障、信号线断路或信号线对地短路，测量加速踏板位置传感器 2 输出信号对地电压
	加速踏板匀速踩下	0		

（续）

测试条件与标准：打开点火开关，加速踏板匀速踩下时，测试VCU端子Gk49/48对地电压，应从0.35~2.25V逐渐增大

可能性	测试条件	实测结果/V	状态	下一步操作
3	未踩加速踏板	约2.25或5.03	异常	说明传感器信号输出故障或信号线对参考电源短路，测量加速踏板位置传感器2输出信号对地电压
	加速踏板匀速踩下	始终约2.25或5.03		
4	未踩加速踏板	明显低于0.35	异常	说明传感器信号输出故障或者加速踏板安装错误，测量加速踏板位置传感器2输出信号对地电压
	加速踏板踩下后	明显低于2.25		
5	未踩加速踏板	明显高于0.35	异常	
	加速踏板踩下后	明显高于2.25		

2）测量加速踏板位置传感器2的端子1输出信号对地电压，见表1-13。

表1-13　加速踏板位置传感器2的端子1输出信号对地电压测试

测试条件与标准：打开点火开关，车辆正常运行，加速踏板匀速踩下时，测试加速踏板位置传感器2的端子1对地电压应在0.35~2.25V逐渐增大

可能性	测试条件	实测结果/V	状态	下一步操作
1	未踩加速踏板	0.35左右	正常	如果上一步测试结果为0V，说明传感器2信号线路断路；上一步测试结果明显低于0.35V或2.25V，说明传感器2信号线路电阻过大，测量传感器2信号线路端对端导通性
	加速踏板匀速踩下	0.35~2.25		
2	未踩加速踏板	0	异常	说明传感器2自身、信号线路对地短路或电源线路断路，检查传感器2信号线路对地是否短路
	加速踏板匀速踩下	0		
3	未踩加速踏板	约5.03	异常	说明传感器2信号线路对参考电源短路，检查信号线路对参考电源是否短路
	加速踏板匀速踩下	始终约5.03		说明传感器2接地线路断路，测量传感器2接地线路对地电压
4	未踩加速踏板	明显低于0.35	异常	传感器电源线路故障或者加速踏板安装错误，测量传感器2电源输入信号对地电压
	加速踏板踩下后	明显低于2.25		
5	未踩加速踏板	明显高于0.35	异常	传感器接地线路故障或者加速踏板安装错误，测量传感器2接地信号对地电压
	加速踏板踩下后	明显高于2.25		

3）测量加速踏板位置传感器2信号线路导通性，见表1-14。

表1-14　加速踏板位置传感器2信号线路导通性测试

测试条件与标准：关闭点火开关，拔下VCU的Gk49插接器、加速踏板位置传感器的插接器，检查VCU与加速踏板位置传感器之间线路的电阻值，应为近乎为0Ω

可能性	实测结果/Ω	状态	可能原因	下一步操作
1	近乎为0	正常	插接器故障	维修或更换线束插接器
2	明显大于0	异常	线路电阻过大	维修或更换线束
3	∞	异常	线路断路	维修或更换线束

4）检查加速踏板位置传感器2信号线路对地是否短路，见表1-15。

表 1-15 加速踏板位置传感器 2 信号线路对地是否短路测试

测试条件与标准：关闭点火开关，测量加速踏板位置传感器 2 信号线路对地电阻，应符合要求

步骤	测试条件	实测结果/Ω	状态	可能原因	下一步操作
1	拔下 VCU 的 Gk49 插接器、加速踏板位置传感器的插接器	∞	正常	传感器、VCU 局部故障	转本表 2
		明显大于 0	异常	线路对地虚接	检修线路
		近乎为 0	异常	线路对地短路	检修线路
2	连接 VCU 的 Gk49 插接器	∞	正常	传感器内部故障	转本表 3
		明显大于 0	异常	VCU 内部对地虚接	更换 VCU
		近乎为 0	异常	VCU 内部对地短路	
3	连接加速踏板位置传感器的插接器	∞	正常	传感器及电源故障	测量传感器 2 电源
		明显大于 0	异常	传感器内部故障	更换加速踏板
		近乎为 0	异常		

5）检查加速踏板位置传感器 2 信号线路对参考电源是否短路，见表 1-16。

表 1-16 加速踏板位置传感器 2 信号线路对参考电源是否短路测试

测试条件与标准：关闭点火开关，测量加速踏板位置传感器 2 信号线路对地电压，应符合要求

步骤	测试条件	实测结果/V	状态	可能原因	操作
1	拔下 VCU 的 Gk49 插接器、加速踏板位置传感器的插接器	悬空电压	正常	传感器、控制单元故障	转本表 2
		大于 0.1	异常	对参考电源线路短路或虚接	检修线路
2	连接 VCU 的 Gk49 插接器	悬空电压	正常	加速踏板故障	转本表 3
		大于 0.1	异常	VCU 内部对电源短路	更换 VCU
3	连接加速踏板位置传感器的插接器	悬空电压	正常	传感器及电源故障	测量传感器 2 电源电压
		大于 0.1	异常	传感器内部对电源短路	更换加速踏板

6）测量加速踏板位置传感器 2 电源输入对地电压，见表 1-17。

表 1-17 加速踏板位置传感器 2 电源输入对地电压测试

测试条件与标准：打开点火开关，用万用表测量传感器 2 电源输入信号对地电压，标准值为 5V 左右

可能性	实测结果/V	状态	可能原因	下一步操作
1	5	正常	传感器接地故障	测量传感器接地
2	0	异常	传感器供电线路断路	测量 VCU 端传感器电源输出对地电压
3	0.1~4.5	异常	传感器供电线路电阻过大	

7）测量 VCU 端传感器 2 电源输出对地电压，见表 1-18。

表 1-18 VCU 端传感器 2 电源输出对地电压测试

测试条件与标准：打开点火开关，用万用表测量 VCU 端传感器 2 电源输出对地电压，标准值为 5V

可能性	实测结果/V	状态	可能原因	下一步操作
1	5	正常	VCU 至传感器间线路断路或虚接	测量线路导通性
2	0	异常	VCU 输出故障	更换 VCU
3	0.1~4.5	异常		

项目1 整车控制系统认知与检修

8）测量加速踏板位置传感器 2 电源线路导通性，见表 1-19。

表 1-19　加速踏板位置传感器 2 电源线路导通性测试

测试条件与标准：关闭点火开关，拔下 VCU 的 Gk49 插接器、加速踏板位置传感器的插接器，检查 VCU 端子 GK49/24 到加速踏板位置传感器的端子 2 间线路的电阻值，标准值为近乎为 0Ω

可能性	实测结果/Ω	状态	可能原因	下一步操作
1	近乎为 0	正常	插接器故障	维修或更换线束插接器
2	明显大于 0	异常	线路电阻过大	维修或更换线束
3	∞	异常	线路断路	维修或更换线束

9）测量加速踏板位置传感器 2 接地信号对地电压，见表 1-20。

表 1-20　加速踏板位置传感器 2 接地信号对地电压测试

测试条件与标准：用万用表测量加速踏板位置传感器 2 接地信号对地电压，标准值应小于 0.1V

可能性	实测结果/V	状态	可能原因	下一步操作
1	0	正常	传感器 2 自身故障	更换加速踏板
2	5	异常	传感器 2 接地线路断路	测量 VCU 端传感器 2 对地电压
3	0.1~4.5	异常	传感器 2 接地线路电阻过大	

10）测量 VCU 端传感器 2 接地信号对地电压，见表 1-21。

表 1-21　VCU 端传感器 2 接地信号对地电压测试

测试条件与标准：打开点火开关，用万用表测量 VCU 端传感器 2 接地信号对地电压，标准值应小于 0.1V

可能性	实测结果/V	状态	可能原因	下一步操作
1	0	正常	VCU 至传感器间线路断路或虚接	测量线路导通性
2	5	异常	VCU 输出故障	更换 VCU
3	0.1~4.5	异常		

11）测量加速踏板位置传感器 2 接地线路导通性，见表 1-22。

表 1-22　加速踏板位置传感器 2 接地线路导通性测试

测试条件与标准：关闭点火开关，拔下 VCU 的 GK49 插接器、加速踏板位置传感器的插接器，检查 VCU 到传感器间线路的电阻值，标准值为近乎为 0Ω

可能性	实测结果/Ω	状态	可能原因	下一步操作
1	近乎为 0	正常	插接器故障	维修或更换线束插接器
2	明显大于 0	异常	线路电阻过大	维修或更换线束
3	∞	异常	线路断路	

第四步：诊断结论验证

> 注意：完成诊断修理后，某些 DTC 需要将点火开关旋至 OFF（关闭）位置，然后旋回至 ON（打开）位置之后，故障诊断仪功能才会清除 DTC。

1）将点火开关置于 OFF（关闭）位置。
2）安装所有诊断时拆下或更换的部件及插接器。
3）将点火开关置于 ON 位置。

4）读取并清除 DTC。

5）关闭点火开关 60s。

6）踩下制动踏板，打开点火开关，车辆仪表显示正常，切换至 D 位或 R 位试车，车辆运行正常，维修结束。

案例 4　制动开关信号故障的诊断过程

第一步：读取故障码（DTC）

连接诊断仪器至 OBD-Ⅱ 诊断接口，踩制动踏板并保持，打开点火开关，操作诊断仪器访问 BCM，读取到的故障码，见表 1-23。

表 1-23　BCM 存储的故障码

故障诊断	故障码说明
B1C1507	制动开关故障

第二步：故障码验证

通过诊断仪器的数据流查看功能对当前故障码进行验证。如图 1-82 所示为 BCM 系统数据流显示的信息，踩下制动踏板并保持，此信息应该有变化，即数据流显示从无效变为有效。

图 1-82　BCM 系统数据流信息

结合故障分析、故障码定义、数据流显示的信息，说明车辆高压不上电很可能是由于制动信号 1 或 2 异常造成的，而导致以上故障的原因为以下一项或多项：

1）制动开关 1 供电线路断路、虚接、短路故障。

2）制动开关 2 接地线路断路、虚接、短路故障。

3）制动信号 1 线路断路、虚接、短路故障。

4）制动信号 2 线路断路、虚接、短路故障。

5）制动开关内部自身故障。

6）BCM 控制器自身故障。

第三步：线路测试

1）测量 BMS 制动信号输入，见表 1-24。

表 1-24　BMS 制动信号输入测试

测试条件与标准：任何时候，踩下制动踏板时，用万用表分别测量 BCM 的端子 G2E/11 和端子 G2I/24 对地电压，标准值为：0V（未踩下）→（踩下）变化					
可能性	实测结果/V			状态	下一步操作
	G2E/11		G2I/24			
	未踩下	踩下	未踩下	踩下		
1	0	+B	0	+B	正常	检查无其他故障后考虑更换 BCM

(续)

测试条件与标准：任何时候，踩下制动踏板时，用万用表分别测量BCM的端子G2E/11和端子G2I/24对地电压，标准值为：0V（未踩下）→（踩下）变化

可能性	实测结果/V G2E/11 未踩下	实测结果/V G2E/11 踩下	实测结果/V G2I/24 未踩下	实测结果/V G2I/24 踩下	状态	下一步操作
2	0	部分+B	0	+B	信号1异常	说明测试点上游线路可能存在虚接故障，下一步测量制动开关的端子3输出信号对地电压
3	0	0	0	+B	信号1异常	说明测试点端子的上游线路可能存在断路或对地短路故障，下一步测量制动开关的端子3输出信号对地电压
4	+B	+B	0	+B	信号1异常	说明测试点G2I/11端子上游线路可能存在对电源短路或开关内部触点常闭故障，下一步测量制动信号1线路对地电压
5	0	+B	部分12	大于12	信号2异常	说明测试点G2I/24端子下游线路及接地点可能存在虚接故障，下一步测量制动信号2线路对地电压
6	0	+B	0	0	信号2异常	说明线路可能存在对地短路或BCM无输出以及开关内部触点常闭故障，下一步测量制动开关信号2线路对地电阻
7	0	+B	大于12	大于12	信号2异常	说明测试点G2I/24端子下游线路可能存在开路或开关内部触点常开以及接地线路断路故障，下一步测量制动信号2线路对地电压

2）测量制动开关端输出信号对地电压。

① 测量制动开关端子3的对地电压，见表1-25。

表1-25 制动开关端子3的对地电压测试

测试条件与标准：踩下制动踏板时，用万用表测量制动开关端子3的对地电压，标准值为0V→+B

可能性	实测结果/V 未踩下	实测结果/V 踩下	状态	下一步操作
1	0	+B	正常	如果上一步得结果为0V→部分+B，说明线路电阻过大；如果上一步测得结果都为0V，说明线路断路。下一步测量制动信号1线路的导通性
2	0	部分+B	异常	说明制动开关及供电线路存在虚接故障，下一步测量制动开关端子4的电源输入对地电压
3	0	0	异常	说明制动开关及供电线路存在断路故障，下一步测量制动开关端子4的电源输入对地电压

② 测量制动开关端的端子1对地电压，见表1-26。

表1-26 制动开关端的端子1对地电压测试

测试条件与标准：踩下制动踏板时，用万用表测量制动开关端的端子1对地电压，标准值为0V→+B

可能性	实测结果/V 未踩下	实测结果/V 踩下	状态	下一步操作
1	大于12	大于12	异常	如果上一步测得结果都为12V以上，说明制动开关内部触点常开以及接地线路断路故障。下一步测量制动开关端子2对地电压

(续)

可能性	实测结果/V		状态	下一步操作
	未踩下	踩下		

测试条件与标准：踩下制动踏板时，用万用表测量制动开关端的端子1对地电压，标准值为0V→+B

可能性	实测结果/V		状态	下一步操作
	未踩下	踩下		
2	部分12	大于12	异常	如果上一步测得结果都为12V以上，说明制动开关端子1到BCM的端子G2I/24间线路存在虚接，下一步测量其线路的导通性 如果和上一步测得结果相同，说明测试点下游线路存在虚接，测量制动开关端子2对地电压
3	0	0	异常	说明线路可能存在对地短路或BCM无输出以及开关内部触点常闭故障，下一步测量制动开关信号2线路对地电阻

3）测量制动开关端子4的+B电源输入，见表1-27。

表1-27 制动开关端子4的+B电源输入测试

测试条件与标准：任何时候，用万用表测量制动开关端子4的+B电源输入端对地电压，标准值为+B

可能性	实测结果/V	状态	可能原因	下一步操作
1	+B	正常	如果上次踩制动踏板测试端子4为0V或部分+B，则制动开关内部断开或电阻过大	更换制动开关
2	部分+B	异常	制动开关端子4的+B电源线路存在虚接故障	检查熔丝F2/4 10A以及线路导通性
3	0	异常	制动开关端子4的+B电源线路存在断路或对地短路故障	

4）测量制动开关端子2的对地电压，见表1-28。

表1-28 制动开关端子2的对地电压测试

测试条件与标准：在任何工况条件下，测量制动开关端子2的对地电压应小于0.1V

可能性	实测结果/V	状态	可能原因	操作
1	0	正常	如果上次未踩制动踏板端子1测到的为部分12V或12V以上，则制动开关内部开路或虚接故障	更换制动开关
2	0.1～+B	异常	制动开关接地线路虚接或断路	检修线路、接地点

5）线路导通性测试。

① 测量制动开关端子3到BCM的端子G2E/11间线路的导通性，见表1-29。

表1-29 制动开关端子3到BCM的端子G2E/11间线路的导通性测试

测试条件与标准：关闭点火开关，断开BCM的G2E插接器、制动开关的插接器，检查线束端对端的电阻值，标准值为近乎为0Ω

可能性	实测结果/Ω	状态	可能原因	下一步操作
1	近乎为0	正常	插接器故障	维修或更换线束插接器
2	明显大于0	异常	线路电阻过大	维修或更换线束
3	∞	异常	线路断路	

② 测量制动开关端子 1 到 BCM 的端子 G2I/24 间线路的导通性，见表 1-30。

表 1-30 制动开关端子 1 到 BCM 的端子 G2I/24 间线路的导通性测试

可能性	实测结果/Ω	状态	可能原因	下一步操作
	测试条件与标准：关闭点火开关，断开 BCM 的 G2I 插接器、制动开关的插接器，检查线束端对端的电阻值，标准值为近乎为 0Ω			
1	近乎为 0	正常	插接器故障	维修或更换线束插接器
2	明显大于 0	异常	线路电阻过大	维修或更换线束
3	∞	异常	线路断路	维修或更换线束

6）信号线路对地电阻（短路）测试。

① 检查制动开关端子 3 到 BCM 的端子 G2E/11 间线路对地电阻，见表 1-31。

表 1-31 制动开关端子 3 到 BCM 的端子 G2E/11 间线路对地电阻测试

测试条件与标准：关闭点火开关，测量 BCM 的端子 G2E/11 对地的电阻，标准值为 ∞

步骤	测试条件	实测结果/Ω	状态	可能原因	下一步操作
1	拔下 VCU 的 GK49 插接器、BCM 的 B2B 和 G2E 插接器、ESP 的 B03 插接器、制动开关的插接器	∞	正常	VCU、BCM、ESP 故障	转第 2 种可能
		明显大于 0	异常	线路对地虚接	检修线路
		近乎为 0	异常	线路对地短路	检修线路
2	连接 BCM 的 G2E 插接器	∞	正常	VCU、ESP 局部故障	转第 3 种可能
		存在电阻	异常	BCM 内部对地虚接	更换 BCM
		近乎为 0	异常	BCM 内部对地短路	更换 BCM
3	连接 BCM 的 B2B 插接器	∞	正常	VCU、ESP 局部故障	转第 4 种可能
		存在电阻	异常	BCM 内部对地虚接	更换 BCM
		近乎为 0	异常	BCM 内部对地短路	更换 BCM
4	连接 VCU 的 GK49 插接器	∞	正常	ESP 局部故障	转第 5 种可能
		存在电阻	异常	VCU 内部对地虚接	更换 VCU
		近乎为 0	异常	VCU 内部对地短路	更换 VCU
5	连接 ESP 的 B03 插接器	∞	正常	—	维修结束
		存在电阻	异常	ESP 内部对地虚接	更换 ESP
		近乎为 0	异常	ESP 内部对地短路	更换 ESP

② 检查制动开关的端子 1 和 BCM 的端子 G2I/24 间线路对地电阻，见表 1-32。

表 1-32 制动开关的端子 1 和 BCM 的端子 G2I/24 间线路对地电阻测试

测试条件与标准：关闭点火开关，测量 BCM 的端子 G2I/24 间线路的对地电阻，标准值为 ∞

步骤	测试条件	实测结果/Ω	状态	可能原因	下一步操作
1	拔下 BCM 的 G2I 插接器、制动开关的插接器	∞	正常	BCM 局部故障	转第 2 种可能
		明显大于 0	异常	线路对地虚接	检修线路
		近乎为 0	异常	线路对地短路	检修线路
2	连接 BCM 的 G2I 插接器	∞	正常	制动开关局部故障	转第 3 种可能
		存在电阻	异常	BCM 内部对地虚接	更换 BCM
		近乎为 0	异常	BCM 内部对地短路	更换 BCM

— 75 —

（续）

步骤	测试条件	实测结果/Ω	状态	可能原因	下一步操作
3	连接制动开关的插接器	∞	正常	—	测试结束
		存在电阻	异常	制动开关内部对地虚接	更换制动开关
		近乎为 0	异常	制动开关内部对地短路	

第四步：诊断结论验证

> 注意：完成诊断修理后，某些 DTC 需要将点火开关旋至 OFF 位置，然后旋回至 ON 位置之后，故障诊断仪器功能才会清除 DTC。

1）将点火开关置于 OFF 位置。
2）安装所有诊断时拆下或更换的部件及插接器。
3）将点火开关置于 ON 位置。
4）读取并清除 DTC。
5）关闭点火开关 60s。
6）踩下制动踏板，观察点火开关上的绿色指示灯，若恢复正常则维修结束。

巩固提高

一、填空题

1. _____ 是组成比亚迪（秦）EV 电动汽车的核心元件之一。整车控制器（VCU）有以下功能：

1）通过采集真空压力传感器，控制检测双路控制真空泵的运行。
2）_____。
3）_____。
4）_____。

如果 VCU 出现故障，将造成车辆无法运行、冷却系统及制动、制动能量回收工作异常，导致车辆无法运行或进入紧急模式（限功率）。

2. 新能源汽车 VCU 是连接车辆_____、_____及_____等元件的重要纽带，若 VCU 发生故障，会导致以上这些系统不工作或工作异常。其主要由以下元件和线路引起：

1）VCU 供电线路虚接、开路故障。
2）_____。
3）_____。
4）_____。
5）插接器松脱、损坏、锈蚀等接触不良。
6）其他控制单元及元件故障导致整车系统功能性保护。

3. 保护性功能故障，系统一经确认便会启动相应的自我保护功能，这时，车辆运行就会受到限制，给驾驶人带来诸多不便。

因此分析故障的原因是一项涉及面较广、难度较大的工作，轻易换件的方法是不可取的。系统异常故障的原因有百般变化，应根据理论分析、实测结果、维修经验做出正确判断，所以说工作是有规律可循的，和传统汽车诊断方式基本一致。

主要步骤：

(1) 了解故障现象　　　　　　(2) ＿＿＿＿＿＿

(3) 查询分析故障码　　　　　(4) ＿＿＿＿＿＿

(5) 检测　　(6) 实测结果分析　　(7) 故障原因确认

4. 结合线路图，写出影响真空泵无法工作的因素有：

1) 电动真空泵继电器的控制线路开路、虚接、短路故障。

2) 电动真空泵继电器的主供电线路开路、虚接、短路故障。

3) ＿＿＿＿＿＿＿＿＿＿＿＿＿＿＿＿＿＿＿＿＿＿＿＿＿＿＿＿＿＿＿＿＿＿＿＿＿＿。

4) ＿＿＿＿＿＿＿＿＿＿＿＿＿＿＿＿＿＿＿＿＿＿＿＿＿＿＿＿＿＿＿＿＿＿＿＿＿＿。

5) ＿＿＿＿＿＿＿＿＿＿＿＿＿＿＿＿＿＿＿＿＿＿＿＿＿＿＿＿＿＿＿＿＿＿＿＿＿＿。

6) 数据通信CAN总线开路、虚接、短路故障。

7) ＿＿＿＿＿＿＿＿＿＿＿＿＿＿＿＿＿＿＿＿＿＿＿＿＿＿＿＿＿＿＿＿＿＿＿＿＿＿。

8) 插接器松脱、损坏、锈蚀等接触不良。

5. 根据整车数据通信线路原理图上分析，可以得出，影响数据通信传输信号的元件及线路有：

1) CAN通信线路开路、短路或虚接。

2) ＿＿＿＿＿＿＿＿＿＿＿＿＿＿＿＿＿＿＿＿＿＿＿＿＿＿＿＿＿＿＿＿＿＿＿＿＿＿。

3) 各个模块电源、车身接地线路开路、虚接、短路。

二、选择题

1. 打开点火开关或车辆正常运行时，当压力传感器检测到真空压力降低至设定安全值时，给VCU发送一个5V信号电压，VCU停止给真空泵供电，此时，真空泵控制信号电压由（　　）变为（　　）。

A. 高电位，低电位　　B. 低电位，高电位　　C. 5V，12V　　D. 0，+B

2. （　　）是伺服制动系统中最常用的助力装置。

A. 真空泵　　　　B. 水泵　　　　C. 干燥管　　　　D. 膨胀阀

3. 对高、低速风扇继电器线路进行测试，主要测继电器线圈控制的（　　）信号，选择使用新能源车辆专用万用表。

A. 万用表　　　　B. 示波器　　　　C. 绝缘表　　　　D. 诊断仪

4. 影响数据通信传输信号的因素有（　　）。

A. CAN通信线路开路、短路或虚接

B. 制动信号线路开路、虚接、短路故障

C. 冷却液温度传感器自身故障

5. 如果CAN数据总线信号出现错误，系统将进入（　　）的保护模式，车辆将停止运行。

  A. 高压不上电   B. 高压上电   C. 低压不上电 D. 低压上电

  6. （ ）是车辆热管理系统的主要执行元件之一，其主要功能是在电机及控制器温度过高时，执行主控制器发出的指令，对其进行有效散热和通风，使电机和控制器运行在最佳的工作温度中。

  A. 散热器风扇   B. 节温器   C. 膨胀阀   D. 冷却液

项目2
电机控制系统认知与检修

电机控制系统是纯电动汽车三大核心部件之一,是车辆行驶的主要执行机构。其主要功能之一是根据驾驶人意图发出各种指令,驱动电机控制器响应并反馈,实时调整驱动电机的输出,以实现整车的怠速、前行、倒车、停车、能量回收以及驻坡等;之二是通信和保护,实时进行状态和故障检测,保护驱动电机系统和整车安全可靠运行。

通过本项目的学习,主要达到以下目标:

目标	具体描述
知识目标	能够描述系统的功能与组成
	能够描述系统的工作原理
	能够解答系统常见故障的产生机理
技能目标	能够正确重现系统的常见故障
	能够合理利用各项数据进行系统故障的综合分析
	能够准确运用维修工具及设备排除系统故障
	能够正确书写诊断报告
	能够举一反三地维修其他各品牌相同系统的故障
素质目标	能够安全规范地进行故障诊断操作,树立安全责任意识
	能够通过规范操作养成良好的工作习惯和工作态度
	能够通过协同工作养成良好的团队协作精神
	能够在操作中养成刻苦钻研、精益求精、勇于创新的工匠精神

本项目的主要任务:
任务1 电机控制系统认知
任务2 电机控制系统常见故障分析与诊断
任务3 电机控制系统常见故障诊断与排除

任务1 电机控制系统认知

任务描述

单位新来一批实习员工,需要对比亚迪(秦)EV电动汽车有一个清晰的认识,请你准备一下,结合实际车辆和相关资料,讲解比亚迪(秦)EV电动汽车电机控制系统的结构和工作原理。并对学习效果进行考核。

任务目标

1）能够清楚讲述电机控制系统的功能。
2）能够指明电机控制系统的主要部件，并讲述其工作流程。
3）能够清楚讲述电机控制系统各模块的通信过程。

任务准备

1）防护装备：常规实训着装。
2）车辆、台架、总成：比亚迪（秦）EV电动汽车整车或比亚迪（秦）EV电动汽车整车解剖平台。
3）专用工具、设备：高压防护工具套装。
4）辅助材料：对应车型比亚迪（秦）EV电动汽车线路图及维修手册。

知识准备

一、驱动电机结构和工作原理

比亚迪（秦）EV电动汽车采用的是永磁同步电机，它是电机控制系统的最终执行单元，如图2-1所示，其结构主要分为四大部分：

1）电机部分，主要为车辆提供行驶动力，同时在减速及制动时进行能量回收并存入动力电池，它主要由定子、转子（含三相绕组）、电机轴及轴承等组成。
2）位置传感器（旋变）部分，主要用于检测转子磁极与定子绕组间的空间位置关系，产生位置信号，经过逻辑处理而形成电机控制系统内部功率电子开关元件的触发信号。
3）温度传感器部分，主要用于监测电机及控制系统的温度，并将温度信号转换成电信号输送给电机控制系统。
4）散热系统部分，散热系统包括水道、冷却液管插头、前后端盖、机座等，主要作用是降低电机及控制系统的温度，防止其因温度过高而损坏。

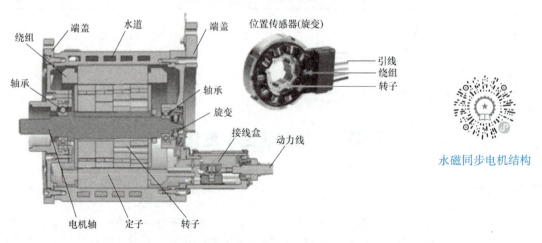

图2-1　永磁同步电机的结构

1. 电机部分

普通直流电机常采用在电机绕组内通以电流的方式来产生磁场，而永磁同步电机则采用在转子上设置永磁体的方式产生磁场。磁场作为媒介进行机械能和电能的相互转换。

目前常用的永磁同步电机有两种：一种是无刷直流电机，简称 BLDC（Brush－less Direct Current Motor），是一种供电电流波形与电枢反电动势波形都为矩形或梯形的电机；另一种是正弦波永磁同步电机，简称 PMSM（Permanent Magnet Synchronous Motor），是一种供电电流波形与电枢反电动势都为正弦波的电机。这两种电机的驱动信号区别如图 2-2 所示。本书以正弦波永磁同步电机为主进行讲解，且以下简称为永磁同步电机。

永磁同步电机的"同步"是指把装着永磁体的转子放在能产生旋转磁场的定子铁心中，当定子绕组流过电流后，就会产生旋转的磁场，转子将会跟随旋转磁场同步旋转，其转向、转速与旋转磁场都相同，即转子的转速与定子绕组的电流频率始终保持一致，转子转动的方向和磁场旋转的方向一致。因此，通过控制电机的定子绕组输入电流频率和顺序，就可以控制电机的转速和转向，而如何调节电流频率和通电顺序，则是电控部分需要解决的问题。

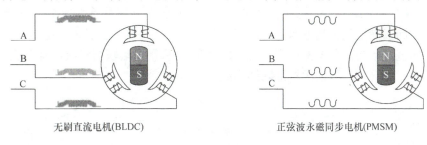

图 2-2　永磁同步电机（集中绕组）的分类

（1）结构

永磁同步电机由定子、转子结构，如图 2-3 所示。定子采用硅钢叠片结构以减小电机运行时的铁耗；转子铁心同样采用硅钢叠片叠成，不做成实心结构，主要原因是为了减少涡流及其他损耗，避免高速时转矩降低。

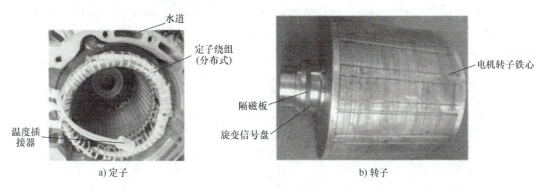

a) 定子　　　　　　　　　　　b) 转子

图 2-3　交流永磁同步电机的定、转子结构

1）定子。定子是电机中静止不动的部分，由定子铁心、定子绕组和机座 3 部分组成。其主要作用是产生旋转磁场。三相电机的定子绕组有 3 个，通常称为三相绕组。这三相绕组一共有 6 个出线端，把它们按照如图 2-4 所示的星形（Y）或三角形（△）联结后才能由

三相电源供电。

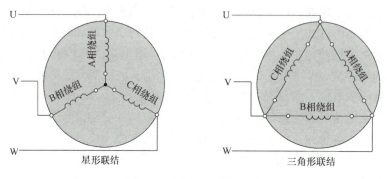

图 2-4　电机绕组联结方式

在有些书籍里面，用 A、B、C 来分别表示三相电机的三相定子绕组；在现行标准中，则规定用 U、V、W 来分别表示。

① 星形（Y）联结绕组。把三相绕组的某 3 个同名端（都是首端或都是尾端）连接成一端，另 3 个同名端接到三相电源上，形似星形，如图 2-5 所示，此时，如果以 380V 动力电为例，每相绕组承受的是电源的相电压，即 220V。采用星形联结绕组具有电流小的特点。在电动汽车电机设计中一般采用星形联结绕组。

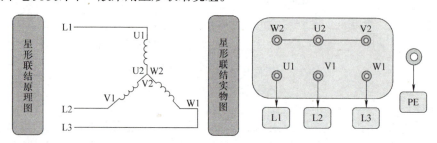

图 2-5　星形（Y）联结绕组原理图

② 三角形（△）联结绕组。三角形（△）联结绕组是把三相绕组首尾相连，形似三角形闭合回路，如图 2-6 所示。3 个端点接到三相电源上，每相绕组承受的是电源的线电压（380V）。

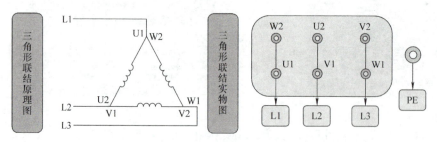

图 2-6　三角形联结绕组的原理图

2）转子。永磁同步电机的转子主要由轴、轴承、转子铁心及永磁体挡板等组成，如图 2-7 所示。根据电机的制造时永磁体放置在转子铁心上的方式，转子一般可分为表面式

（凸装式）和内置式两种结构类型。

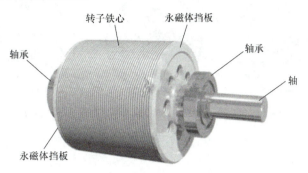

图 2-7　电动机转子的结构

① 表面式（凸装式）。这种表面（凸装）式永磁体磁极安装在转子铁心圆周表面上，所以称为凸装式永磁转子。根据磁阻最小原理，也就是磁通总是沿磁阻最小的路径闭合，磁极的极性与磁通走向如图 2-8 所示。利用外界磁场引力拉动转子旋转，于是永磁转子就会跟随定子产生的旋转磁场同步旋转。这种结构制造工艺简单、成本低，应用较广泛，尤其适宜用于矩形波永磁同步电机。

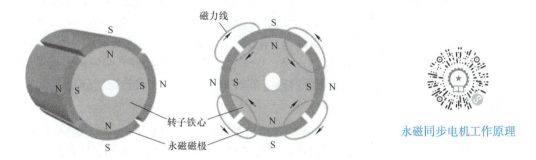

图 2-8　电机表面式（凸装式）转子的结构

永磁同步电机工作原理

② 内置式。这种永磁体位于转子内部，每个永磁体都被铁心包围，如图 2-9 所示，相比表面式的结构复杂，其磁路结构主要分为 3 类：径向式、切向式、混合式，如图 2-10 所示。

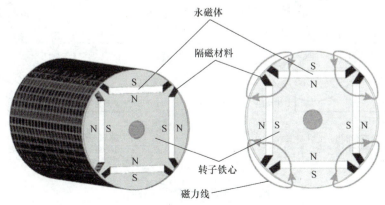

图 2-9　电机内置式转子的结构

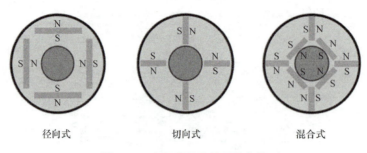

图2-10 电机内置式转子的分类

（2）工作原理

永磁同步电机的运行需依靠转子位置传感器检测出转子的位置信号，通过换相驱动电路来驱动与定子绕组连接的各功率开关管的导通与截止，从而控制定子绕组的通电，在定子上产生旋转磁场，带动转子旋转。

随着转子的转动，位置传感器不断地送出信号，驱动电机控制器借此改变电枢的通电状态，使得在同一磁极下的导体中的电流方向不变。因此，就可产生恒定的转矩使永磁同步电机运转起来。

通电方式有"两两通电"和"三三通电"两种方式，每种通电方式下，系统通常采用典型的"六步电流换向"顺序以实现定子内绕组的不同通电次序。

1）两两通电。整个电机引出3根线A、B、C，当它们之间两两通电时，有6种情况，分别是A→B、A→C、B→C、B→A、C→A、C→B，如图2-11所示。如果认定流入绕组的电流所产生的转矩为正，那么流出绕组所产生的转矩就为负，合成转矩就分别为T_{ab}、T_{ac}、T_{bc}、T_{ba}、T_{ca}、T_{cb}，如图2-12所示。

当电流从A相绕组流入，再从B相绕组流回电源时，它们合成的转矩T_{ab}大小为$\sqrt{3}T_a$，方向在T_a和$-T_b$的角平分线上；当电机转子转过60°后，电流流入A相绕组再从C相绕组流回到电源，此时合成转矩T_{ac}大小同样为$\sqrt{3}T_a$，但合成转矩T_{ac}的方向转过了60°电角度；而后每换相1次，合成转矩矢量方向就随着转过60°电角度，但大小始终保持$\sqrt{3}T_a$不变。

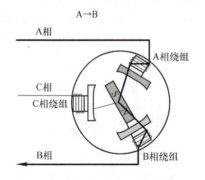

电流由A相流到B相，此时A相绕组与B相绕组的合成磁场方向向右，转子顺时针转动。

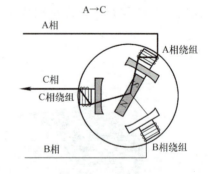

电流由A相流到C相，此时A相绕组与C相绕组的合成磁场方向向右，转子顺时针转动。

图2-11 电机两两通电工作过程

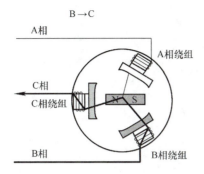
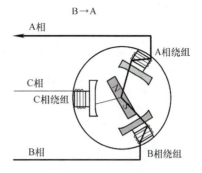

电流由B相流到C相，此时B相绕组与C相绕组的合成磁场方向向右，转子顺时针转动。

电流由B相流到A相，此时B相绕组与A相绕组的合成磁场方向向右，转子顺时针转动。

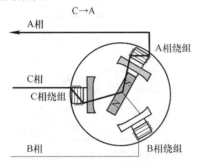
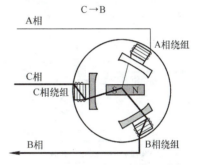

电流由C相流到A相，此时C相绕组与A相绕组的合成磁场方向向右，转子顺时针转动。

电流由C相流到B相，此时C相绕组与B相绕组的合成磁场方向向右，转子顺时针转动。

图 2-11　电机两两通电工作过程（续）

在两两通电的情况下，其合成转矩增加了 $\sqrt{3}T_a$ 倍；每隔 60°电角度换相一次，每个绕组通电 240°，其中正向通电和反向通电各 120°，我们把永磁同步电机的这种工作方式称为"两相导通星形三相六状态"，这是永磁同步电机最常用的一种工作方式。

2）三三通电。三三导通方式是指每一瞬间均有 3 个功率管同时导通，每隔 60°电角度换相 1 次，每次换相 1 个功率管，1 个桥臂上下管之间换相，每个功率管导通 180°电角度。当电流流入 A 相绕组，经 B 相和 C 相绕组的电流分别为流过 A 相绕组电流的一半，其合成转矩方向同 A 相，而大小 T_0 为 $1.5T_a$，如图 2-13 所示；经过 60°电角度后，换相到电流经 A 相和 B 相绕组（相当于 A 相和 B 相绕组并联），再流入 C 相绕组，合成转矩方向与 -C 相同，转过了 60°电角度，大小仍然是 $1.5T_a$；再经过 60°电角度后，换相到 B→C、A 通电，而后依次类推，它们的合成转矩矢量图，如图 2-14 所示。

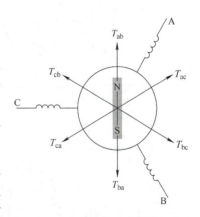

图 2-12　电机两两通电合成转矩方向

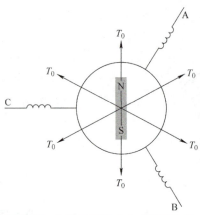

图 2-13 电机三三通电合成转矩方向

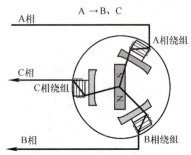

电流由A相流到B相和C相，此时A、B与C相绕组的合成磁场方向向右，转子顺时针转动。

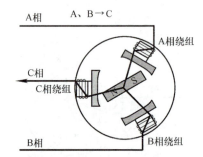

电流由A相和B相流到C相，此时A、B与C相绕组的合成磁场方向向右，转子顺时针转动。

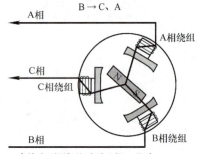

电流由B相流到C相和A相，此时A、B与C相绕组的合成磁场方向向右，转子顺时针转动。

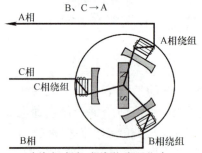

电流由B相和C相流到A相，此时A、B与C相绕组的合成磁场方向向右，转子顺时针转动。

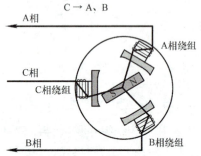

电流由C相流到A相和B相，此时A、B与C相绕组的合成磁场方向向右，转子顺时针转动。

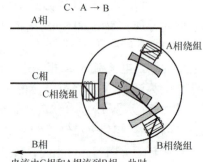

电流由C相和A相流到B相，此时A、B与C相绕组的合成磁场方向向右，转子顺时针转动。

图 2-14 电机三三通电工作过程

2. 位置传感器部分

电磁式位置传感器又名旋转变压器，简称旋变，是一种输出电压随转子转角变化的信号元件。当励磁绕组以一定频率的交流电压励磁时，输出绕组的电压幅值与转子转角呈正、余弦函数关系，或保持某一比例关系，或在一定转角范围内与转角呈线性关系。

旋变式位置传感器可用来精确测量角位置，以可变耦合变压器的方式工作，其初级绕组和两个次级绕组之间的磁耦合量随旋转部件（转子）位置而改变，转子通常安装在电机轴上，如图 2-15 所示。

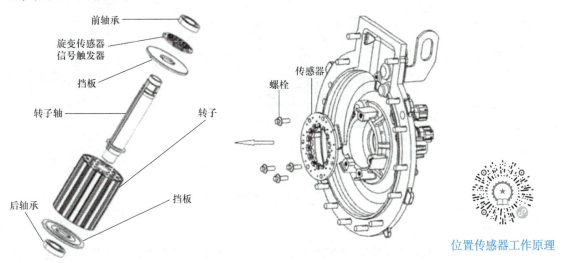

位置传感器工作原理

图 2-15 电磁式位置传感器安装位置

（1）结构

如图 2-16 所示为旋变式位置传感器的结构图，它主要由转子、定子、绕组、接线端子等组成。转子安装在电机轴上，且转子上无绕组，初级和次级绕组均在定子上，转子的凸极（裸露极点）将次级正弦变化耦合至角位置，故这种结构称为可变磁阻式旋转变压器，信号特点为副方（次级）输出电压与转子转角呈正弦和余弦函数关系。

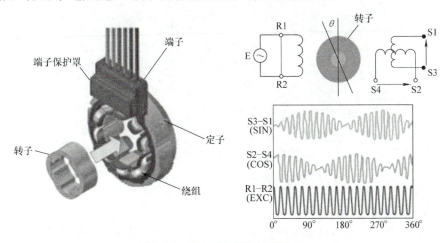

图 2-16 旋变式位置传感器结构

(2) 工作原理

对于永磁同步电机驱动系统来说，位置信号具有决定作用，因为电机必须工作在位置闭环控制方式下，系统运行绝对依赖于位置信号的准确获取，电机需要通过位置信号来决定哪一相应该导通以及在什么时刻导通或截止，如图2-17所示。

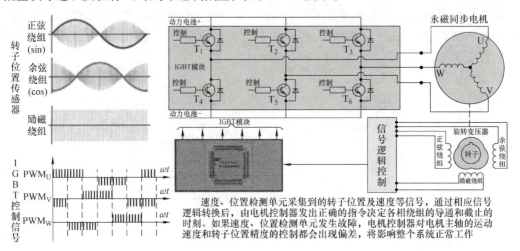

图2-17 旋变式位置传感器工作原理

(3) 工作电路

如图2-18所示为旋变式位置传感器电路原理图，从中可以看出，传感器由励磁绕组、正弦绕组、余弦绕组构成，其中励磁绕组阻值为 $38.8(1\pm10\%)\Omega$，正弦绕组阻值为 $56.5(1\pm10\%)\Omega$，余弦绕组阻值为 $47.4(1\pm10\%)\Omega$；驱动电机控制器通过励磁绕组输出振幅、频率恒定的正弦波；驱动电机控制器通过正、余弦绕组产生的波形判断驱动电机转子位置、速度以及方向。

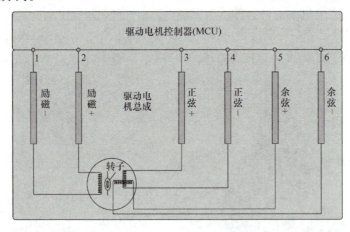

图2-18 旋变式位置传感器电路原理图

3. 温度传感器部分

温度传感器用来感受电机温度的变化，并把温度信号转换成电子信号输送给驱动电机控制器。

常用的温度传感器主要有热电偶式温度传感器、热敏电阻式温度传感器、数字温度传感器（RTD）、半导体温度传感器（IC）4 种类型，而驱动电机常用的为热敏电阻式温度传感器，它是一种随温度变化、其电阻值发生变化的传感器。热敏电阻共有两种变化类型，一种是正温度系数，即温度升高，阻值增加；另外一种为负温度系数，即温度升高，阻值减小。

（1）结构

电机温度传感器主要由热敏电阻晶体、烧结电极、引线、探头等部件组成，如图 2-19 所示。

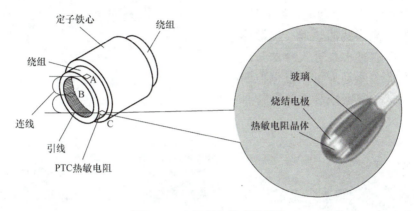

图 2-19　电机温度传感器结构

（2）工作原理

如图 2-20 所示为驱动电机温度传感器的电路原理图，从中可以看出，为了保证驱动电机运行安全，系统设置了两个温度传感器，驱动电机控制器对两个温度传感器信号实时检测并进行比对，从而更精确地去控制电控系统散热。

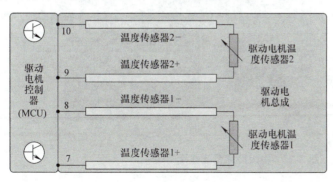

图 2-20　驱动电机温度传感器电路原理图

温度传感器工作原理

如果有一个温度传感器出现故障，驱动电机控制器将使用另一个进行替代。如果两个温度传感器同时出现故障，驱动电机控制器将启动整车限功率保护功能，车辆最高车速及加速性能将受限，同时仪表将点亮限功率指示灯，警示驾驶人尽快维修。

4. 散热系统部分

驱动电机散热系统的主要作用是冷却绕组，防止其温度过高而烧毁。绕组在电机定子上缠绕并紧贴电机外壳，所以驱动电机的冷却系统水道设计在金属壳内，其结构主要包括冷却液通道、冷却液管插头、前后端盖及机座等，如图 2-21 所示。

如图 2-22 所示为驱动电机冷却系统连接结构图，从中可以看出，驱动电机的冷却管路和驱动电机控制器、高压充配电总成内的冷却管路串联，即冷却液从散热器下部出来，经水泵加压后依次流经高压充配电总成、驱动电机控制器、驱动电机，然后流回到散热器，经散热器风扇冷却后再通过水泵进入冷却系统循环。这种方式主要是为了保证电控系统的冷却需求，使电控系统保持合适的工作温度。

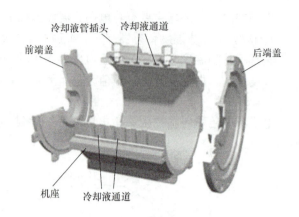

图 2-21 驱动电机冷却系统结构

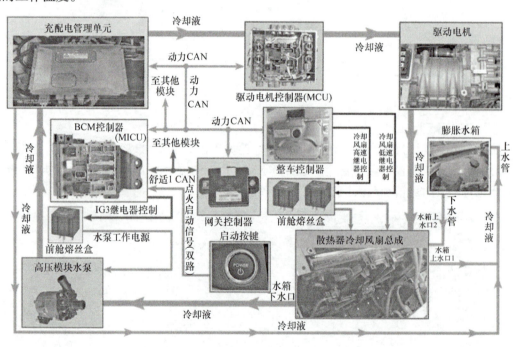

图 2-22 电机冷却系统连接结构

二、驱动电机控制器结构和工作原理

驱动电机控制器是永磁同步电机的控制大脑，它综合位置传感器、温度传感器、电流传感器所提供的电机转子位置、温度、速度和电流等反馈信息及外部输入的命令，通过程序进行分析处理，决定控制方式及故障保护等，向功率变换器发出执行命令，控制永磁同步电机运行。如图 2-23 所示为 EV 系列驱动电机控制器的安装位置图。

1. 驱动电机控制器结构

驱动电机控制器既能将动力电池中的直流电转换为交流电以驱动电机，同时在车辆制动

图2-23 驱动电机控制器安装位置图

或滑行阶段,也能将车轮旋转的动能转换为电能(交流电转换为直流电)给动力电池充电;它采用CAN总线与其他模块进行通信,控制动力电池组到驱动电机之间的能量传输,同时采集电机位置信号和三相电流检测信号,精确地控制驱动电机运行。

驱动电机控制器内部包含1个DC–AC变换器、冷却管路和主控单元。逆变器由IGBT、直流母线电容、驱动和控制电路板等组成,可实现直流与交流之间的转变;冷却管路通过冷却液给电子功率器件散热;主控单元是以磁电机自动化控制技术为基础的机电一体化产品,其组成主要包括以下几部分。

电机控制器结构

(1)主控制单元

主控制单元是驱动电机控制器的核心,如图2-24中圈示部分,其作用是综合处理速度指令、速度反馈信号及电流传感器、位置传感器、温度传感器的反馈信息,控制功率变换器中主开关器件的通断,实现对电机运行状态的控制。

在电动汽车上,整车控制器根据驾驶人的意图发出各种指令,驱动电机控制器响应并反馈,实时调整驱动电机的输出,以实现整车的怠速、前行、倒车、停车、能量回收以及驻坡等功能。同时还包含通信和保护,实时进行状态和故障检测,保护驱动电机系统和整车安全可靠运行。

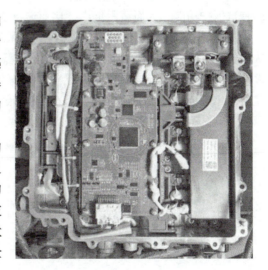

图2-24 驱动电机控制器主控制单元

(2)速度、位置检测单元

位置传感器向驱动电机控制器提供转子位置及速度、方向等信号,使后者能正确地决定各相绕组的导通和截止的时刻。通常采用光电元件、霍尔元件或电磁绕组进行位置检测。如图2-25所示为比亚迪(秦)EV电动汽车采用的电磁式位置传感器(旋变)的信号检测与分析过程。

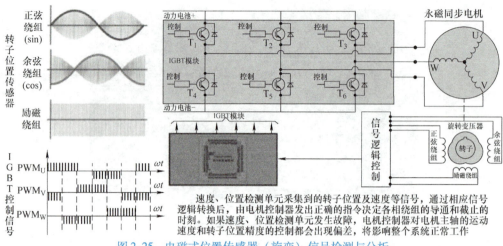

图 2-25 电磁式位置传感器（旋变）信号检测与分析

（3）电流、电压检测单元

其主要作用有以下两点：

1）将检测到的实时电流作为电流调节的控制参量，在启动、低速和加速运行时进行电流调节。

2）监测功率变换电路，判断电路是否存在过电流、过电压、欠电压故障，以便进行保护和故障处理。

常用的电流、电压检测方法是通过电阻或霍尔采样。电阻采样功耗高、检测灵敏度较低，此外对电流检测的线性度不好，所以很少采用；而霍尔采样相对来说灵敏度更高，本身还有自保护功能，因而适用更广，比亚迪（秦）EV 电动汽车就采用这种检测方法。

霍尔效应式电流传感器基于磁平衡式霍尔原理，根据霍尔效应原理，如图 2-26 所示，从霍尔元件的控制电流端通入电流 I，并在霍尔元件平面的法线方向下施加磁场强度为 B 的磁场，那么在垂直于电流和磁场方向（即霍尔输出端之间），将产生一个电动势 U_H，通常称为霍尔电势，其大小与控制电流 I 与磁场强度 B 的乘积成正比。

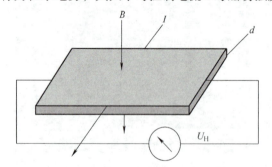

霍尔电压 U_H 与半导体薄膜厚度 d、磁场强度 B 和电流 I 的关系为：$U_H=k(IB/d)$。

这里 k 为霍尔系数，与半导体磁性材料有关。

图 2-26 霍尔效应原理

I—电流 B—磁场 U_H—霍尔电压

如图 2-27 所示为霍尔效应式电流传感器的工作原理示意图，当主回路有电流通过时，在导线上产生的磁场被磁环聚集并感应到霍尔元件上，霍尔元件产生的信号用于驱动功率管并使其导通，从而获得一个补偿电流 I_s，这一电流再通过多匝绕组产生磁场，该磁场与被测电流 I_p 产生的磁场正好相反，因而补偿了原来的磁场，使霍尔元件的输出逐渐减小；当 I_s

与 I_p 所产生的磁场相等时，I_s 不再增加，这时的霍尔元件起到指示零磁通的作用，此时就可以通过 I_s 来测试 I_p 的大小；当 I_p 变化时，平衡受到破坏，霍尔元件有信号输出，即重复上述过程重新达到平衡。从磁场失衡到再次平衡，所需的时间理论上不到 $1\mu s$。

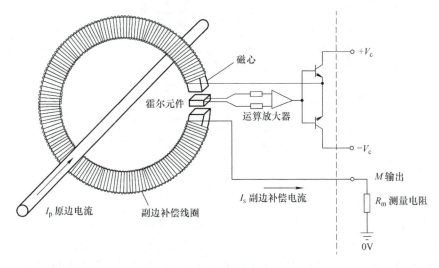

图 2-27 霍尔效应式电流传感器工作原理

（4）功率变换器

功率变换是指能有效地将直流电源的能量转换为负载所需要的交流电能，如图 2-28 所示。功率变换技术是一门新兴、用于电力领域的电子技术，就是使用电力电子器件对电能进行变换和控制的技术，这些电力电子器件包括晶闸管（晶体闸流管的简称，曾被称为可控硅整流器或可控硅）、门极可关断晶闸管（GTO）、绝缘栅双极型晶体管（IGBT）、金氧半场效晶体管（MOSFET）。功率变换技术所变换的"电力"功率可大到数百 MW 甚至 GW，也可以小到数 W 甚至 1W 以下，其中以 IGBT 使用较多，本书主要讲解的是以 IGBT 组成的功率变换模块。

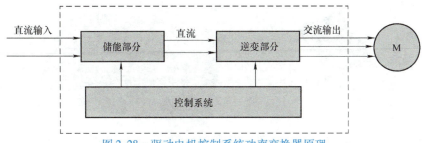

图 2-28 驱动电机控制系统功率变换器原理

功率变换器是连接电源和电机绕组的开关部件，通过它将电源能量送入电机，也可将电机内的磁场储能反馈回电源，其功率变换电路所用的开关部件有 IGBT 模块、续流二极管、散热板，如图 2-29 所示。

1）IGBT 和 IGBT 模块。

绝缘栅双极型晶体管（Insulated Gate Bipolar Transistor，IGBT）是由双极型晶体管（BJT）和绝缘栅型场效应管（MOS）组成的复合全控型电压驱动式功率半导体器件，兼有

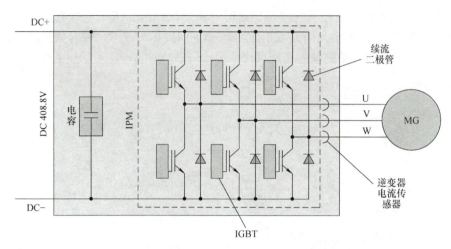

图 2-29 驱动电机控制系统功率变换器结构

MOSFET 的高输入阻抗和电力晶体管（GTR）的低导通压降两方面的优点。GTR 饱和压降低、载流密度大，但驱动电流较大；MOSFET 驱动功率很小、开关速度快，但导通压降大、载流密度小。IGBT 正好综合了以上两种器件的优点，驱动功率小而饱和压降低，非常适合应用于直流电压为 600V 及以上的变流系统，如交流电机、变频器、开关电源、照明电路、牵引传动等领域。

IGBT 模块是由 IGBT 芯片与 FWD（续流二极管）芯片通过特定的电路桥接封装而成，封装后的 IGBT 模块直接应用于变频器、不间断电源（UPS）等设备上。

IGBT 模块具有节能、安装维修方便、散热稳定等特点；当前市场上销售的多为此类模块化产品，一般所说的 IGBT 也指 IGBT 模块；随着节能环保等理念的推进，此类产品在市场上将越来越多；同时，IGBT 是能源变换与传输的核心器件，俗称电力电子装置的"CPU"，作为国家战略性新兴产业，在轨道交通、智能电网、航空航天、电动汽车与新能源装备等领域应用极广。如图 2-30 所示为 IGBT 和 IGBT 模块实物图。

a) IGBT　　　　　　　　　　　b) IGBT模块

图 2-30 IGBT 和 IGBT 模块实物图

2）续流二极管。

续流二极管由于在电路中起到续流的作用而得名，如图 2-31 中圈示位置所示。一般选择快速恢复二极管或者肖特基二极管来作为续流二极管，它在电路中用来保护器件不被感应电压击穿或烧坏，以并联的方式连接到产生感应电动势的元件两端，并与其形成回路，使其产生的高电动势在回路中以续电流方式消耗，从而起到保护电路中的器件不被损坏的作用。

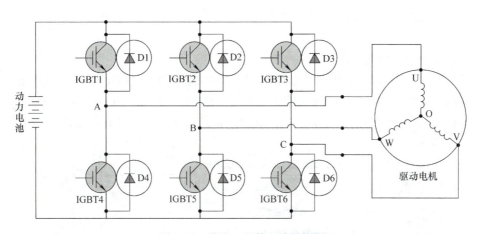

图 2-31 续流二极管电路结构图

大电感负载（电机绕组）在通过电流时，会在其两端产生感应电动势；而当电流消失时，其感应电动势会对电路中的器件产生反向电压，当反向电压高于器件的反向击穿电压时，会对器件如晶体管、晶闸管、IGBT 等造成损坏。续流二极管并联在大电感负载（电机绕组）的两端，所以在这些反向电压通过续流二极管和绕组构成的回路中做功，将电压（电流）消耗掉，从而保护了电路中其他器件的安全。同时在电机控制电路中，续流二极管还作为整流二极管使用，将电机输出的交流电整流为直流电，输送至动力电池，为动力电池充电。

（5）通信单元

驱动电机控制器根据转矩需求信号（来自加速踏板位置传感器）、制动开关（踏板）、前进（前进档）、倒车（倒车档）、电机转速（旋变）、电机转子位置（旋变）、电机温度等信号控制电机转速、电机旋转方向，同时发出冷却系统启动请求、故障保护请求（过电流、过电压、高温等）等，控制结构如图 2-32 所示。

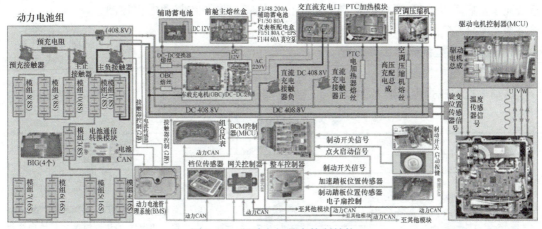

图 2-32 驱动电机整车控制结构

在电动汽车整车动力系统管理中，整车控制器是信息控制的中心，负责信息的组织与传输、网络状态的监控、网络节点的管理、信息优先权的动态分配以及网络故障的诊断与处理等功能。通过 CAN 总线协调动力电池管理系统、电机控制系统、空调系统、车身防盗等模块相互通信。

（6）驱动电机控制器电源

如图 2-33 所示为驱动电机控制器电源电路原理图，从中可以看出，驱动电机控制器供电电源有两路，都通过 IG3 继电器的输出电源，由熔丝 F1/34（10A）至驱动电机控制器的端子 B30A/10 和 B30A/11，给驱动电机控制器提供点火开关（信号）电源以及功率电源。

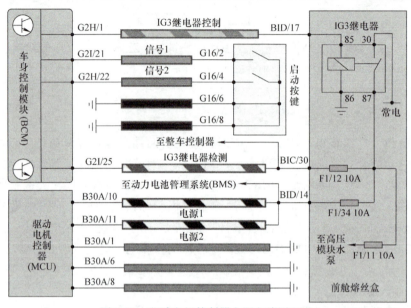

图 2-33 驱动电机控制器电源电路原理图

由于 EV 电动汽车系列整车控制电源的特殊需求，驱动电机控制器既要参与打开点火开关后的工作及 CAN 通信，还要满足车辆在点火开关关闭、充电时驱动电机控制器的工作及 CAN 通信需求，所以这两种情况下 IG3 继电器均需要吸合，其作用就是在这两个状态时都能保证正常启动及 CAN 通信，如果此电源出现故障，将导致驱动电机控制器启动及 CAN 通信失败，致使整车高压上电失败。

2. 驱动电机控制器的工作原理

（1）驱动电机控制过程

驱动电机控制过程见表 2-1。

驱动电机控制过程

表 2-1 驱动电机控制过程

电路图	控制过程
	驱动电机控制器控制 IGBT3、IGBT5 晶体管工作。此时，电流流过 IGBT3 到达绕组 W，再流向绕组 V，通过 IGBT5 最后流出，产生转矩（W→V）

（续）

电路图	控制过程
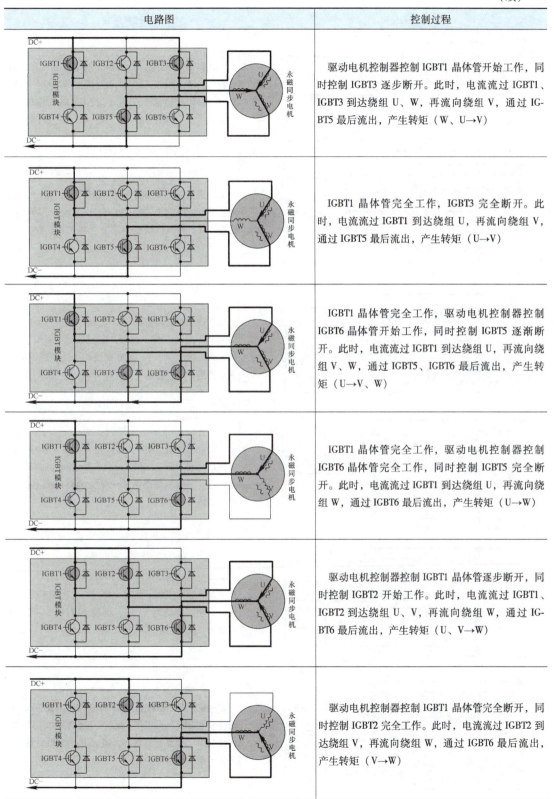	驱动电机控制器控制 IGBT1 晶体管开始工作，同时控制 IGBT3 逐步断开。此时，电流流过 IGBT1、IGBT3 到达绕组 U、W，再流向绕组 V，通过 IGBT5 最后流出，产生转矩（W、U→V）
	IGBT1 晶体管完全工作，IGBT3 完全断开。此时，电流流过 IGBT1 到达绕组 U，再流向绕组 V，通过 IGBT5 最后流出，产生转矩（U→V）
	IGBT1 晶体管完全工作，驱动电机控制器控制 IGBT6 晶体管开始工作，同时控制 IGBT5 逐渐断开。此时，电流流过 IGBT1 到达绕组 U，再流向绕组 V、W，通过 IGBT5、IGBT6 最后流出，产生转矩（U→V、W）
	IGBT1 晶体管完全工作，驱动电机控制器控制 IGBT6 晶体管完全工作，同时控制 IGBT5 完全断开。此时，电流流过 IGBT1 到达绕组 U，再流向绕组 W，通过 IGBT6 最后流出，产生转矩（U→W）
	驱动电机控制器控制 IGBT1 晶体管逐步断开，同时控制 IGBT2 开始工作。此时，电流流过 IGBT1、IGBT2 到达绕组 U、V，再流向绕组 W，通过 IGBT6 最后流出，产生转矩（U、V→W）
	驱动电机控制器控制 IGBT1 晶体管完全断开，同时控制 IGBT2 完全工作。此时，电流流过 IGBT2 到达绕组 V，再流向绕组 W，通过 IGBT6 最后流出，产生转矩（V→W）

(续)

电路图	控制过程
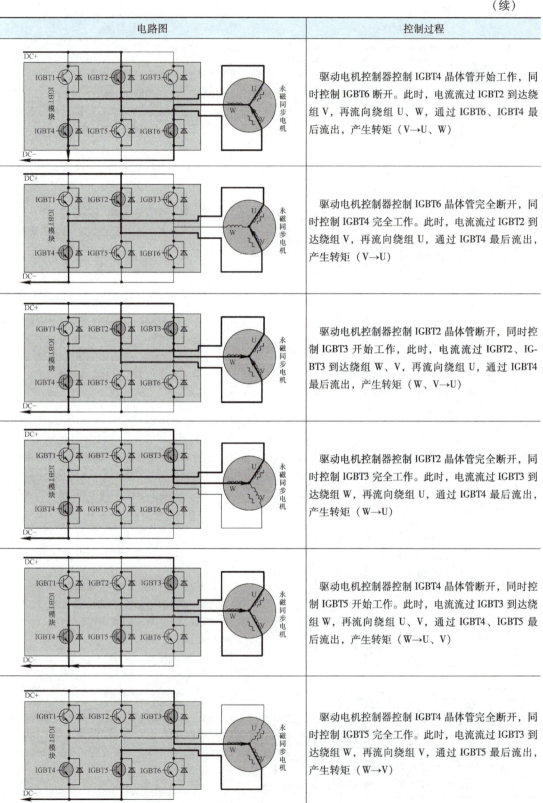	驱动电机控制器控制 IGBT4 晶体管开始工作，同时控制 IGBT6 断开。此时，电流流过 IGBT2 到达绕组 V，再流向绕组 U、W，通过 IGBT6、IGBT4 最后流出，产生转矩（V→U、W）
	驱动电机控制器控制 IGBT6 晶体管完全断开，同时控制 IGBT4 完全工作。此时，电流流过 IGBT2 到达绕组 V，再流向绕组 U，通过 IGBT4 最后流出，产生转矩（V→U）
	驱动电机控制器控制 IGBT2 晶体管断开，同时控制 IGBT3 开始工作，此时，电流流过 IGBT2、IGBT3 到达绕组 W、V，再流向绕组 U，通过 IGBT4 最后流出，产生转矩（W、V→U）
	驱动电机控制器控制 IGBT2 晶体管完全断开，同时控制 IGBT3 完全工作。此时，电流流过 IGBT3 到达绕组 W，再流向绕组 U，通过 IGBT4 最后流出，产生转矩（W→U）
	驱动电机控制器控制 IGBT4 晶体管断开，同时控制 IGBT5 开始工作。此时，电流流过 IGBT3 到达绕组 W，再流向绕组 U、V，通过 IGBT4、IGBT5 最后流出，产生转矩（W→U、V）
	驱动电机控制器控制 IGBT4 晶体管完全断开，同时控制 IGBT5 完全工作。此时，电流流过 IGBT3 到达绕组 W，再流向绕组 V，通过 IGBT5 最后流出，产生转矩（W→V）

（2）调速、调矩原理

电机调速的任务是控制电机转速，转速控制一般通过控制 IGBT 的导通频率来改变。转矩与绕组中流过的电流有关，通常通过 IGBT 导通的占空比进行控制。电流越大，电磁力矩就越密集，从而推动转矩变大，转矩变大了转速自然而然地就变大了。

驱动电机发电原理

（3）驱动电机发电原理

如图 2-34 所示，在发电状态时，利用主控板的控制信号将功率主电路上半桥的功率管 IGBT1、IGBT2、IGBT3 全关闭，而下半桥的功率管 IGBT4、IGBT5、IGBT6 分别按一定规律进行脉宽调制（PWM）控制，这样，因上半桥续流二极管的存在，其等效电路似同一个半控整流电路。

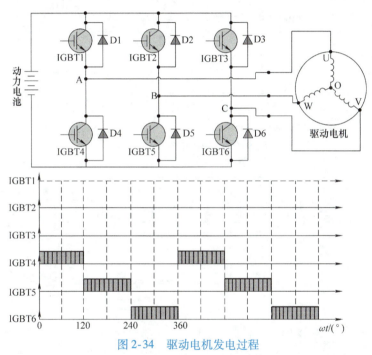

图 2-34　驱动电机发电过程

另外，因电动汽车的电源是蓄电池，电机在进入发电工作时，其发电电压必须高于蓄电池电压才能给蓄电池充电，所以需要采用半控整流的 PWM 升压工作原理，即产生泵升电压，当泵升电压高于蓄电池的端电压时就能充电，这一过程全部由驱动电机控制器控制。

在驱动电机控制过程中，电机的降速和停机都是通过逐渐减小频率来实现的，在频率减小的瞬间，电机的同步转速随之下降，而由于机械惯性（车辆惯性）的原因，电机的转子转速暂时未变，当同步转速小于转子转速时，转子电流的相位几乎改变了 180°，电机从电动状态变为发电状态；与此同时，电机轴上的转矩变成了制动转矩，使电机的转速迅速下降，电机处于再生制动状态。电机再生的电流经续流二极管全波整流后反馈到直流电路，通过控制器本身的电容、电感吸收，使电容、电感短时间电荷堆积，形成"泵升电压"，促使电压升高。

为了分析问题方便，假设此时 IGBT4 是导通的，且脉宽调制工作，取 PWM 的 1 个脉冲周期 T 进行分析，设导通时间为 t_1，则截止时间为 $T-t_1$。

1) 在 $[0, t_1]$ 时间段内 IGBT4 导通,其工作回路为 U 相绕组→IGBT4→D5→W 相绕组→U 相绕组,如图 2-35 所示,此时属于电机电感储存磁场能量的过程。

2) 在 $[t_1, T]$ 时间段内 IGBT4 截止,其工作回路为 U 相绕组→D1→蓄电池→D5→W 相绕组→U 相绕组,如图 2-36 所示,续流作用向蓄电池充电,此时属于电机电感释放磁场能量的过程。

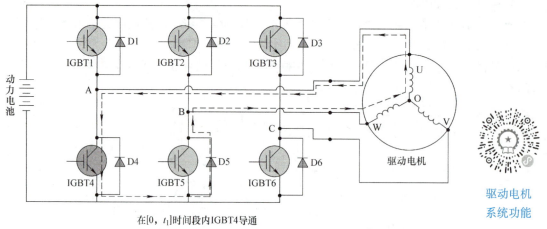

在$[0,t_1]$时间段内IGBT4导通

图 2-35　电机电感储存磁场能量的过程

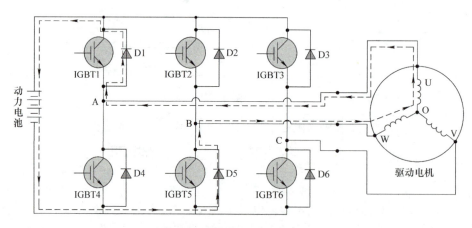

在$[t_1,T]$时间段内IGBT4截止

图 2-36　电机电感释放磁场能量的过程

控制 PWM 占空比的大小,即可使蓄电池两端的电压 U_{AB} ≥ 回路电压 U_d。当然,在驱电机控制器中以闭环控制的方式自动调整 PWM 的占空比,满足 U_{AB} 电压不超过蓄电池允许的最高充电电压,并满足发电电流不超过蓄电池允许的最大充电电流。

3. 驱动电机控制系统的功能

根据车辆运行的不同情况,包括档位、车速、动力电池 SOC 值、加速踏板位置传感器、制动开关、温度等值来决定电机输出转矩、功率及旋转方向,同时根据辅助电气信息及充电状态信息来控制车辆运行。主要控制功能包括:

(1) 参与高压上电控制

驱动电机及控制器是整车高压用电的主要设备,其安全性尤为重要,在整车高压上电过程中，整车控制系统必须查询及接收到驱动电机及控制器性能正常的信息后，才会允许高压上电。如果驱动电机及控制器性能异常，整车控制系统将启动保护功能，停止高压上电流程，防止事故发生。

（2）换档控制

档位管理关系到驾驶人的安全，正确理解驾驶人意图，在基于模型开发的档位管理模块中得到很好的优化。系统能在换档控制出现故障时作出相应处理，在驾驶人出现档位误操作时通过仪表等提示驾驶人，使驾驶人能迅速纠正，保证整车安全。如图2-37所示为换档控制结构图。

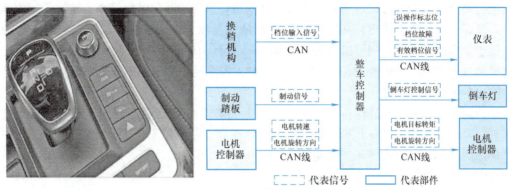

图2-37 换档控制结构图

（3）驾驶人意图解析

驱动电机控制器对驾驶人操作信息及控制命令进行分析处理，也就是将驾驶人的加速信号和制动信号根据某种规则转化成驱动电机的需求转矩命令。因而驱动电机对驾驶人操作的响应性能完全取决于加速、制动信号的解析速度和精度。

当驾驶人踩下加速或制动踏板时，驱动电机则要输出一定的驱动功率或再生制动功率。踏板开度越大，驱动电机的输出功率越大。如图2-38所示为逻辑控制结构图。

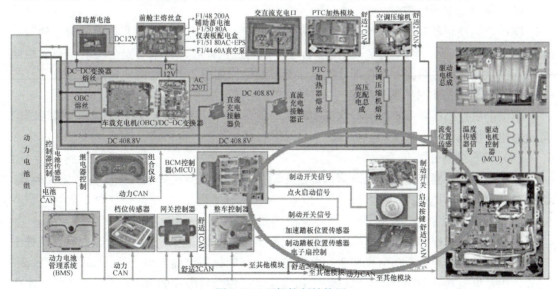

图2-38 逻辑控制结构图

(4) 驱动控制

根据驾驶人对车辆的操纵输入（加速踏板、制动踏板以及选档开关）、车辆状态、道路及环境状况，经分析和处理，向驱动电机控制器发出相应的指令，控制电机的驱动转矩来驱动车辆，以满足驾驶人对车辆的动力性要求；同时根据车辆状态，向驱动电机控制器发出相应指令，以保证车辆的安全性、舒适性。

车辆稳定性控制系统（ESP）能够识别车辆起步、加速及航向偏移时控制车轮的运动状态，通过干预动力管理控制或者施加车轮制动，控制车轮滑转率，保证车辆的驱动稳定性和舒适性。车辆稳定性控制系统 ESP 为默认开启状态，驾驶人可以通过面板上的"ESP OFF"开关进行关闭。功能开启、启动或加速时，系统自动监控驱动轮的滑转率，超过设定值范围时，系统通过降低动力输出转矩或对车轮进行液压制动，防止车轮打滑以致侧向附着力降低；低于设定值范围时，则可以增加动力输出（不高于驾驶人需求）和降低制动力矩；系统监测到故障时，ESP 系统会立即关闭；当驾驶人需求转矩小于可能的输出转矩时，ESP 对动力输出的干预会立即停止。

车辆上电时，系统会进行自检，此时仪表上的 ESP 故障指示灯常亮，几秒后若无故障则熄灭；ESP 失效时，仪表上 ESP 故障灯会持续点亮，若故障不排除，故障灯会一直点亮。故障排除后，在下一点火循环恢复功能。"ESP OFF"开关被按下，ESP 功能关闭，仪表上"ESP OFF"灯常亮。

(5) 上坡辅助功能控制

电动汽车在坡上起步时，驾驶人从松开制动踏板到踩下加速踏板过程中，会出现整车向后溜车的现象。在坡上行驶过程中，如果驾驶人踩加速踏板的深度不够，整车会出现车速逐渐降到零然后向后溜车现象。为了防止出现电动车在坡上起步和运行时向后溜车的现象，在整车控制策略中增加了上坡辅助功能。上坡辅助功能可以保证整车在坡上起步时，向后溜车小于10cm；在整车坡上运行过程中如果动力不足时，整车车速会慢慢降到零，然后保持零车速，不再向后溜车。

(6) 制动能量回收控制

驱动电机控制器根据加速踏板和制动踏板的开度、车辆行驶状态信息以及动力电池的状态信息（如 SOC 值）来判断某一时刻能否进行制动能量回收，在满足安全性能、制动性能以及驾驶人舒适性的前提下回收部分能量，其控制结构如图 2-39 所示。

(7) 车辆状态实时监测和显示

驱动电机控制器对系统的运行状态实时进行监测，并且将系统的状态信息和故障诊断信息通过组合仪表显示出来。

(8) 行车控制分级

驱动电机控制器根据车辆状态信息确定车辆的运行模式，这些模式主要包括正常模式、跛行模式和停机保护模式。

(9) 热管理控制

在车辆运行过程中，驱动电机和驱动电机控制器工作电流大，产热量大，同时系统处于封闭的空间，就会导致驱动电机和驱动电机控制器因散热不好而温度上升。如果温度过高，将导致驱动电机功率下降，甚至电机绕组和驱动电机控制器内部的 IGBT 功率管烧毁，车辆无法正常运行。为了保证驱动电机和控制系统良好的工作性能，必须配备一套热管理系统。

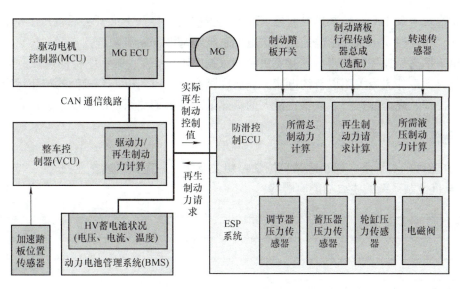

图 2-39 制动能量回收控制结构图

如图 2-40 所示为电动汽车驱动电机及控制器冷却系统示意图,从中可以看出,冷却系统的主要组成包括散热器、冷却风扇、控制单元、温度传感器和高压模块水泵。冷却风扇设置于散热器进风端;电动汽车的驱动电机、驱动电机控制器分别设置有散热器(板),散热器(板)分别通过管道串联于散热器的进水端与出水端之间,驱动电机、驱动电机控制器的散热器(板)上均设置有温度传感器;高压模块水泵分别串联于驱动电机控制器、高压充配电总成、驱动电机的散热器冷却液支路上,以恒速运行;水泵、冷却风扇受控于 VCU,电机温度传感器连接驱动电机控制器。

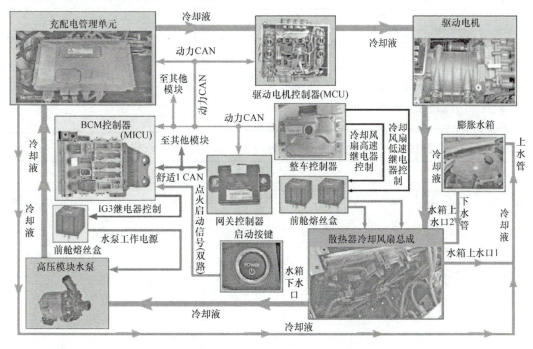

图 2-40 电动汽车驱动电机及控制器冷却系统

高压模块水泵由车身控制模块通过 IG3 继电器控制，打开点火开关后低压上电，IG3 继电器工作，高压模块水泵开始恒速运转，电控系统冷却液开始流动。

风扇采用高低速控制策略，控制模块能够根据 IGBT 温度、驱动电机温度控制转速，当温度较低时，冷却风扇关闭以节约电能；当温度稍高时，风扇以一个较低的转速运行；当温度高时，冷却风扇全速运行，以获得最大的散热量，维护散热系统的温度不会过高。

任务实施

1）在教师的引导下，以小组为单位学习相关技能，并完成下列作业：
① 电机控制系统的主要功能有哪些？
_____
_____
_____
_____。
② 简述电机控制系统的组成。
_____
_____
_____
_____。
③ 简述驱动电机控制器的工作原理。
_____
_____
_____
_____。

2）在教师的引导下分组，以小组为单位学习相关知识，并结合电机控制系统线路图，完成以下作业：
① 认识线路图中的元素、编码、规则。
② 勾画出线路图中的系统通信线路。
③ 在车辆上查找系统部件，绘制部件线路图。
④ 按照下列表格索引，测量线路和元件标准值，并完成下列数据采集表格。

工作任务	驱动电机控制器线路和元件标准值采集
① 结合所学知识及维修手册，绘制驱动电机控制器相关线路图	

(续)

工作任务	驱动电机控制器线路和元件标准值采集	

② 根据所绘制的线路图，写出驱动电机控制器各端子的端子定义和电压特性

端子号	端子信息详细说明	正常电压状态

评价反馈

一、学习效果评价

找一辆不同车型的新能源汽车，完成与本任务相同的作业。

二、学习过程评价

项目	评价内容	评价等级		
		A	B	C
关键能力考核项目	遵守纪律，遵守学习场所管理规定，服从安排			
	安全意识、责任意识、5S管理意识，注重节约、节能与环保			
	学习积极主动，能参加安排的实习活动			
	团队合作意识，注重沟通，能自主学习及相互合作			
	仪容仪表符合活动要求			
专业能力考核项目	按时按要求独立完成工作页、任务			
	工具、设备选择得当，工具、设备使用符合技术要求			
	操作规范，符合要求			
	学习准备充分、齐全			
	注重工作效率与工作质量			
	技能点1：			
	技能点2：			
小组评语及建议		组长签名： 年 月 日		
老师评语及建议		老师签名： 年 月 日		

任务2　电机控制系统常见故障分析与诊断

任务描述

一辆电动轿车，抛锚后来到修理厂修理，车主向业务员描述挂入 D 位或 R 位后，松开制动踏板并踩加速踏板，车辆无法运行。您作为服务顾问，试车后请确定故障严重程度。跟客户说明维修的大约用时和费用。

任务目标

1. 知识目标

1）能描述电动汽车电机控制系统的基本结构和工作原理。
2）能描述电动汽车 CAN 总线控制的基本结构和工作过程。
3）能描述电动汽车电机控制系统各传感器的结构和工作原理。
4）能描述与电机控制系统有关的部件，并能准确描述其工作原理。

2. 能力目标

1）可以借助原厂资料（维修手册）准确描述电动汽车电机控制系统的结构和工作原理。
2）能借助原厂维修资料和对车辆的理解，对车辆电机不运转故障进行系统分析。
3）能借助原厂维修资料和对车辆的理解，对车辆电机功率受限故障进行系统分析。

3. 素质目标

1）能够按照企业 5S 要求和安全生产规范进行操作。
2）具有一定的沟通能力和团队合作能力。

4. 拓展目标

1）能对同一车型的电机控制系统故障进行诊断与排除。
2）能对其他车型的同类故障进行诊断与排除。

任务准备

1）防护装备：常规实训着装。
2）车辆、台架、总成：比亚迪（秦）EV 电动汽车整车或比亚迪（秦）EV 电动汽车整车解剖平台。
3）专用工具、设备：高压防护工具套装。
4）辅助材料：对应车型比亚迪（秦）EV 电动汽车线路图及维修手册。

知识准备

一、故障现象

驱动电机及控制系统常见的、稳定的故障现象有两种：

1）踩下制动踏板，打开点火开关，车辆"OK"灯正常点亮，挂入 D 位或 R 位后，松开制动踏板并踩加速踏板，车辆无法运行（电机不运转或发出"吭吭"的声音）。

2）踩下制动踏板，打开点火开关，车辆"OK"灯正常点亮，挂入 D 位或 R 位，松开制动踏板并踩加速踏板，车辆可以行走，但速度无法上升。

> 说明：此处只针对驱动电机及控制系统的故障造成电机不运转或电机功率受限的现象，驱动电机及控制系统中造成高压不上电的故障原因不在考虑之列。

二、故障分析

1. 初步分析

如图2-41所示为驱动电机及控制系统电路原理图，如果驱动电机、驱动电机控制器、驱动线路或其关键信号输入出现故障，都将造成驱动电机无法正常运转，车辆无法正常行驶。

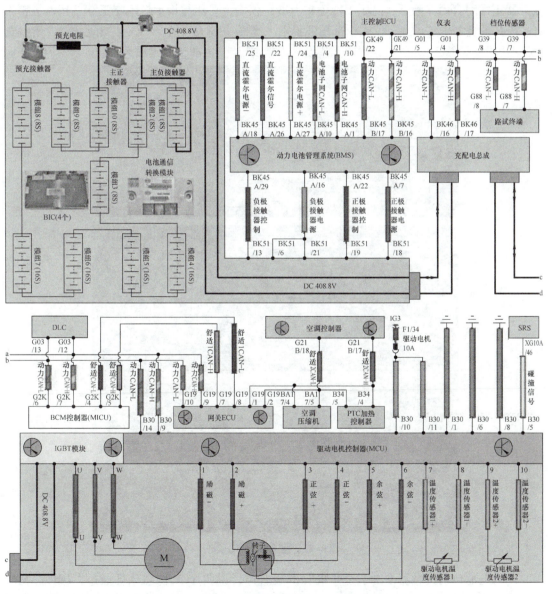

图2-41　驱动电机及控制系统驱动电机控制器电路原理图

2. 故障验证

正常情况下，踩制动踏板数次后并保持，钥匙指示灯应闪烁；打开点火开关，仪表上的电量、档位、外界温度应正常显示（无闪烁），可运行指示灯、车辆模式指示灯（ECO）应点亮；制动踏板高度应明显降低；在 5s 内主正、主负继电器应发出"咔嗒"的正常工作声，否则说明故障存在。

驱动电机故障分析 1

故障现象 1：

踩制动踏板数次并保持，按压点火开关，仪表点亮正常，制动踏板高度明显下降，可清晰听见前机舱电子扇发出"嗡嗡"的运转声，但此时空调制冷开关并没有按下；动力电池接触器正常闭合后又断开，高压不能正常上电；仪表上可运行指示灯不能正常点亮，主警告灯、ESP 系统警告灯点亮，仪表中部循环提示"请检查动力系统""EV 功能受限""请检查 ESP 系统"，如图 2-42 所示；车辆无法换入 D 位或 R 位，即车辆无法行驶。

图 2-42 组合仪表显示 1

动力电池包内接触器发出了"咔嗒"的吸合声，说明 VCU 防盗认证通过，BMS、充配电总成自检正常，已允许高压上电。而接触器吸合后又断开，结合车辆上电控制流程，说明车辆在上电后发现异常，可能原因为绝缘检测未通过、驱动电机控制器检测母线电压失败。

仪表中部提示"请检查动力系统""EV 功能受限""请检查 ESP 系统",根据车辆控制逻辑以及仪表文字提示的关联性和故障等级,"EV 功能受限"包含"请检查动力系统","请检查动力系统"包含"请检查 ESP 系统",所以首先要对"EV 功能受限"信息进行分析。

所谓的 EV 功能,就是指车辆高压上电、动力驱动两方面的控制功能。如果高压互锁检测、绝缘检测、单体电池电压/温度监测、电流监测、驱动电机及驱动电机控制器检测、充配电总成检测等出现异常,将导致车辆高压上电失败,同时仪表将点亮主警告灯,提示"EV 功能受限"。而驱动系统以及 ESP 系统出现故障,在高压正常上电、换档行驶过程中,仪表也将点亮主警告灯,并提示"EV 功能受限",此时或无法行驶,或限速 9km,踩加速踏板后车速无反应。

仪表提示"请检查动力系统",说明动力系统出现故障,而动力控制系统主要包括 VCU、驱动电机控制器、BMS、充配电总成等,同时附加 ESP 模块、档位控制器等。而如果 VCU 出现异常,首先导致防盗系统认证失败,高压无法上电;而如果驱动电机控制器、充配电总成的电源、通信或电脑自身存在严重故障,将导致车辆无法上电,车辆可以上电,说明以上故障不存在。

而如果驱动电机控制器存在无法监测母线电压的情况,或者无法将监测结果输出,或者整个高压系统绝缘、互锁(部分车型)监测发现故障,则会出现上电后继电器立即断开的现象。

打开点火开关后电子扇运转,说明系统可能存在以下故障:
1)充配电管理单元中的温度检测故障。
2)驱动电机及控制器内部的温度检测故障。
3)空调制冷系统启动信号故障。

驱动电机故障分析 2

以上两个故障分析流程,都指向驱动电机控制器,大概率说明驱动电机控制器自身存在局部故障。

故障现象 2:
踩制动踏板数次并保持,按压点火开关,仪表点亮正常;动力电池继电器正常动作,高压可以正常,上电后仪表上的可运行指示灯能正常点亮;车辆可正常换档,松开制动踏板并踩加速踏板,车辆蠕动一下后停止不动;等大约 6s 后,仪表上"OK"灯熄灭,仪表中部循环提示文字"请检查动力系统""请检查 ESP 系统";且有时下电后无法重新上电,如图 2-43 所示。

结合以上现象分析,初次打开点火开关后可正常上电,说明上电过程涉及的驱动电机控制器、VCU、OBC、BMS、高压互锁、高压绝缘都检测正常。在换档加速时车辆蠕动了一下,说明驱动电机控制器已正常对驱动电机进行驱动,驱动电机开始运转,但无法持续。

如果要进入正常行驶状态,需要档位信息、制动踏板信息、加速踏板信息、电机位置传感器信息等。车辆可以正常换档且有蠕动,说明换档及制动踏板信息正常;如果加速踏板有故障,车辆会持续低速行驶;而车辆蠕动后停止,根据电机驱动逻辑,说明驱动电机控制器无法驱动电机正常运转,可能原因为以下的一项或多项:
1)驱动电机高压(U、V、W)相线中缺一相。
2)驱动电机位置传感器励磁信号线路开路、虚接、短路故障。

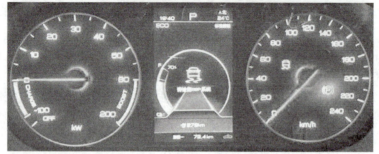

图 2-43 组合仪表显示 2

驱动电机 DTC 分析

3)驱动电机位置传感器余弦信号线路开路、虚接、短路故障。
4)驱动电机位置传感器正弦信号线路开路、虚接、短路故障。

三、DTC 分析

现在的汽车一般都具有自诊断功能,即使通过故障现象可以明确故障范围,但也最好首先读取故障记忆,因为这特别有利于验证分析是否正确,或者可以进一步缩小故障范围。如果有故障码,应清楚故障码的定义和生成的条件,并基于此展开诊断和故障检修;如果没有故障码,则基于先前的分析进行系统诊断。

连接故障诊断仪器,扫描驱动电机控制器,读取故障码,实测过程中会遇到三种情况:
1)诊断仪器可以正常和驱动电机控制器通信,但系统没有故障记忆。
2)诊断仪器可以正常和驱动电机控制器通信,并可以读取到系统中所存储的故障码。
3)诊断仪器不能正常和驱动电机控制器通信。

如果诊断仪器不能正常和驱动电机控制器通信,则可以尝试与其他控制模块进行通信,综合所有控制模块的通信状况来判定故障所在。如图 2-44 所示为诊断通信线路原理图,从中可以看出,诊断仪器通过连接线、OBD-Ⅱ诊断接口、CAN 总线与驱动电机控制器或其他控制单元进行通信。

如果诊断仪器无法进入车辆所有系统,则可能是故障诊断仪器、诊断连接线、无线或蓝牙通信、OBD-Ⅱ诊断接口、CAN 总线中的一个或多个出现故障;如果只是某个控制单元无法到达,则可能是该控制单元或其电源线路、相邻的 CAN 总线区间出现故障。

利用故障码进行故障诊断时,按以下步骤进行:
1)读取故障码,查阅资料了解故障码的定义和生成条件。
2)验证故障码的真实性,常用的验证方法也分两步。

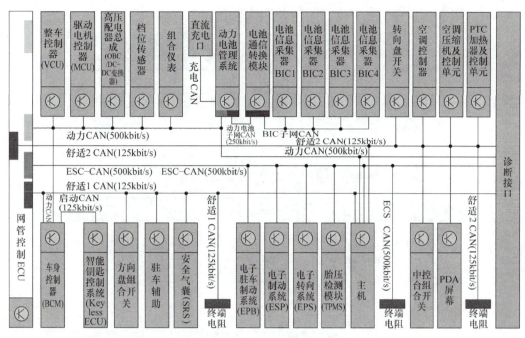

图 2-44　EV 系列诊断通信线路原理图

① 清除故障码、模仿故障工况运行车辆、再次读取故障码。

② 通过数据流或在线测量值来判定故障真实性，并由此展开系统测量。

四、故障诊断

面对驱动电机控制系统无法正常运行的故障，诊断及处理失误将给企业和个人造成相当大的损失。正确的诊断及处理，不可能来自于盲目的主观臆断，而应该是建立在获取与故障有关信息的基础上，依据驱动电机控制器、BMS、高压充配电总成等的工作原理以及控制结构，运用科学的分析方法，按照合理的步骤进行综合分析，去伪存真、舍次取主，排除故障受害者，找出故障肇事者，这才是提高故障诊断准确性的关键所在。为了便于分析，不至于被众多杂乱无章的信息扰乱思路，

驱动电机运行异常的诊断流程

需要结合电路原理图，遵从以下流程进行诊断维修。电机控制系统运行异常的诊断流程，如图 2-45 所示。

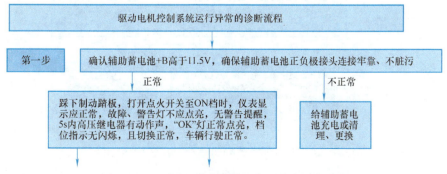

图 2-45　驱动电机控制系统运行异常的诊断流程

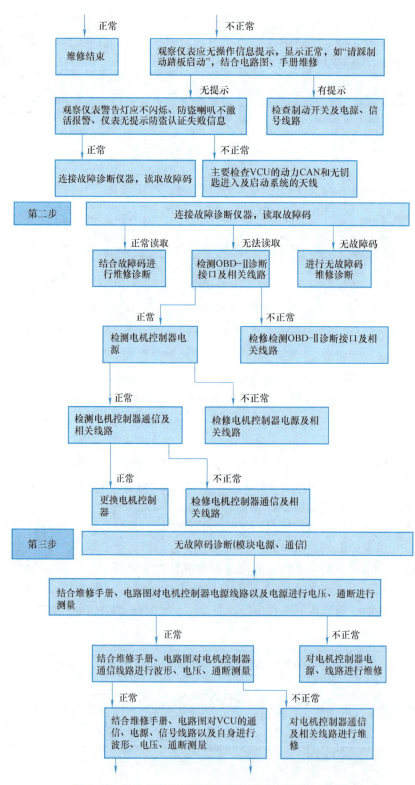

图 2-45 驱动电机控制系统运行异常的诊断流程（续）

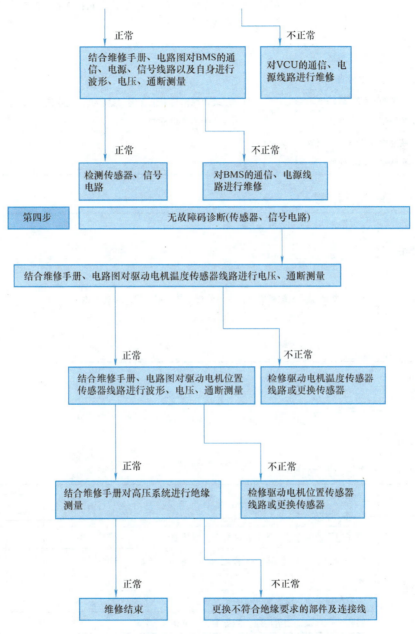

图 2-45　驱动电机控制系统运行异常的诊断流程（续）

任务实施

1）教师根据下表内容设置故障，学生对车辆进行测试，确认故障现象，进行系统分析，并得出故障的可能原因。（配微课和视频以指导教师设置故障）

序号	故障部位	故障性质	故障现象
1	熔丝 F1/34 供电线路	断路	仪表上的主警告灯、ESP 系统警告灯点亮，仪表循环提示"请检查动力系统""EV 功能受限""请检查 ESP 系统"，车辆无法换入 D 位或 R 位
2	熔丝 F1/34		
3	动力 CAN – H　B30/9		
4	动力 CAN – L　B30/14		
5	励磁绕组 + 信号线路	断路	仪表中部循环提示文字"请检查动力系统""请检查 ESP 系统"；同时车辆无法正常运转
6	励磁绕组 – 信号线路		
7	正弦绕组 + 信号线路		
8	正弦绕组 – 信号线路		
9	余弦绕组 + 信号线路		
10	余弦绕组 – 信号线路		

2）完成工作页填写。

故障现象描述	（包括故障现象和故障码）	得分
分析故障现象得出可能的故障原因	（结合故障现象及故障码进行故障分析，并得出故障的可能原因）	

评价反馈

1）小组讨论。

2）各小组互评。

3）教师记录过程并进行评价。

项目	评价内容	评价等级		
		A	B	C
关键能力考核项目	遵守纪律，遵守学习场所管理规定，服从安排			
	安全意识、责任意识，5S 管理意识，注重节约、节能与环保			
	学习积极主动，能参加安排的实习活动			
	团队合作意识，注重沟通，能自主学习及相互合作			
	仪容仪表符合活动要求			
专业能力考核项目	按时按要求独立完成工作页、任务			
	工具、设备选择得当，工具、设备使用符合技术要求			
	操作规范，符合要求			
	学习准备充分、齐全			

(续)

项目	评价内容	评价等级		
		A	B	C
专业能力考核项目	注重工作效率与工作质量			
	技能点1：			
	技能点2：			
小组评语及建议		组长签名： 年 月 日		
老师评语及建议		老师签名： 年 月 日		

任务3　电机控制系统常见故障诊断与排除

任务描述

一辆电动轿车，来到修理厂修理，车主向业务员主诉仪表循环提示"请检查动力系统""EV功能受限""请检查ESP系统"，车辆无法换入D位或R位。服务顾问试车后确定此故障为车辆电机控制系统故障。请你在约定的时间内对车辆进行检修，完成诊断报告单，将修好的车辆返还业务部门，并给客户提供用车建议。注意填写后附件中的汽车维修服务接车单。

任务目标

1. 知识目标

1）能描述电动汽车电机控制系统的基本结构和工作原理。
2）能描述电动汽车CAN总线控制的基本结构和工作过程。
3）能描述电动汽车电机控制系统各传感器的结构和工作原理。
4）能描述与电机控制系统有关的部件，并能准确描述其工作原理。

2. 能力目标

1）可以借助原厂资料（维修手册）准确描述电动汽车电机控制系统的结构和工作原理。
2）能编制电机控制系统引起车辆电机不工作、功率受限异常的故障树（诊断流程）。
3）能借助原厂资料和诊断设备，按照编制的故障树（诊断流程）进行系统诊断，以确定故障所在。
4）能正确排除诊断出的故障，并对车辆进行试验，以确保车辆运行正常。
5）能正确完成诊断报告，并给客户提供用车建议。

3. 素质目标

1）能够按照企业5S要求和安全生产规范进行操作。

2）具有一定的沟通能力和团队合作能力。

4. 拓展目标

1）能对同一车型的整车控制系统故障进行诊断与排除。
2）能对其他车型的同类故障进行诊断与排除。

任务准备

1）防护装备：常规实训着装。
2）车辆、台架、总成：比亚迪（秦）EV 电动汽车整车或比亚迪（秦）EV 电动汽车整车解剖平台。
3）专用工具、设备：高压防护工具套装。
4）辅助材料：对应车型比亚迪（秦）EV 电动汽车线路图及维修手册。

知识准备

故障现象1：驱动电机控制器模块电源故障

1. 原理简介及系统影响

如图 2-46 所示为驱动电机控制器电源电路原理图，从中可以看出，驱动电机控制器供电电源有两路，均通过 IG3 继电器的输出、由熔丝 F1/34（10A）至驱动电机控制器的端子 B30A/10 和 B30A/11，给驱动电机控制器提供点火开关（信号）电源以及功率电源。

驱动电机模块电源故障

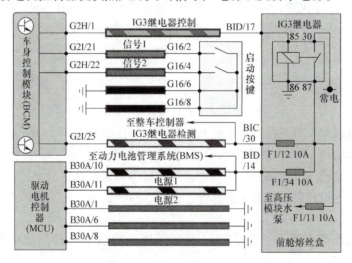

图 2-46　驱动电机控制器电源电路原理图

如果驱动电机控制器的 IG 电源线路存在故障，造成驱动电机控制器无法启动及进行信息传输，VCU 无法正常与驱动电机控制器进行通信，VCU 无法获知驱动电机控制器的状态信息，驱动电机控制器无法接收 VCU 的整车控制模式信息，从而导致 VCU 启动整车保护功能，导致整车高压系统不能上电。

2. 故障机理分析

如果驱动电机控制器的 IG 电源线路存在故障，造成驱动电机控制器无法启动运行及信息传输，将会使 VCU 无法正常接收到驱动电机控制器发送的系统故障、温度等状态信息，驱动电机控制器无法接收 VCU 发送的整车控制模式信息（启动运行），VCU 启动整车保护功能，导致整车高压系统不上电或下电。

故障现象 2：驱动电机位置传感器信号故障

1. 原理简介及系统影响

如图 2-47 所示为旋变式位置传感器电路原理图，从中可以看出，传感器由励磁绕组、正弦绕组、余弦绕组三部分构成，其中励磁绕组阻值为 38.8（1±10%）Ω，正弦绕组阻值为 56.5（1±10%）Ω，余弦绕组阻值为 47.4（1±10%）Ω。

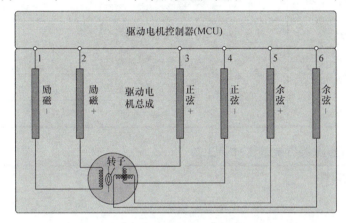

图 2-47　旋变式位置传感器电路原理图

驱动电机位置传感器故障

驱动电机位置传感器是一种输出电压随转子位置变化而变化的电子元件，驱动电机控制器根据该信号精确测量驱动电机的转子转角，进而确定驱动电机三相电的初相角，并根据驾驶需求，对驱动电机进行控制，如果此信号异常，驱动电机控制器将无法判断当前转子的位置，从而无法对功率元件的导通时间进行控制，致使驱动电机无法运行。

2. 故障机理分析

旋变信号异常，导致驱动电机控制器无法感知电机转子的位置信息，进而无法控制提供给电机的初相角等相关驱动信息，启动功能保护模式。

任务实施

1. 教师设置故障

参照知识准备"相关知识"设置相应故障。（配微课和视频以指导教师设置故障）

案例 1　故障设置列表

序号	故障部位	故障性质
1	熔丝 F1/34 供电线路	断路、虚接
2	熔丝 F1/34	断路、虚接
3	熔丝 F1/34 与驱动电机控制器端子 B30A/10 之间线路	断路、虚接、短路
4	熔丝 F1/34 与驱动电机控制器端子 B30A/11 之间线路	断路、虚接、短路

案例 2　故障设置列表

序号	故障部位	故障性质
1	励磁绕组 + 信号线路	断路、虚接、短路
2	励磁绕组 - 信号线路	断路、虚接、短路
3	励磁绕组 + 和 - 信号线路	虚接、短路
4	正弦绕组 + 信号线路	断路、虚接、短路
5	正弦绕组 - 信号线路	断路、虚接、短路
6	正弦绕组 + 和 - 信号线路	虚接、短路
7	余弦绕组 + 信号线路	断路、虚接、短路
8	余弦绕组 - 信号线路	断路、虚接、短路
9	余弦绕组 + 和 - 信号线路	虚接、短路

2. 教师随机设置故障，学生分组排除并完成工作页工单

故障现象描述	（包括故障现象和故障码）	得分
分析故障现象得出可能的故障原因	（结合故障现象及故障码进行故障分析，并得出故障的可能原因）	
故障点和故障类型确认过程	（完成记录测试过程，直到故障排除。每一步都要求记录测试对象、测试条件、实测结果及判断）	
故障机理分析	（分析故障部位及故障性质为什么会导致此故障现象）	

3. 故障修复后检查，并填写完工单

请留下您宝贵的意见！以便我们为您提供更好的服务					尊敬的车主阁下： 我中心已遵照您的尊意，将您的座驾□修理□保养□检验完毕，经检查发现您的座驾还有以下问题，敬请您早作处理，以确保旅途愉快！		完工检验
质量	技术	□好	□一般	□差	检查结果：	处理意见：	检验结果：
	设备	□先进	□落后				
	操作	□规范	□一般	□不规范			处理意见：
工期	待工	□长	□一般				
	待料	□长	□一般				
价格	工价	□满意	□能接受	□不能接受			备注：
	料价	□满意	□能接受	□不能接受			
服务	态度	□热情	□一般	□冷淡			班组签名：
	环境	□整洁	□一般	□脏乱			
	秩序	□有序	□一般	□混乱			检验员签名：
	手续	□烦琐	□简便				
抱怨处理情况	□ 能得到有效处理 □ 不能得到有效处理				检验员签名：　　　技术主管签名：		
其他建议：					出厂检验： 1. 确认油、液及所有安全项目均已检查 2. 检查工单是否填写完整 3. 旧件的处理同车主的交涉是否完成 4. 确认车辆内外的清洁是否完成 5. 清点随车工具和其他物品 6. 确认维修作业位置没有弄脏或弄坏 7. 确认实际维修换件项目和费用是否与报修单相符		服务顾问签名：

评价反馈

1）小组讨论。

2）各小组互评。

3）教师记录过程并进行评价。

项目	评价内容	评价等级		
		A	B	C
关键能力考核项目	遵守纪律，遵守学习场所管理规定，服从安排			
	安全意识、责任意识，5S 管理意识，注重节约、节能与环保			
	学习积极主动，能参加安排的实习活动			
	团队合作意识，注重沟通，能自主学习及相互合作			
	仪容仪表符合活动要求			

(续)

项目	评价内容	评价等级		
		A	B	C
专业能力考核项目	按时按要求独立完成工作页、任务			
	工具、设备选择得当，工具、设备使用符合技术要求			
	操作规范，符合要求			
	学习准备充分、齐全			
	注重工作效率与工作质量			
	技能点1：			
	技能点2：			
小组评语及建议		组长签名： 　　　　　年　月　日		
老师评语及建议		老师签名： 　　　　　年　月　日		

任务拓展

案例1　驱动电机控制器模块电源故障诊断过程

第一步：读取故障码

连接诊断仪器至OBD-Ⅱ诊断接口，踩制动踏板并保持，打开点火开关，使用诊断仪器与驱动电机控制器进行通信，显示未连接成功；通过使用诊断仪器与VCU连接，从VCU内读取到的故障码见表2-2。

驱动电机电源故障诊断过程

表2-2　从VCU内读取到的故障码

故障诊断	故障码说明
U01A500	与前驱动电机控制器通信故障

第二步：DTC分析

诊断仪器和驱动电机控制器无法通信，但和VCU通信正常，且读取到"与前驱动电机控制器通信故障"的故障码，说明驱动电机控制器没有通信，可能原因为以下的一项或多项：

1）驱动电机控制器的IG供电线路（开路、虚接、短路）故障。
2）驱动电机控制器的动力CAN-H总线（开路、虚接、短路）故障。
3）驱动电机控制器的动力CAN-L总线（开路、虚接、短路）故障。
4）驱动电机控制器自身故障。

说明：根据以上罗列的故障原因，此处只对电源线路进行测试，CAN总线线路的诊断与测试参考本章所对应的相关内容。

第三步：测量驱动电机控制器端CAN-H、CAN-L信号对地波形

具体测试方法见前文。

第四步：电源检查

1）测量驱动电机控制器的 IG 供电电压，见表 2-3。

表 2-3 驱动电机控制器的 IG 供电电压测试

可能性	实测结果/V		结论	下一步操作
	B30A/10	B30A/11		
测试方法和标准：打开点火开关，用万用表测量驱动电机控制器端子 B30A/10、B30A/11 对地电压，应为 +B			
1	+B	+B	不确定	控制模块接地检查
2	大于 0、小于 +B	大于 0、小于 +B	异常	说明两线路都存在虚接故障，下一步测试熔丝 F1/34（10A）两端电压
3	0	0	异常	说明两线路都存在断路或对地短路的故障，下一步测试熔丝 F1/34（10A）两端电压

2）测量熔丝 F1/34 两端对地电压，见表 2-4。

表 2-4 熔丝 F1/34 两端对地电压测试

可能性	实测结果/V	结论	下一步操作
测试方法和标准：用万用表测试熔丝 F1/34 两端对地的电压，标准均应为 +B			
1	+B，+B	正常	（1）如果上步测试结果为 0V，说明端子 B30A/10、B30A/11 到熔丝 F1/34 间线路存在断路故障，下一步对端子 B30A/10、B30A/11 到熔丝 F1/34 间线路导通性进行测试 （2）如果上步测试结果为高于 0V、小于 +B 的某个值，说明端子 B30A/10、B30A/11 到熔丝 F1/34 间线路存在虚接故障，下一步对端子 B30A/10、B30A/11 到熔丝 F1/34 间线路进行导通性测试
2	+B，大于 0、小于 +B	异常	说明熔丝存在阻值过大故障，下一步对熔丝片进行单件检查，必要时更换
3	+B，0	异常	说明熔丝断路故障，更换熔丝前需要测试熔丝 F1/34 与驱动电机控制器的端子 B30A/10、B30A/11 之间线路对地电阻，以判断熔丝烧损的原因
4	均大于 0、小于 +B	异常	说明熔丝供电线路存在故障，下一步对熔丝供电电路进行检查
5	0，0	异常	说明熔丝供电线路未输出电压，下一步对熔丝供电电路进行检查

3）测量驱动电机控制器接地端对地电压，见表 2-5。

表 2-5 驱动电机控制器的端子 B30A/1、B30A/6、B30A/8 对地电压测试

可能性	实测结果/V	结论	下一步操作
测试方法和标准：用万用表测试驱动电机控制器的端子 B30A/1、B30A/6、B30A/8 对地电压，标准均应小于 0.1V			
1	0	正常	更换驱动电机控制器后进行上电测试
2	0～+B 间的某个值	异常	说明接地线路存在虚接故障，下一步测试接地线路导通性
3	+B	异常	说明接地线路存在断路故障，下一步测试接地线路导通性

4）测量驱动电机控制器电源线路对地电阻测试，见表 2-6。

表 2-6　端子 B30A/10、B30A/11 和熔丝 F1/34 间线路对地电阻测试

测试方法和标准：关闭点火开关，拔下熔丝 F1/34，用万用表测试端子 B30A/10 或 B30A/11 对地的电阻值，标准值为∞

步骤	测试条件	实测结果/Ω	状态	可能原因	下一步操作
1	断开驱动电机控制器的 B30A、BMS 的 BK45B 插接器	∞	正常	驱动电机控制器、BMS 故障	转本表第 2 步
1	断开驱动电机控制器的 B30A、BMS 的 BK45B 插接器	存在明显电阻	异常	线路对地虚接	检修线路
1	断开驱动电机控制器的 B30A、BMS 的 BK45B 插接器	近乎为 0	异常	线路对地短路	检修线路
2	连接驱动电机控制器的 B30A	∞	正常	BMS 内部故障	转本表第 3 步
2	连接驱动电机控制器的 B30A	存在明显电阻	异常	驱动电机控制器内部对地虚接	更换驱动电机控制器
2	连接驱动电机控制器的 B30A	近乎为 0	异常	驱动电机控制器内部对地短路	更换驱动电机控制器
3	连接 BMS 插接器	∞	正常	熔丝正常损坏	更换熔丝 F1/34
3	连接 BMS 插接器	存在明显电阻	异常	BMS 内部对地虚接	更换 BMS
3	连接 BMS 插接器	近乎为 0	异常	BMS 内部对地短路	更换 BMS

5）线路导通性测量。

① 测量驱动电机控制器端子 B30A/10 和熔丝 F1/34 之间线路的导通性，见表 2-7。

表 2-7　驱动电机控制器端子 B30A/10 和熔丝 F1/34 之间线路的导通性测试

测试方法和标准：拔掉驱动电机控制器的 B30A 插接器、熔丝 F1/34，测试电阻应为近乎为 0Ω

可能性	实测结果/Ω	状态	可能原因	操作
1	近乎为 0	正常	插接器故障	检修插接器
2	∞	异常	线路断路	维修线路
3	存在明显电阻	异常	线路虚接	维修线路

② 测量驱动电机控制器端子 B30A/11 和熔丝 F1/34 之间线路的导通性，见表 2-8。

表 2-8　驱动电机控制器端子 B30A/11 和熔丝 F1/34 之间线路的导通性测试

测试方法和标准：拔掉驱动电机控制器的 B30A 插接器、熔丝 F1/34，测试电阻应为近乎为 0Ω

可能性	实测结果/Ω	状态	可能原因	操作
1	近乎为 0	正常	插接器故障	检修插接器
2	∞	异常	线路断路	维修线路
3	存在明显电阻	异常	线路虚接	维修线路

③ 测量驱动电机控制器端子 B30A/1、B30A/6、B30A/8 和接地点之间的导通性，见表 2-9。

表 2-9　驱动电机控制器端子 B30A/1、B30A/6、B30A/8 和接地点之间的导通性测试

测试方法和标准：拔掉驱动电机控制器的 B30A 插接器，测试电阻应为近乎为 0Ω

可能性	实测结果/Ω	状态	可能原因	操作
1	近乎为 0	正常	插接器故障	检修插接器
2	∞	异常	线路断路	维修线路
3	存在明显电阻	异常	线路虚接	维修线路

第五步：诊断结论验证

注意：完成诊断修理后，某些 DTC 需要将点火开关旋至 OFF（关闭）位置，然后旋回至 ON（打开）位置之后，故障诊断仪功能才会清除 DTC。

① 将点火开关置于 OFF（关闭）位置。
② 安装所有诊断时拆下或更换的部件及插接器。
③ 将点火开关置于 ON（打开）位置。
④ 读取并清除 DTC。
⑤ 关闭点火开关 60s。
⑥ 踩下制动踏板，打开点火开关，车辆仪表显示正常，切换至 D 位或 R 位试车，车辆运行正常，维修结束。

案例2　驱动电机位置传感器故障诊断过程

第一步：读取故障码

连接诊断仪至 OBD-Ⅱ 诊断接口后，踩制动踏板并保持，打开点火开关，使用诊断仪器与驱动电机控制器通信，在驱动电机控制器内部读取到的与故障现象有关的故障码见表 2-10：

表 2-10　在驱动电机控制器内部读取到的故障码信息

故障诊断	故障码说明
P1BBF00	前驱动电机旋变故障——信号丢失

第二步：故障码（DTC）分析

根据故障码的定义，说明在整车上电及电机驱动过程中，驱动电机控制器检测到正弦或余弦信号一个或多个出现异常，可能原因为以下一项或多项：

1) 励磁绕组及信号线路开路、虚接、短路故障。
2) 正弦绕组及信号线路开路、虚接、短路故障。
3) 余弦绕组及信号线路开路、虚接、短路故障。
4) 驱动电机控制器内部信号输出、检测故障。

第三步：线路测试

说明：

① 最好使用四通道示波器进行测试。在测试时，示波器负表笔尽量和蓄电池负极相连接。注意：有些示波器负表笔和示波器供电 AC 220V 接地相连接，如果负表笔接触传感器任一端子可能导致传感器信号接地，致使测试的波形出现错误，导致误判断。
② 连接好示波器后再进行测试，因为有些车辆在出现故障时可能进行功能性保护，驱动电机位置传感器输出或输入波形时间很短，使测量比较困难，应进行多次测量。
③ 打开点火开关，踩下制动踏板，挂入 D 位，松开制动踏板，观察示波器，车辆正常行驶中，励磁、正弦和余弦信号波形图如图 2-48 所示。

1) 测量驱动电机端电机位置传感器励磁信号波形，见表 2-11。

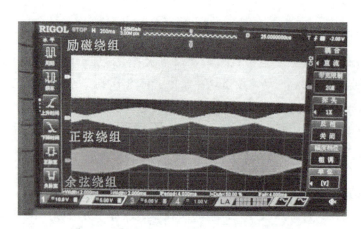

图 2-48 励磁、正弦和余弦信号波形

表 2-11 驱动电机端电机位置传感器励磁波形测试

测试方法和标准：连接示波器正极表笔至电机的励磁（+）端子、负表笔至励磁（-）端子；踩下制动踏板，打开点火开关，挂入 D 位，松开制动踏板，观察示波器上的励磁波形

可能性	实测结果（波形）	状态	下一步操作
1		励磁信号波形正常	检查正弦、余弦信号波形
2		励磁信号波形异常	测量驱动电机控制器端励磁绕组信号波形

2）测量驱动电机控制器端电机位置传感器励磁信号波形，见表 2-12。

表 2-12 驱动电机控制器端电机位置传感器励磁波形测试

测试方法和标准：连接示波器正极表笔至驱动电机控制器的 2 号端子、负表笔至驱动电机控制器的 1 号端子；踩下制动踏板，打开点火开关，挂入 D 位，松开制动踏板，观察示波器上的励磁波形

可能性	实测结果（波形）	状态及分析	下一步操作
1		励磁信号波形正常，结合上步异常测试结果说明信号线路故障	检查励磁信号线路是否存在断路
2		励磁信号波形异常，说明驱动电机控制器、信号线路或励磁绕组存在故障	检查励磁信号线路是否存在短路

3）测量驱动电机控制器端电机位置传感器正弦和余弦波形，见表 2-13。

表 2-13　驱动电机控制器端电机位置传感器正弦和余弦波形测试

测试方法和标准：连接示波器通道 1 正极表笔至驱动电机控制器的 3 号端子、负表笔至驱动电机控制器的 4 号端子；连接示波器通道 2 正极表笔至驱动电机控制器的 5 号端子、负表笔至驱动电机控制器的 6 号端子；踩下制动踏板，打开点火开关，挂入 D 位，松开制动踏板，观察示波器上正弦、余弦波形

可能性	实测结果（波形）	状态	下一步操作
1		正常	考虑更换驱动电机控制器
2		正弦波形异常	测量电机位置传感器端正弦绕组波形
3		余弦波形异常	测量电机位置传感器端余弦绕组波形
4		正弦和余弦波形均异常	测量电机位置传感器端绕组波形

4）测量驱动电机端电机位置传感器正弦和余弦波形，见表 2-14。

表 2-14　驱动电机端电机位置传感器正弦和余弦波形测试

测试方法和标准：连接示波器通道 1 正极表笔至驱动电机控制器的正弦（+）端子、负表笔至驱动电机控制器的正弦（-）端子；连接示波器通道 2 正极表笔至驱动电机控制器的余弦（+）端子、负表笔至驱动电机控制器的余弦（-）端子；踩下制动踏板，打开点火开关，挂入 D 位，松开制动踏板，观察示波器上正弦、余弦波形

可能性	实测结果（波形）	状态及分析	下一步操作
1		正常，结合上步说明正弦或余弦信号线路断路故障	线路导通性检查
2		余弦波形正常、正弦波形异常，结合上步说明传感器或电路存在故障	检查正弦信号线路是否存在相互短路
3		正弦波形正常、余弦波形异常，结合上步说明传感器或电路存在故障	检查余弦信号线路是否存在相互短路

(续)

可能性	实测结果（波形）	状态及分析	下一步操作
4	测试方法和标准：连接示波器通道1正极表笔至驱动电机控制器的正弦（＋）端子、负表笔至驱动电机控制器的正弦（－）端子；连接示波器通道2正极表笔至驱动电机控制器的余弦（＋）端子、负表笔至驱动电机控制器的余弦（－）端子；踩下制动踏板，打开点火开关，挂入D位，松开制动踏板，观察示波器上正弦、余弦波形	正弦和余弦波形异常，结合上步说明传感器或电路存在故障	检查正弦、余弦信号线路是否存在相互短路

5) 驱动电机位置传感器励磁绕组线路测量。

① 测量驱动电机位置传感器励磁绕组的电阻，见表2-15。

表2-15 驱动电机位置传感器励磁绕组的电阻测试

测试方法和标准：关闭点火开关，断开驱动电机控制器端低压插接器，测试驱动电机控制器线束端的2号端子和1号端子之间电阻，标准为38.8（1±10%）Ω

可能性	实测结果/Ω	状态	可能性	下一步操作
1	38.8（1±10%）	正常	驱动电机控制器控制模块异常	更换驱动电机控制器
2	∞	异常	信号回路开路	线路导通性测试
3	近乎为0		信号线路间相互短路	维修线路
4	大于38.8（1±10%）		励磁绕组线路虚接	

② 测量驱动电机位置传感器正弦绕组的电阻，见表2-16。

表2-16 驱动电机位置传感器正弦绕组的电阻测试

测试方法和标准：关闭点火开关，断开驱动电机控制器端低压插接器，测试驱动电机控制器线束端的3号端子和4号端子之间电阻，标准为56.5（1±10%）Ω

可能性	实测结果/Ω	状态	可能性	下一步操作
1	56.5（1±10%）	正常	驱动电机控制器控制模块异常	更换驱动电机控制器
2	∞	异常	信号回路开路	线路导通性测试
3	近乎为0		信号线路间相互短路	维修线路
4	大于56.5（1±10%）		正弦绕组线路虚接	

③ 测量驱动电机位置传感器余弦绕组的电阻，见表2-17。

表2-17 驱动电机位置传感器余弦绕组的电阻测试

测试方法和标准：关闭点火开关，断开驱动电机控制器端低压插接器，测试驱动电机控制器线束端的5号端子和6号端子之间电阻，标准为47.4（1±10%）Ω

可能性	实测结果/Ω	状态	可能性	下一步操作
1	47.4（1±10%）	正常	驱动电机控制器控制模块异常	更换驱动电机控制器
2	∞	异常	信号回路开路	线路导通性测试
3	近乎为0		信号线路间相互短路	维修线路
4	大于47.4（1±10%）		余弦绕组线路虚接	

第四步：诊断结论验证

注意：完成诊断修理后，某些 DTC 需要将点火开关旋至 OFF（关闭）位置，然后旋回至 ON（打开）位置之后，故障诊断仪功能才会清除 DTC。

① 将点火开关置于 OFF（关闭）位置。
② 安装所有诊断时拆下或更换的部件及插接器。
③ 诊断时，拆除过或更换过的部件及模块，根据需要执行调整、编程或设置程序。
④ 将点火开关置于 ON（打开）位置。
⑤ 读取并清除 DTC。
⑥ 关闭点火开关 60s。
⑦ 踩下制动踏板，打开点火开关，车辆仪表显示正常，切换至 D 位或 R 位进行试车，车辆运行正常，维修结束。

巩固提高

一、填空题

1. 电动汽车与普通燃油汽车最主要的区别在于_____。_____是永磁同步电机的控制大脑，它综合位置传感器、_____、_____所提供的电机转子位置、温度、速度和电流等反馈信息及外部输入的命令，通过程序进行分析处理，决定控制方式及故障保护等，向_____发出执行命令，控制永磁同步电机运行。

2. IGBT 模块具有_____、_____、_____等特点；当前市场上销售的多为此类模块化产品，一般所说的 IGBT 也指 IGBT 模块；随着节能环保等理念的推进，此类产品在市场上将越来越多见；同时，IGBT 是_____与_____的核心器件，俗称电力电子装置的"CPU"，作为国家战略性新兴产业，在轨道交通、智能电网、航空航天、电动汽车与新能源装备等领域应用极广。

3. 续流二极管由于在电路中起到_____的作用而得名，一般选择快速恢复二极管或者肖特基二极管来作为续流二极管，它在电路中一般用来保护器件不被感应电压击穿或烧坏，以_____的方式接到产生感应电动势的元件两端，并与其形成回路，使其产生的高电动势在回路中以续电流方式消耗，从而起到_____的作用。

4. 写出由电源引起低等级功率不足的因素：

（1）_____。
（2）_____。
（3）_____。
（4）高压电缆插接器松脱、损坏、锈蚀等接触不良。

5. 制动能量回收过程中应遵循以下原则：

（1）_____。
（2）_____。
（3）_____。
（4）_____。

二、选择题

1. 驱动电机系统是纯电动汽车的核心部件之一，一般由驱动电机和（　　）两部分组成。

  A. 高压线束　　　　　　　　　　B. 驱动电机控制器

  C. 高压控制盒　　　　　　　　　　D. DC-DC 变换器

2. 下列哪一项不是永磁同步电机星形联结绕组在运行时所具有的特点？（　　）

  A. 电流大，但发热量小，运行稳定

  B. 星形联结绕组的电机效率明显优于三角形联结绕组的电机效率

  C. 星形联结绕组平均电磁转矩要大于三角形联结绕组的平均电磁转矩

  D. 星形联结绕组电机的总损耗小于三角形联结绕组电机的总损耗

3. 下列属于驱动电机所执行的功能的是（　　）。

  A. 将高压直流电转换为整车低压 12V 直流电

  B. 将 220V 交流电转换为动力电池的直流电

  C. 将输入的直流电逆变为电压、频率可调的三相交流电

  D. 完成动力电池电源的输出及分配，实现对支路用电器的保护及切断

4. 关于功率变换器下列说法错误的是（　　）。

  A. 功率变换是指有效地将直流供电电源的能量转换为负载所需要的信号功率

  B. 电机绕组电流是单向的，使得其功率变换器主电路结构复杂

  C. 功率变换器的作用是将电源提供的能量经适当转换后提供给电机

  D. 功率变换技术是一门新兴的应用于电力领域的电子技术，就是使用电力电子器件（如晶闸管，GTO，IGBT 等）对电能进行变换和控制的技术

5. 下列哪项不是功率变换器的结构组成？（　　）

  A. 快速绝缘门极双极型晶体管（IGBT）　　B. 续流二极管

  C. 晶体管　　　　　　　　　　　　　　　　D. 散热板

6. 驱动电机系统上电流程：当 VCU 检测到 MCU"初始化完成"、BMS"初始化完成"、ACC"初始化完成"后，闭合高压主继电器，（　　）ms 后发送高压上电指令。

  A. 60　　　　　　　　　　　　　　　B. 50

  C. 100　　　　　　　　　　　　　　D. 30

7. 电机自身温度异常，若从电机自身分析，可能的原因有（　　）。

  A. 电机长时间高负荷工作且冷却系统的工作效率小于电机的发热率

  B. 电机运行内阻过大，造成运行时产生过多的热量，电机温度上升

  C. 冷却系统发生故障，如冷却水泵或冷却风扇及其相关电路异常，导致模块无法正常散热

  D. 以上都是

8. 转子位置传感器实时检测电机转子的位置，并将位置信号输送给驱动电机模块主控 CPU，主控 CPU 根据传感器位置信号控制（　　）个桥式 IGBT 管顺序导通，输出交流电至电机绕组并产生磁力，带动转子（车辆）运转。

  A. 6　　　　　　B. 3　　　　　　C. 4　　　　　　D. 2

项目3
动力电池管理系统认知与检修

动力电池管理系统称之为电池保姆或电池管家，主要是为了管理及维护各个电池单元，防止动力电池出现过充电、过放电及温度异常，延长动力电池的使用寿命，监控动力电池的状态。

通过本项目的学习，主要达到以下目标：

目标	具体描述
知识目标	能够描述系统的功能与组成
	能够描述系统的工作原理
	能够解答系统常见故障的产生机理
技能目标	能够正确重现系统的常见故障
	能够合理利用各项数据进行系统故障的综合分析
	能够准确运用维修工具及设备排除系统故障
	能够正确书写诊断报告
	能够举一反三地维修其他各品牌相同系统的故障
素质目标	能够安全规范地进行故障诊断操作，树立安全责任意识
	能够通过规范操作养成良好的工作习惯和工作态度
	能够通过协同工作养成良好的团队协作精神
	能够在操作中养成刻苦钻研、精益求精、勇于创新的工匠精神

本项目的主要任务：
任务1　动力电池管理系统认知
任务2　动力电池管理系统常见故障分析与诊断
任务3　动力电池管理系统常见故障诊断与排除

任务1　动力电池管理系统认知

任务描述

单位新来一批实习员工，需要对比亚迪（秦）EV电动汽车动力电池管理系统的结构与工作原理有一个清晰的认识。请你准备一下，结合实际车辆和相关资料，讲解动力电池管理系统的结构与工作原理，并对学习效果进行考核。

任务目标

1）能够清楚讲述动力电池管理系统功能。
2）能够指明动力电池管理系统的主要部件，并讲述其工作流程。
3）能够清楚讲述动力电池管理系统各模块的通信过程。

任务准备

1）防护装备：常规实训着装。
2）车辆、台架、总成：比亚迪（秦）EV 电动汽车整车或比亚迪（秦）EV 电动汽车整车解剖平台。
3）专用工具、设备：高压防护工具套装。
4）辅助材料：对应车型比亚迪（秦）EV 电动汽车线路图及维修手册。

知识准备

动力电池管理系统控制模式

动力电池管理系统包括动力电池模组、动力电池组信息采集系统（BIC）、高压继电器、高压熔断器、冷却管路、动力电池管理系统（BMS）、动力输出及控制接口、模组壳体等，如图 3-1 所示。

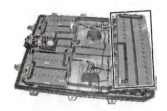
动力电池模组

动力电池组信息采集系统

高压继电器

高压熔断器

冷却管路

动力输出及控制接口

图 3-1　动力电池组成结构图

动力电池管理系统结构

1. 动力电池模组基本参数

电芯：镍钴锰酸锂

电池容量：130（1C）A·h

模组数量：10（4×16S+6×8S）

电芯数量：112 个

充电截止电压：4.3V

额定电压：408.8V

电芯标称电压：3.65V

放电截止电压：2.8V

额定功率：53.1kW

2. 动力电池管理系统控制模式

为了确保整车上、下电的安全性和可靠性，必须严格定义各电气部件的上、下电流程，且各电气部件的上、下电状态必须经各控制器及时反馈给 BMS，进行"握手"确认后才执行下一步上、下电操作，否则会导致意外事故。

（1）上电模式

如图 3-2 所示为整车高压上电控制逻辑图。当 BCM 同时监测到点火开关的高压上电信号（Key-ST 信号）、制动开关信号后（即发出 WAKE-UP 信号），然后 BCM 接通 ACC、IG（IG1、IG2、IG3、IG4）继电器，整车进入低压上电及低压检测模式，同时唤醒所有 CAN 总线。

BMS、VCU、充配电管理单元、MCU、空调压缩机控制器、PTC 加热控制器被 CAN 唤醒后即启动自检模式，各自读取系统故障码，同时检测各自高压互锁是否完整，以及进行单体电芯的循环检测。如果某模块内部出现严重故障码、高压互锁、单体电芯（温度、电压）、CAN 通信、动力系统防盗有一项异常，将停止上电流程，同时将故障信息通过 CAN 总线发送至组合仪表，组合仪表显示故障信息或点亮故障指示灯。

在以上检测完成且正常后，BMS 闭合主负接触器，并对主负接触器断路、预充电阻断路、预充接触器粘连、主正继电器粘连进行检测，如果检测成功，闭合预充接触器。由于电动机及高压线路中包含容性、感性元件，为防止过大的电流对这些元件造成冲击，如果主负接触器闭合后检测成功，先闭合预充接触器，车辆进入预充电状态。

在预充阶段，BMS 对预充接触器断路、整车高压绝缘进行检测。如果此时 BMS 检测预充接触器断路或整车高压绝缘异常，则停止上电流程，且系统生成并存储故障码，同时将故障信息通过 CAN 总线发送至组合仪表，组合仪表显示故障信息或点亮故障指示灯。

当预充电阻两端电压达到母线电压的 90% 时，BMS 闭合主正继电器，并对主正继电器断路进行检测，如果检测通过，则断开预充接触器，车辆进入放电模式。MCU 接受高压并进行判定，最后通过动力 CAN 向 VCU 发送系统准备完成、高压系统已上电信息，组合仪表接收到 VCU 发送的信息后，点亮仪表上"OK"指示灯，上电完成。如果在此过程中，BMS 检测主正继电器异常，将停止上电流程，且系统生成并存储故障码，同时将故障信息通过 CAN 总线发送至组合仪表，组合仪表显示故障信息或点亮故障指示灯。主负继电器、预充继电器的控制线路原理图如图 3-3 所示。

目前纯电动轿车的低压电源一般由 12V 的铅酸低压蓄电池提供，不仅要为低压控制系统供电，还需为转向助力电机、刮水器电机、安全气囊及后视镜调节电机等提供电源。为保

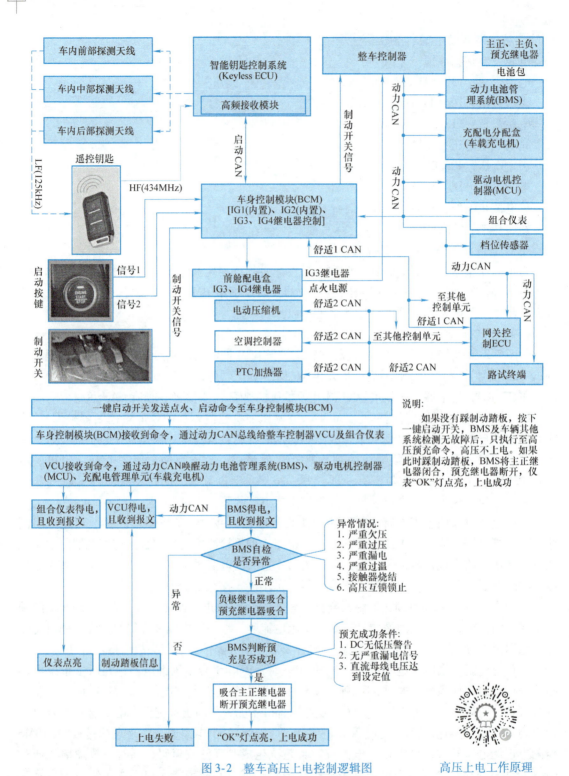

图 3-2 整车高压上电控制逻辑图　　高压上电工作原理

证低压蓄电池能持续为整车控制系统供电,低压蓄电池需有充电电源,而 DC-DC 变换器即可满足这一需求,因此,当点火开关打开或车辆充电时,主正继电器闭合后,即高压上电完成后系统也会启动 DC-DC 变换器,以保证低压电源持续供电。

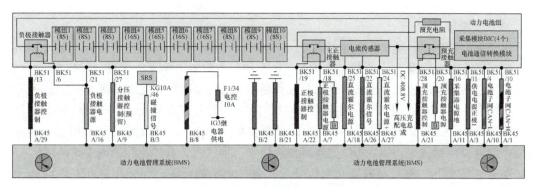

图 3-3 继电器控制线路原理图

(2) 下电模式

在车辆下电时,BCM 接收到点火开关 OFF 命令,通过动力 CAN 总线发送至 VCU,VCU 解析信号后通过动力 CAN 首先发送至充配电管理单元,充配电管理单元接收到点火开关 OFF 命令后关断 DC-DC 变换器控制,低压 12V 输出停止;直流电停止后,再向 BMS 发送下电指令,BMS 接收到下电命令,依次断开主正和主负接触器,高压下电,整车进入下电模式,具体流程如图 3-4 所示。

高压下电工作原理

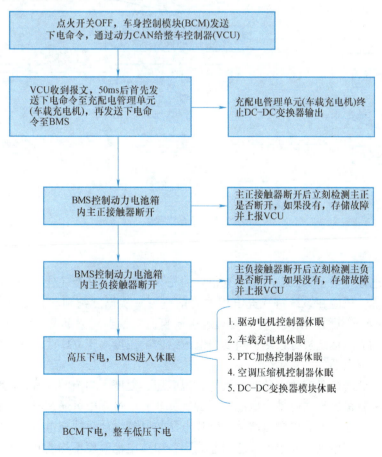

图 3-4 整车高压下电控制逻辑图

— 133 —

（3）充电模式

当充配电管理单元检测到充电连接确认（CC）、控制确认（CP）信号时，系统即进入充电模式；充配电管理单元通过动力 CAN 激活 BMS、VCU、MCU、仪表；BMS 被激活后，会主动发送动力电池温度、SOC、绝缘、故障等信息到 VCU 及充配电管理单元；充配电管理单元、BMS、VCU 及 MCU 检测信息无异常，同时充配电管理单元内部将充电连接信号从高电位（+B）拉低至低电位（0V）；BMS 控制主负、预充、主正继电器依次闭合，为保证低压控制电源持续供电，DC-DC 变换器激活处于工作状态，具体流程如图 3-5 所示。

在充电模式下，MCU 接收到充电信号后，会禁止车辆行驶，保证车辆在充电时处于行驶锁止状态，同时，BMS 根据动力电池状态信息限制充电功率，保护动力电池。

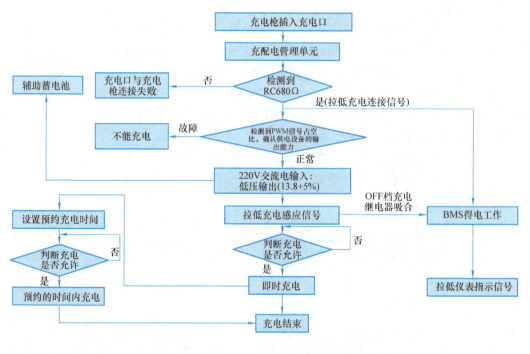

图 3-5 慢充流程图

（4）充电过程

对于动力电池，由于其低温时不具有很好的充放电特性，甚至还伴随一定的危险性，因此基于安全考虑，还应在系统进入充电模式之前进行一次温度判别。当动力电池温度低于 0℃时，系统进入充电预热模式，此时可通过接通直流变换器对辅助蓄电池进行供电，通过热管理系统对动力电池组进行预热；当动力电池组内的温度高于 0℃时，系统可进入充电模式，即闭合主正继电器。

无论在充电状态还是在放电状态，极易出现电压、温度不均衡的现象，电池的电压不均衡与温度不均衡将极大地妨碍动力电池性能的发挥。充电过程中可通过电压比较及控制线路使得电压较低的单体电池充电电流增大，而让电压较高的电池单体充电电流减小，进而实现电压均衡的目的。当电池单体温度传感器监测出各单体电池温度不均衡时，通过整车热管理系统，以达到温度均衡的目标。

如图3-6所示，充电过程包括以下四个阶段：

1）预充电阶段：使用充电设备对动力电池进行充电时，充电器先以0.02C的电流值启动充电，当BMS检测到最低单体电池电压在2000mV以上时即可转到恒流充电模式。

2）恒流充电阶段：充电器以BMS规定的最大电流进行恒定电流值输出。

3）恒压充电阶段：恒流充电末期，当动力电池组中任意一个单体电池电压值达到上限报警值时，充电器按照BMS发出的指令转到恒压输出，电流值按照BMS的指令进行调整，直至任意单体电池电压值达到单体电池电压上限切断值。

4）充电结束：任意单体电池电压值达到单体电池电压上限切断值，充电机按照BMS的指令停止充电。

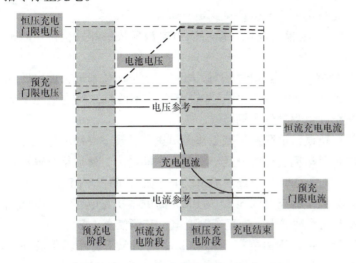

图3-6 慢充系统充电过程

新能源汽车充电工作原理

（5）故障模式

BMS在任何模式下检测到故障，均进入故障模式，同时上报故障状态和相关故障码。故障模式是控制系统中常出现的一种状态，由于动力电池管理系统的使用关系到用户的人身安全，因而系统对于各种相应模式均采取"安全第一"的原则。同时动力电池管理系统对于故障的响应还需根据故障等级而定，当其故障级别较低时，系统可采取报错或者发出警告信号的方式告知驾驶人；而当故障级别较高，甚至伴随有危险时，系统将采取断开高压继电器的控制策略，常见的动力电池模块故障有以下几个类型：

1）过温。动力电池模块过温分两种情况：一种是传感器故障导致信号采集失真；另一种是动力电池模块自身内阻过大，导致在充电或放电过程中发热过大。

动力电池模块出现过温时，仪表会报动力电池模块过温故障。如果出现动力电池模块过温情况，请立即将车辆靠路边停靠，联系维修工作人员进行处理。

2）SOC跳变。动力电池模块SOC跳变的原因是动力电池模块内部单体有一节或几节自身故障导致单节电压被拉低，车辆SOC根据电压对其进行修正，在此种情况下，SOC会进行跳变，车辆对其反应为续驶里程明显降低。如果出现动力电池模块SOC跳变情况，请立即将车辆靠路边停靠，联系维修工作人员进行处理。

3）漏电。动力电池模块漏电一般分两种情况：一种是一般漏电；另一种是严重漏电。

动力电池模块出现漏电时，仪表会报动力电池故障，出现严重漏电时，车辆会自动将动力切断进行保护。如果出现动力电池模块漏电情况，请立即将车辆靠路边停靠，联系厂家工作人员进行处理。

漏电检测方法有两种：一种是用电动汽车专用诊断仪器读取数据（漏电故障）；另一种是戴上绝缘手套、穿上绝缘鞋，确保安全的情况下用万用表测量动力电池模块的数据，正极对车身电压 V_1、负极对地电压 V_2、正负极之间总电压 V。

若 $V_1 > V_2$，则在正极并联电阻 R（50kΩ、100kΩ、110kΩ、150kΩ，最好选 100 或 110kΩ）后测量对地电压为 V_3，那绝缘电阻 $R = (V_1 - V_3/V_3) \times R$。

若 $V_1 < V_2$，则在负极并联电阻 R（50kΩ、100kΩ、110kΩ、150kΩ，最好选 100 或 110kΩ）后测量对地电压为 V_4，那绝缘电阻 $R = (V_2 - V_4/V_4) \times R$。

若 R 绝缘 $<500Ω/V$，则说明动力电池模块漏电，应将动力电池模块拆卸后交付厂家进行专业检修。

4）容量标定错误。外界人为因素对动力电池模块容量大小、当前 SOC 未进行标定匹配引起的错误。容量标定错误将会导致车辆的续驶里程与当前 SOC 值不匹配，严重情况下会出现续驶里程跳变或因驾驶人误判续驶里程导致车辆抛锚。

如果出现动力电池模块容量标定错误，请联系厂家工作人员进行处理。一般的处理方法是在条件允许的情况下，通过充电柜对车辆进行放电至车辆自动切断动力，然后给车辆进行充电至 SOC 为 100%，在 SOC 为 90% 左右时，通过前舱动力电池的诊断 CAN 口连接上位机，打开电池管理器监控系统，采集到车辆充电到 SOC 为 100% 时的本次充电容量，将此充电容量对应于 SOC 100% 重新标入电池管理器中，恢复车辆上电，车辆恢复正常。

如果不能通过充电柜对车辆进行放电，则需要在 SOC 尽量小的情况下将车辆停放在充电位上，开启 PTC 制热将车辆电量放电至动力自动切断，然后给车辆进行充电至 SOC 为 100%，在 SOC 为 90% 左右时，通过前舱的诊断 CAN 口连接上位机，打开动力电池管理器监控系统，采集到车辆充电到 SOC 为 100% 时的本次充电容量，将此充电容量对应于 SOC 100% 重新标入电池管理器中，恢复车辆上电，车辆恢复正常。

车辆电池管理器自带有修复功能，如果上述两种情况均无法操作，车辆在多次充放电后会将车辆容量修正为接近实际容量。

5）动力电池模块保护结构或自身被撞。由于外界人为或环境因素，可能导致动力电池模块在行驶过程中被撞到，严重情况下可能会导致动力电池模块内部芯体损坏。动力电池有多层设计保护措施，包括防撞钢管、防刮铁板、动力电池模块托盘。

如果防撞钢管被撞或者防刮铁板被撞坏，则需要更换新的配件；如果动力电池模块托盘刮伤，则需要补防锈漆、涂 PVC 胶；如果动力电池模块托盘严重变形，则将动力电池模块拆卸后交付厂家进行专业检修；如果动力电池模块内部进水，请立即联系厂家工作人员进行现场处理。

6）动力电池模块其他故障。动力电池模块出现其他故障，请立即联系厂家工作人员进行现场处理。

3. 动力电池管理系统线路结构

BMS 的主要功能有充放电管理、继电器控制、功率控制、动力电池异常状态报警和保护、SOC/SOH 计算、自检以及通信功能等；电池信息采集系统（BIC）的主要功能有电池电压采样、温度采样、电池均衡、采样线异常检测、通信等;动力电池采样线的主要功能是连接动力电池管理系统和电池信息采集器,实现二者之间的通信及信息交换,其线路结构组成有以下几种:

(1) BMS电源线路

如图3-7所示为动力电池管理模块线路原理图,从中可以看出,模块电源由两部分供给:一路由辅助蓄电池正极通过熔丝F1/4给BMS模块提供常火电源;另一路由IG3继电器通过熔丝F1/34给BMS模块提供IG起动电源;通过模块端子BK45B/2和BK45B/21提供接地。

动力电池管理系统
线路结构

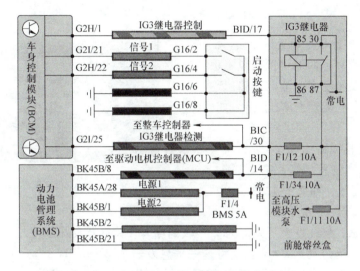

图3-7 动力电池管理模块线路原理图

新能源汽车的BMS既要参与点火开关打开后的工作及通信,还要满足车辆在点火开关关闭、充电时的工作及通信,所以BMS的+B电源的作用就是保证在这两个状态时BMS能正常工作及通信。如果+B电源出现故障,将导致BMS启动及通信失败,致使整车高压上电失败。

IG电源作为BMS的唤醒信号,同时为主正、主负及预充接触器提供工作电源,还作为BMS低压下电后启动休眠模式的时间参考信号。如果此电源出现故障,将导致主正、主负及预充接触器失去工作电源,致使高压上电失败。

(2) 动力电池信息采集系统(BIC)线路

BIC单元安装在动力电池内部,共4个BIC单元,如图3-8所示,以监测其中每个电池单体的电压和电池组的温度。BIC通过通信转换模块将相关信息上报BMS,并根据BMS的指令执行单体电压均衡。BIC包含采集模块、采集线束、温度传感器等,如图3-9所示。

(3) 接触器控制线路

在上、下电及充电过程中,高压线路有不同的路径,所以对路径要进行单独的控制和切换,这些切换控制都由动力电池组内部的接触器完成,从而实现电源分配、接通、断开。动力电池内部有3个接触器,分别为主正接触器、主负接触器、预充接触器。其中主正接触器主要控制动力电池输出的高压电流向负载;预充接触器是为了保护电机以及内部大容量电容

a) 电池通信转换模块

b) 电池信息采集系统

图 3-8　动力电池信息采集系统（BIC）及控制单元（BMU）

等感性负载，在初始接通状态下，不会因为电流过大而损坏，而通过预充电阻；主负接触器主要负责动力电池电能输出，断开后动力电池电能将无法输出，如图 3-10 所示。

（4）CAN 通信线路

BMS 的启动和信息传输都需要通过动力 CAN 总线完成，如图 3-11 所示为动力电池 CAN 总线线路原理图。

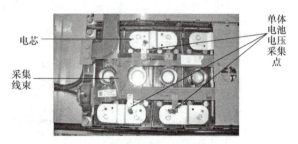
图 3-9　动力电池信息采集系统结构组成

踩住制动踏板，打开点火开关，BCM 接收到点火开关打开及踩制动踏板信息后激活，通过动力 CAN 总线将这一信息发送至 BMS，BMS 接收到此信息后被唤醒，同时进行自检及数据计算和读取，自检完成后，BMS 将动力电池电量值（SOC）、电池电压、电池温度等信息发送至总线；仪表接收到此信息后，显示电池电量及剩余行驶里程等信息；VCU 接收到此信息后，判断动力电池是否准备就绪，是否可以高压上电。

CAN 总线工作原理

VCU 判断结束后，通过动力 CAN 总线发送整车上电请求信息至 BMS，BMS 接收到此信息后对接触器控制进行高压上电；同时，在系统点火开关打开或充电时，VCU 通过动力 CAN 总线唤醒驱动电机控制器，使驱动电机控制器处于激活状态，使之为辅助蓄电池提供电源，保证辅助蓄电池电源持久、充足。

如果 BMS 通信的动力 CAN 总线出现故障，将导致以上信息无法进行交换，动力电池高压上电无法实现。

4. 动力电池的安全管理

动力电池的安全管理主要包含电池安全、高压互锁、高压绝缘、碰撞安全这四方面的管理。通过对这几方面的性能检测以及控制，就可以实现动力电池的安全使用，进而保证车辆的整体安全性能以及维护的安全性。

（1）电池安全

电池安全主要包括内部短路、大电流放电、气体排放、燃烧四个方面，其中内部短路是因为锂离子在负极堆积形成枝晶，刺穿隔膜，形成内部短路；而大电流放电是因为内部短

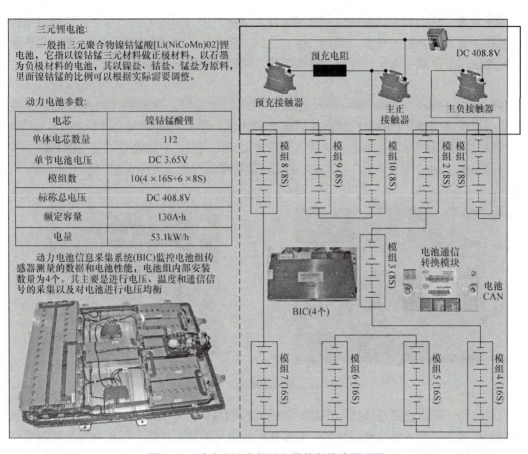

图 3-10　动力电池内部继电器控制线路原理图

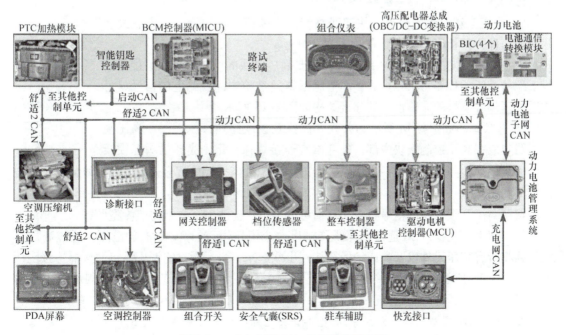

图 3-11　动力电池 CAN 总线线路原理图

路、隔膜穿透，从而产生巨大热量，温度上升，短路扩大，形成恶性循环；气体排放是因为电解液在大电流、高温下电解，产生气体，导致内压上升，严重时冲破壳体；燃烧是在壳体破裂时电池内部可燃物与空气接触，导致燃烧，同时引燃电解质发生爆炸。

（2）高压互锁

高压互锁（High Voltage Inter Lock，HVIL）的目的是用来确认整个高压系统的完整性的，当高压系统回路断开或者完整性受到破坏的时候，就需要启动安全措施了。HVIL 的存在，可以使得在高压母线上电之前，就知道整个系统的完整性，也就是说在电池系统主负接触器闭合给电之前就防患于未然。HVIL 主要通过插接器的低压连接回路完成的，如图 3-12 所示。

图 3-12 高压插接器互锁端子

高压互锁线路是在高压插接器内部增加低压检测线路，一般模块端插接器为两个插孔，线束端插接器为两个内部短路的插脚。如果高压线束的插接器连接，模块端插接器的两个插孔被线束端两个插脚短路接通，只要检测模块端两个线束的电压或波形状态，即可确认插接器连接状态，即可确认高压线路的完整性。

1）高压互锁线路的分类。按照线路特点，高压互锁线路分为串联式和并联式两种，其检测模块主要有 VCU 或 BMS。

① 串联式。通过一条低压线路，将主要高压模块的模块端高压插接器和线束端的高压插接器短路连接，整车控制系统通过检测此线路上的信号就可知道高压部件连接的完整性，其连接结构如图 3-13 所示。

高压互锁结构和工作原理

② 并联式。如图 3-14 所示为并联式高压互锁线路连接原理图。高压互锁线路集成在高压控制模块内部，外部没有连接线束，每个高压插头互锁线路由模块单独检测，如果某一高压插接器连接出现故障，模块就会立即判断出故障部位，方便检测和维修。

按照高压互锁线路的信号特点，目前可分为电压监测型、占空比监测型两种。

① 电压监测型。VCU 通过内部线路输出一个恒压恒流的 9V 左右的电压，通过高压互锁线路将所有高压元件以及高压线缆插接器串联起来，最后通过空调压缩机插接器连接至接地，如图 3-15 所示。高压插接器及元件连接正常无断开现象时，VCU 内部检测点 A 电压为 0；高压插接器及元件连接有任一断开现象时，VCU 内部检测点 A 电压为 9V 左右。

② 占空比监测型。整车控制系统通过模块内部产生一个频率恒定的占空比信号，通过端子输出至高压互锁线路，高压互锁线路将所有高压元件以及高压线缆插接器串联起来，最

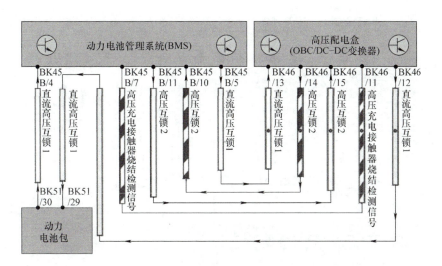

图 3-13 串联式高压互锁线路连接结构原理图

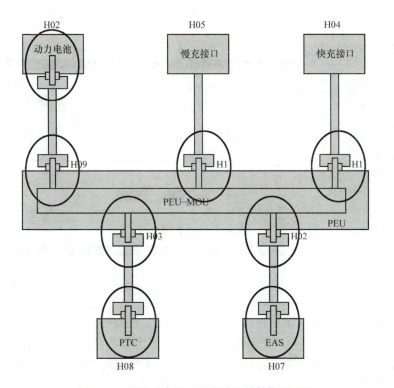

图 3-14 并联式高压互锁线路连接结构原理图

后通过另一条线路（检测回路）回到整车控制系统，如图 3-16 所示。高压插接器及元件连接正常无断开现象时，VCU 内部检测到另一条线路（检测回路）上为频率恒定的占空比信号，即判定高压系统连接处于完整状态；如果高压插接器及元件连接有任一断开现象时，VCU 内部将检测不到频率恒定的占空比信号，即判定高压互锁断开，启动系统保护功能，有可能导致高压不上电，车辆无法运行以及充电。

2）比亚迪（秦）EV 电动汽车系列高压互锁线路的组成。

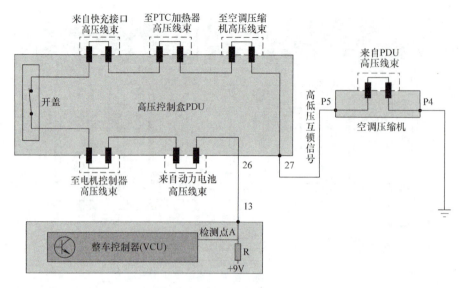

图 3-15　高压互锁线路原理图

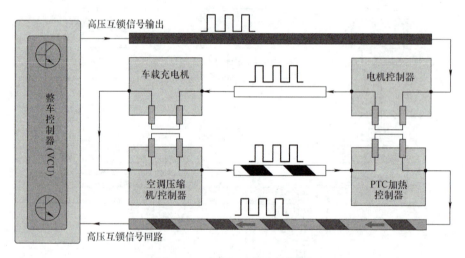

图 3-16　高压互锁线路结构图

比亚迪（秦）EV 电动汽车系列高压互锁线路主要分为两路：高压互锁 1 和高压互锁 2，如图 3-17 所示。高压互锁 1 用来检测直流高压插接器连接的完整性；高压互锁 2 用来检测交流（220V）高压插接器连接的完整性。两路高压互锁均由 BMS 进行检测，且均采用串联、占空比监测的方式。

（3）高压绝缘

《电动汽车安全要求》（GB 18384—2020）中明确定义：高压就是直流大于 60V 且小于 1500V、交流大于 30V 且小于 1000V，这是 B 级电压，就是通常说的新能源汽车的高压，这种电压会让人产生肌肉收缩、血压上升、呼吸困难甚至死亡，所以就带来了一个安全的问题。安全问题涉及面较广，包括车辆生产、使用、维修等都会给人带来触电的危险，所以简单说高压安全技术就是防止高压对人造成伤害的技术。

新能源汽车的绝缘状况以直流正负母线对地（车身）的绝缘电阻来衡量。电动汽车的

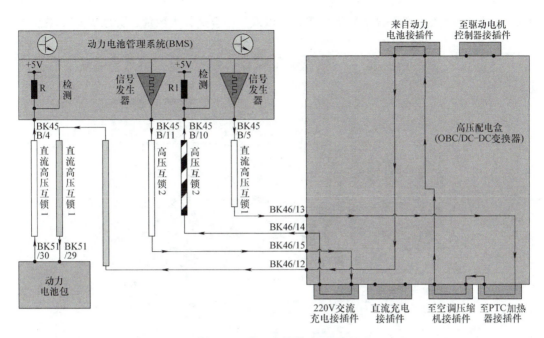

图 3-17 高压互锁线路原理图

国际标准规定,绝缘电阻值 R 除以电动汽车直流系统标称电压 U,结果应大于 $100\Omega/V$,才符合安全要求。

电气系统是新能源汽车的重要组成部分。根据不同用途,新能源汽车的电气系统通常分为低电压系统和高电压系统。前者为车辆的中央控制器和灯光、刷水器等提供电能,一般采用直流 12V 或 24V 电源,车用低电压系统的设计与结构布置采用相应的规范与标准,技术成熟、可靠性高。后者为车辆的驱动电机等大功率部件提供电能。

新能源汽车高压系统主要由慢充系统、驱动电机控制器和驱动电机、充配电管理单元、空调系统、连接电缆等电器设备组成。高压一般在直流 100V 以上,采用较高的电压规范,减小了电器设备的工作电流、降低了电器设备和整车集成的重量。但是,较高的工作电压对高电压系统与车辆底盘之间的绝缘性能提出了更高的要求。高压电缆线绝缘介质老化或受潮湿环境影响等因素都会导致高电压线路和车辆底盘之间的绝缘性能下降,电源正、负极引线将通过绝缘层和底盘构成漏电流回路,使底盘电位上升,不仅会危及乘客的人身安全,而且将影响低压电器和车辆控制器的正常工作。当高电压线路和底盘之间发生多点绝缘性能严重下降时,还会导致漏电回路的热积累效应,可能造成车辆的电器火灾。因此,实时、定量地检测高压电气系统相对车辆底盘的电器绝缘性能,对保证乘客安全、电器设备正常工作和车辆安全运行具有重要意义。

对于封闭回路的高压直流电气系统,其绝缘性能通常用电气系统中电源对地漏电电流的大小来表征。现在普遍使用的三种漏电流检测的方法是辅助电源法、电流传感法和桥式电阻法。本书重点介绍桥式电阻法。

如图 3-18 所示为桥式电阻法绝缘电阻监测线路结构原理图,A 点与动力电池正极相连,B 点与动力电池负极相连,O 点与车辆底盘相连。U_0 为动力电池高压电源的输出电压,R_{g1}、R_{g2} 分别为高压电源正、负极引线对底盘的一种等效绝缘电阻,此电阻的数值不是固定的,是随环境等各因素变化的，R 为限流电阻，可以取一个合适较大数值，如取 $R = 51\text{k}\Omega$。

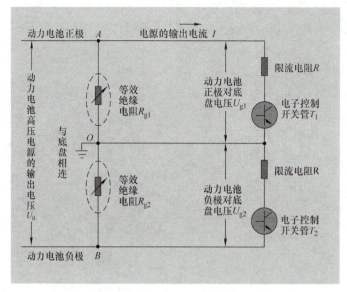

图 3-18　新能源汽车桥式电阻法绝缘监测线路结构原理图

T_1、T_2 为电子控制开关管，控制单元通过 T_1 和 T_2 让其导通与截止，改变点 A 和点 B 之间的等效电阻和 I，根据 U_0、I 和等效电阻之间的关系，便可以计算出 R_{g1} 和 R_{g2} 的阻值。

如图 3-19 所示为新能源汽车绝缘电阻测量原理，图中 R_{c1}、R_{c2} 为标准阻值为 $51\text{k}\Omega$。其监测的工作原理如下：相对电压 U_0 而言，开关管 T_1 和 T_2 的导通电压很小，可以忽略不计。在电动汽车运行过程中，电压 U_0 不是恒定不变的，其读数需要和电流 I 同时采集。

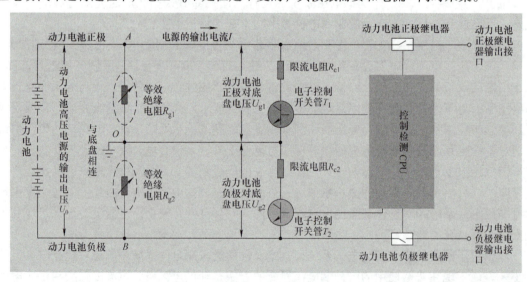

图 3-19　新能源汽车绝缘电阻测量原理

1）当 T_1 导通、T_2 截止时，桥式线路的等效形式为 R_{g1} 与 R_{c1} 并联后与 R_{g2} 串联，如图 3-20 所示。这时，电源电压为 U_{01}、电流为 I_1：

$$U_{01} = I_1 \left[R_{g2} + \frac{R_g R_{c1}}{R_{g1} + R_{c1}} \right]$$

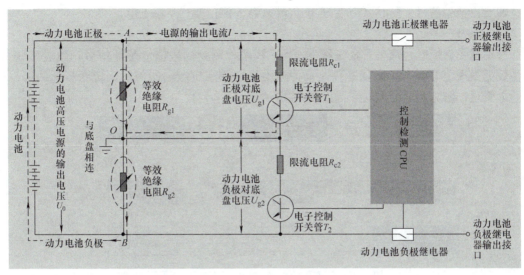

图3-20　T_1导通、T_2截止时，桥式线路等效形式

2）当T_2导通、T_1截止时，桥式线路的等效形式为R_{g2}与R_{c2}并联后与R_{g1}串联，如图3-21所示。这时，电源电压为U_{02}、电流为I_2：

$$U_{02} = I_2 \left[R_{g1} + \frac{R_{g2} R_{c2}}{R_{g2} + R_{c2}} \right]$$

当高压电源正、负极引线对底盘绝缘性能较好，满足$R_{g1} > 10 R_{c1}$、$R_{g2} > 10 R_{c2}$时，可以做以下近似处理：$R_{g1} R_{c1} / (R_{g1} + R_{c1}) \cong R_{c1}$，$R_{g2} R_{c2} / (R_{g2} + R_{c2}) \cong R_{c2}$。

由以上四式可得到：$R_{g1} = U_{02} / (I_2 - R_{c2})$，$R_{g2} = U_{01} / (I_1 - R_{c1})$。

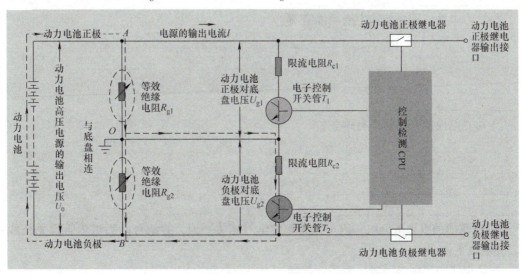

图3-21　T_2导通、T_1截止时，桥式线路的等效形式

3）如果绝缘电阻 R_{g1}、R_{g2} 之和小于 250kΩ，说明电流 I 大于 2mA，则 T_1 和 T_2 同时截止，电源的正、负极引线电缆对底盘的绝缘性能都不好，检测系统不再单独检测 R_{g1} 和 R_{g2}，并立即发出警告信号，同时 BMS 断开正负继电器，停止整车高压上电。

（4）碰撞安全

汽车遭受碰撞时，汽车安全气囊（SRS）模块检测到的碰撞传感器信号，通过 CAN 总线将数据发送至 BMS，BMS 随即控制动力电池组内部高压继电器关闭，切断高压回路，执行下电管理，防止触电事故发生，如图 3-22 所示。

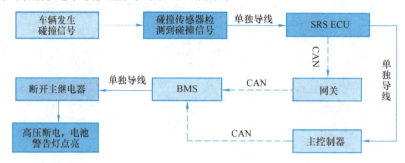

图 3-22　汽车安全气囊（SRS）模块工作原理

任务实施

1）在教师的引导下，以小组为单位学习相关技能，并完成下列作业。

① 动力电池管理系统包括有哪些？

_____

_____

_____。

② 动力电池管理系统的主要功能有哪些？

_____

_____

_____。

③ 动力电池的安全管理有哪些？

_____

_____

_____。

2）在教师的引导下分组，以小组为单位学习相关知识，并结合动力电池管理系统线路图，完成以下作业。

① 认识线路图中的元素、编码、规则。

② 勾画出线路图中的系统通信线路。

③ 在车辆上查找系统部件，绘制部件线路图。

④ 按照下列表格索引，测量线路和元件标准值，并完成下列数据采集表格。

工作任务	动力电池管理系统线路和元件标准值采集
① 结合所学知识及维修手册，绘制动力电池管理系统相关线路图	

② 根据所绘制的线路图，写出动力电池管理系统控制器各端子的端子定义和电压特性

端子号	端子信息详细说明	正常电压状态

评价反馈

一、学习效果评价

找一辆不同车型的新能源汽车，完成与本任务相同的作业。

二、学习过程评价

项目	评价内容	评价等级		
		A	B	C
关键能力考核项目	遵守纪律，遵守学习场所管理规定，服从安排			
	安全意识、责任意识、5S 管理意识、注重节约、节能与环保			
	学习积极主动，能参加安排的实习活动			
	团队合作意识，注重沟通，能自主学习及相互合作			
	仪容仪表符合活动要求			
专业能力考核项目	按时按要求独立完成工作页、任务			
	工具、设备选择得当，工具、设备使用符合技术要求			
	操作规范，符合要求			
	学习准备充分、齐全			
	注重工作效率与工作质量			
	技能点 1：			
	技能点 2：			
小组评语及建议		组长签名： 年　月　日		
老师评语及建议		老师签名： 年　月　日		

任务拓展

1）能够详细描述动力电池热管理工作逻辑。
2）查阅其他车型资料对比功能区别。

动力电池热管理

动力电池最佳的工作温度为25℃左右，但动力电池工作电流大，产生热量多，同时电池包处于一个相对封闭的环境，就会导致动力电池的温度上升。同时，在低温下充电及车辆行驶中，将导致动力电池性能急剧下降。因此，电动汽车通过引入外部暖风、空调热源、空调冷源，实现低能耗热管理控制，增加车辆续驶里程。

电动汽车整车热管理结构组成包括暖风控制系统、空调制冷控制系统、动力电池液体温控循环系统三大部分，如图3-23所示。动力电池热管理系统将空调、暖风部分的液体温控循环系统与动力电池的液态温控系统打通，中间通过一个四通阀对冷却液进行导向，通过空调制冷系统以及板式热交换器，为动力电池进行强制预热及强制冷却。

整车热管理结构组成

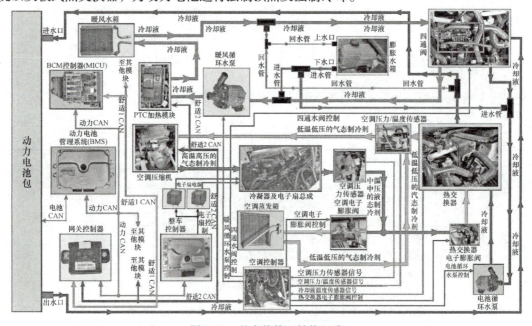

图3-23 整车热管理结构组成

按系统功能分，热管理模式分为：预热管理、强制冷却、内循环管理三种；按工作状态分为运行热管理和充电热管理。所以在运行热管理、充电热管理中又包含预热管理、强制冷却、内循环管理。

1. 运行预热

在车辆运行（放电）模式下，当动力电池温度低于0℃时加热开启，高于3℃加热关闭。图3-24中蓝色虚线所指为运行预热循环控制图。运行预热引入暖风部分工作时所产生的热源，由冷却液作为介质，通过接通后的四通阀将液体导向动力电池组。这既能给电池芯快速加温，又完全不消耗动力电池的电量。一旦动力电池温度达到标定值，四通阀就会断开连接。断开后的空调暖风系统，与动力电池的温控系统恢复各自独立运行。

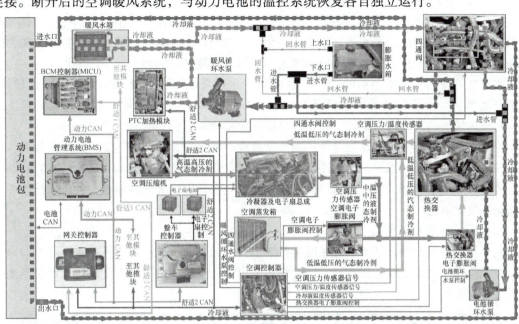

图 3-24　运行预热循环控制图（见彩插）

如图 3-25 所示为热循环系统线路原理图。BMS 将动力电池温度预热请求信息通过动力 CAN 发送至网关控制器，网关控制器接收到动力电池的预热请求信息后，将速率为 500kbit/s 的数据转换为速率为 125kbit/s 的数据，通过舒适 2CAN 总线发送至空调控制器及 PTC 加热控制器。

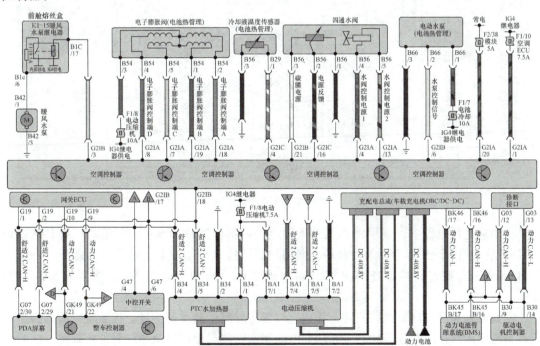

图 3-25　热循环系统线路原理图

PTC 加热控制器接收到预热请求信息后启动，开始加热冷却液。空调控制器接收到预热请求信息后通过四通水阀位置传感器检测水阀位置，然后接通动力电池回流的冷却管路与暖风水泵进水管路，同时暖风水箱出水管路与动力电池循环水泵进水管路接通。空调控制器控制暖风水泵继电器工作，暖风水泵电源接通，暖风水泵运转，为冷却液循环提供压力。

此时空调控制器根据当前的冷却液温度信息通过端子 G2IB/6 输出 PWM 占空比信号，控制电池水泵运转速度（冷却液流量）。占空比越大，水泵转速越高，反之，水泵转速越低，管路内加热的冷却液开始流动至动力电池箱内部冷却管路，为动力电池预热。

同时空调控制器通过冷却液温度传感器检测冷却液温度，当温度达到设定的阈值后，四通水阀旋转，接通暖风水箱出水管路与暖风水泵进水管路，同时接通动力电池回水管路与动力电池循环泵进水管路，此时暖风循环管路和动力电池内部循环管路隔断，各自根据当前系统的状态独立运行。

2. 运行中的内循环管理

在车辆运行过程中，动力电池温度会持续上升，如果不加以控制，将严重影响动力电池性能，甚至发生火灾事故。因此动力电池设置了内循环系统，以降低电量消耗及延长电池使用寿命。其循环过程如图 3-26 所示。

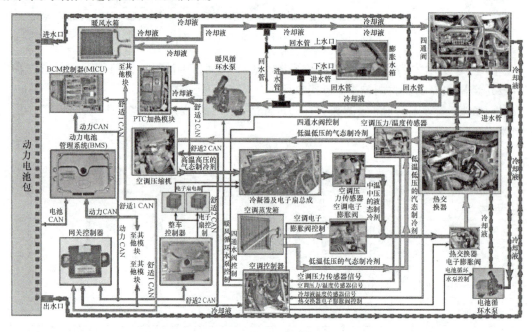

图 3-26 内循环管理图

在车辆运行过程中，当 BMS 检测到动力电池内部温度达到设定的阈值时，就会通过动力 CAN 发送热管理信息至网关控制器，网关控制器接收到动力电池热管理信息后，将速率为 500kbit/s 的数据转换为速率为 125kbit/s 的数据，通过舒适 2CAN 总线发送至空调控制器。

空调控制器控制四通水阀旋转，并通过位置传感器检测水阀位置，接通暖风散热器出水管路与暖风水泵进水管路，同时接通动力电池回水管路与动力电池循环泵进水管路，此时暖风循环管路和动力电池内部循环管路隔断，各自根据当前系统的状态独立运行。同时，空调控制器根据当前的冷却液温度信息通过端子 G2IB/6 输出 PWM 占空比信号,控制电池水泵运转速度(冷却液流量)。占空比越大,水泵转速越高,反之,水泵转速越低,管路内加热的冷却液开始流动至动力电池箱内部冷却管路,为动力电池散热。

3. 运行中的强制冷却

在内循环过程中,BMS 检测动力电池温度,当动力电池温度高于预设的阈值时(38℃),BMS 发出动力电池强制冷却请求信息至网关控制器,网关控制器接收到动力电池强制冷却请求信息后,将速率为 500kbit/s 的数据转换为速率为 125kbit/s 的数据,通过舒适 2CAN 总线发送至空调控制器和空调压缩机控制单元。

如图 3-27 所示为运行散热(冷却)循环控制图,蓝色虚线条为冷却液流动方向,绿色虚线条为空调制冷剂流动方向。

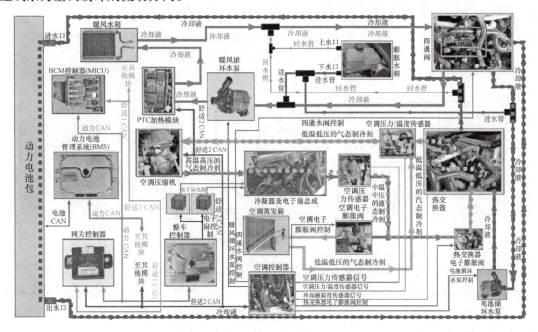

图 3-27 运行散热(冷却)循环控制图(见彩插)

如图 3-28 所示为热管理控制线路原理图。空调压缩机控制单元接收到强制冷却请求信息后,启动空调压缩机运行,制冷剂开始循环流动。空调控制单元根据当前冷却液温度传感器数据控制热交换器电子膨胀阀工作,调节进入板式热交换器的制冷剂流量。如果此时空调制冷功能没有打开,空调控制器将通过空调电子膨胀阀关闭去往驾驶室内蒸发箱的制冷管路。

此时,动力电池水泵高速工作,通过板式热交换器降低从动力电池内部流出的冷却液温度,再通过动力电池水泵压入动力电池箱内部冷却管路,形成散热冷却循环,降低动力电池温度。

当空调控制单元通过冷却液温度传感器检测到动力电池温度低于 32℃时,空调控制器通过舒适 2CAN 总线发送空调压缩机停止命令至空调压缩机控制单元,空调压缩机控制单元停止空调压缩机运行,制冷剂停止循环,强制冷却结束,系统进入内循环模式。

4. 充电预热

在低温条件下充电，BMS 系统因动力电池内部温度低而对充电电流进行限制，只能在十几安甚至几安的状态下充电，只有在经过较长时间的低速充电之后，因电池芯自然升温，充电电流才慢慢提高。这严重影响充电时间，尤其是快充。

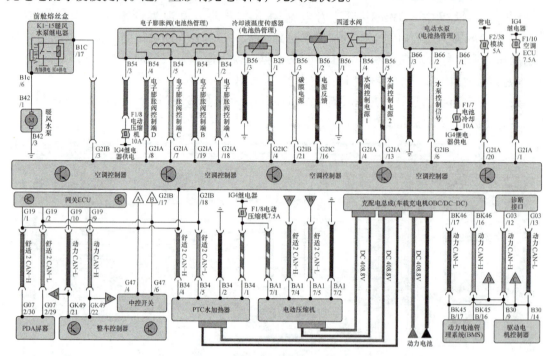

图 3-28　热管理控制线路原理图

车辆配置有充电前的预热方案，如果环境温度过低，在连接充电桩之后，系统首先对动力电池进行预加温。当动力电池内部温度迅速达到合适的数值后，再启动快速充电。这不仅减少了充电时间，同时还避免低温状态下快充对电池芯可能造成的伤害，其控制方式与运行预热相同，此处不再重复。

慢充电模式：当动力电池温度低于 0℃ 时加热开启，高于 3℃ 时加热关闭。

快充电模式：当动力电池温度低于 10℃ 时加热开启，高于 12℃ 时加热关闭。

5. 充电中的强制冷却

慢充模式：当动力电池温度高于 38℃ 时冷却开启，低于 32℃ 时冷却关闭。

快充模式：动力电池温度高于 32℃ 时冷却开启，低于 28℃ 时冷却关闭。

其控制方式与内循环管理和运行强制冷却控制方式相同，此处不再重复。

任务 2　动力电池管理系统常见故障分析与诊断

任务描述

一辆电动轿车，来到修理厂修理，车主向业务员主诉车辆仪表提示检查动力电池，高压不能上电。您作为服务顾问，试车后请确定故障严重程度。跟客户说明维修的大约用时和费用。

任务目标

1. 知识目标

1）能描述电动汽车动力电池控制系统的结构和工作原理。

2）能描述电动汽车动力电池控制系统故障产生机理和工作原理。

3）能描述电动汽车 CAN 总线控制的基本结构和工作过程。

4）能描述与动力电池控制系统有关的部件，并能准确描述其工作原理。

2. 能力目标

1）可以借助原厂资料（维修手册）准确描述电动汽车动力电池控制系统的结构和工作原理。

2）能借助原厂维修资料和对车辆的理解，对动力电池高压上电故障进行系统分析。

3）能借助原厂维修资料和对车辆的理解，对动力电池控制系统控制单元工作异常故障进行系统分析。

4）能借助原厂维修资料和对车辆的理解，对车辆动力电池无法上电常见故障进行系统分析。

3. 素质目标

1）能够按照企业 5S 要求和安全生产规范进行操作。

2）具有一定的沟通能力和团队合作能力。

4. 拓展目标

1）能对同一车型的动力电池控制系统故障进行诊断与排除。

2）能对其他车型的同类故障进行诊断与排除。

任务准备

1）防护装备：常规实训着装。

2）车辆、台架、总成：比亚迪（秦）EV 电动汽车整车或比亚迪（秦）EV 电动汽车整车解剖平台。

3）专用工具、设备：高压防护工具套装。

4）辅助材料：对应车型比亚迪（秦）EV 电动汽车线路图及维修手册。

知识准备

一、无法上电常见故障现象

1）踩制动踏板，打开点火开关，上电运行"OK"灯无法点亮，动力电池主正和预充接触器接通后立即断开或直接不动作，系统无法上电。

2）连接慢充设备和电缆，动力电池主正和主负接触器接通后立即断开或直接不动作，系统无法充电。

3）连接快充设备和电缆，动力电池主正和主负接触器接通后立即断开或直接不动作，系统无法充电。

二、无法上电常见故障分析

如图 3-29 所示为 BMS 线路原理图，结合 BMS 结构和工作原理可知 BMS 对外主要由电源线路、通信线路和快充线路组成。

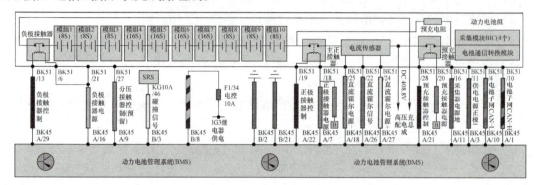

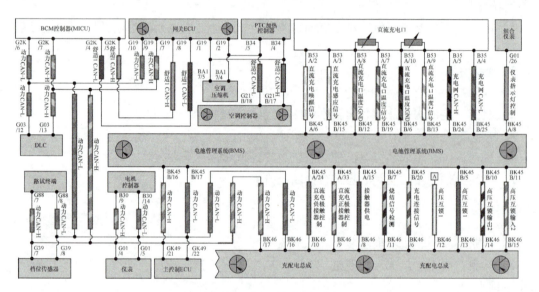

图 3-29　BMS 线路原理图

BMS 及动力电池组作为车辆运行的能量储备及输送单元，其安全监测和故障处理机制条件非常高，因此在车辆准备启动及正常运行时，BMS 是决定车辆高压能否上电的主要条件之一。如果 BMS 出现故障，将造成整车其他控制单元无法获知动力电池电量（SOC）、车辆准备状态以及车辆运行状态（行驶、充电），造成 BMS 无法控制内部主正、主负、预充接触器的动作，致使高压不上电，同时车辆行驶及其他辅助功能也将受限。

动力电池内部温度、单体电池电压、电池组电流是衡量电池组健康（SOH）的主要因素，单体温度、单体电压和电池组电流由数据采集模块采集并监控，同时数据采集模块还对电池组单体电池电压进行均衡，使所有单体电池电压达到一致性。如果 BIC 出现故障，BMS 有可能启动保护功能，导致输出电量受限，严重时中断整车高压上电。

BMS 常见的故障现象是车辆上电失败或输出功率受限，而其成因主要包括：

1）至 BMS 的 CAN 总线开路、虚接或短路故障。

2）BMS 电源线路开路、虚接、短路或其自身故障。

3）动力电池组高压输出线路故障。

4）动力电池组内部电流、电压传感器或其线路开路、虚接、短路故障。

5）动力电池组内部主正、主负、预充接触器控制线路或自身故障。

6）动力电池内部高压互锁信号及线路开路、虚接、短路故障。

7）电池组内部温度传感器信号及线路开路、虚接、短路故障。

8）动力电池子网开路、虚接或短路故障。

9）BIC 供电电源开路、虚接或短路故障。

10）电池通信转换模块电源开路、虚接或短路以及自身故障。

11）电池通信转换模块通信开路、虚接或短路故障。

12）BIC 电源开路、虚接或短路以及自身故障。

13）BIC 通信开路、虚接或短路故障。

14）BMS 对动力电池进行过温、过电压、过电流保护。

15）动力电池电量过低,导致整车无法启动。

在对 BMS 及动力电池组做故障分析时,要结合系统线路和观察到的现象认真分析,逐步缩小故障范围。动力电池由于技术和安全问题,一般不允许打开,只有厂家专业人员才被允许打开电池包进行诊断和检修,所以只对动力电池组外部线路及信号做诊断分析。

故障现象 1:

踩制动踏板数次并保持,打开点火开关,仪表正常点亮;但动力电池电量 SOC 无法显示,高压接触器没有发出"咔嗒"的工作声,仪表上可运行指示"OK"灯无法点亮;同时仪表上的动力电池故障指示灯、主警告灯、动力系统警告灯、充电系统警告灯、ESP 故障灯、EPS 警告灯、ABS 警告灯、制动系统警告灯、安全气囊警告灯、安全带警告灯、轮胎压力警告灯点亮;仪表中部循环显示"请检查车辆网络""请检查动力系统""请检查电子驻车系统""请检查 SRS 系统""请检查胎压检测系统""请检查 ABS 系统""请检查档位系统""请检查 ESP 系统""请检查转向系统",如图 3-30 所示;车辆无法换入 D 位或 R 位,即车辆无法行驶。

图 3-30　仪表信息显示图 1

仪表无法显示 SOC 值,说明 BMS 到组合仪表之间无法传递电量信息;加上仪表显示 ESP、EPS、ABS 有故障,而这些系统均位于 ESC-CAN 上,仪表要与这些模块进行通信,必须经过动力 CAN、网关控制器、ESC-CAN,再与这些模块进行通信;仪表显示高压配电总成、驱动电机控制器、整车控制器这些系统有故障,而这些模块均位于动力 CAN,如

图3-31所示；根据概率原则，这些模块及总线同时损坏的概率不高，只能是某个关键的节点出现故障。组合仪表要正常显示，动力 CAN 总线必须正常，动力 CAN 总线要想正常工作，除了各模块电源、通信线路正常外，还有一个基本条件，即终端电阻须完好，才能保证整个网络通信正常。而在动力 CAN 中，终端电阻在网关控制器与 BMS 中。其中各模块的电源和不带终端电阻的模块及通信线路不会影响整个动力 CAN 通信，只会影响自身的通信，而终端电阻故障将会导致整个动力 CAN 通信异常。

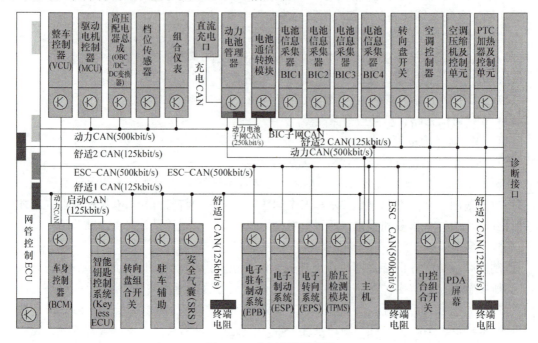

图 3-31　车辆总线结构图

综合以上分析，基本可以确认为 BMS 或网关控制器的动力 CAN 通信故障，其具体原因为：

1）BMS 的动力 CAN 通信线路开路、虚接或短路故障。
2）仪表自身局部故障。
3）网关控制器的动力 CAN 通信线路开路、虚接或短路故障。
4）网关控制器自身局部故障。

故障现象 2：

踩制动踏板数次并保持，打开点火开关后，仪表正常点亮，但高压接触器没有发出"咔嗒"的工作声，此时，仪表上可运行指示"OK"灯无法点亮，而动力电池故障指示灯点亮，且 SOC 无法显示，如图 3-32 所示；车辆无法换入 D 位或 R 位，即车辆无法行驶。

动力电池故障指示灯点亮，说明 BMS 此时出现异常；仪表无法显示 SOC 值，说明 BMS 到组合仪表之间无法传递电量信息；而整车控制系统故障灯、主警告灯、ABS、ESP 等驱动系统故障灯没有点亮，说明动力 CAN 通信正常；加上高压不上电，大概率说明 BMS 没有启动工作。而导致以上现象的具体原因可能为以下的一项或多项：

1）BMS 电源（+B）线路开路、虚接或短路故障。

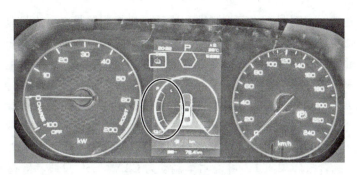

图 3-32 仪表信息显示图 2

2）BMS 自身局部故障。

故障现象 3：

1）按压车辆遥控器，解锁或闭锁车辆时，仪表中部显示屏亮起后仪表激活，同时仪表上动力电池故障指示灯激活点亮，如图 3-33 所示。

图 3-33 仪表信息显示图 3

2）接着进入车内，踩制动踏板数次并保持，打开点火开关后，仪表正常点亮，但高压接触器没有发出"咔嗒"的工作声，仪表上可运行指示"OK"灯没有点亮，动力电池故障指示灯一直点亮，但动力电池电量 SOC 显示正常，仪表再无其他警告灯点亮或提示文字显示，如图 3-34 所示；车辆无法换入 D 位或 R 位。

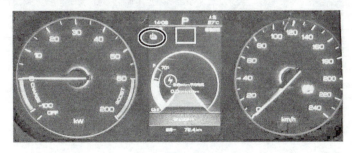

图 3-34 仪表信息显示图 4

3）接着按压启动按键，使车辆下电。此时仪表正常熄灭，但是动力电池故障指示灯一直点亮，15s 后自行熄灭。

在点火开关关闭车辆进入休眠模式下时，使用遥控器解锁，BCM 会被激活，BCM 激活后将网关控制器、动力 CAN 总线激活，此时动力总线上只有 BMS 和组合仪表在通信（由于动力总线上连接的档位控制器、整车控制器、驱动电机控制器是由点火控制 IG 供电及唤醒，所以此时档位控制器、整车控制器、驱动电机控制器不工作，即不接收和发送任何信息；由于没有连接充电枪，暂时不考虑高压配电总成的因素），而同时 BMS 通过电池子网、电池通信转换模块以及 4 个 BIC 通信，以获取当前单体电池温度、电压、总电压等信息，如果此时 BMS 无法获取动力电池内部的信息，则会进入过载保护模式，同时，通过动力 CAN 总线发送故障信息至组合仪表，仪表点亮动力电池故障指示灯，提示当前动力电池系统出现故障。

在打开点火开关后，除动力电池故障指示灯一直点亮、"OK" 灯无法点亮外，再无其他任何提示信息，结合故障现象 1，可说明车辆动力 CAN、ESC 总线、舒适总线以及启动总线正常，同时这些系统低压上电自检均正常；电池电量 SOC 有显示，说明 BMS 工作、通信正常。

在关闭点火开关后，动力 CAN 中 BMS 和组合仪表是最后进入休眠模式的，所以导致仪表上动力电池故障指示点亮 15s 后熄灭，即 15s 后 BMS 和组合仪表进入休眠模式。

结合以上信息，基本可确认为动力电池包内部故障，致使 BMS 检测到故障信息并存储，其具体原因为：

1）动力电池子网开路、虚接或短路故障。
2）BIC 供电电源开路、虚接或短路故障。
3）电池通信转换模块电源开路、虚接或短路以及自身故障。
4）电池通信转换模块通信开路、虚接或短路故障。
5）BIC 电源开路、虚接或短路以及自身故障。
6）BIC 通信开路、虚接或短路故障。

故障现象 4：

踩制动踏板数次并保持，打开点火开关后，仪表正常点亮，动力电池电量 SOC 显示正常，制动踏板高度反应正常，上电过程中能听见前机舱真空泵正常运转声；但高压接触器没有发出"咔嗒"的工作声，仪表上可运行指示"OK"灯无法点亮，系统主警告灯点亮，同时仪表中部文字提示"EV 功能受限"，如图 3-35 所示；车辆无法换入 D 位或 R 位。

图 3-35　仪表信息显示图 5

所谓的 EV 功能，就是指车辆高压电器、高压线路以及低压驱动系统所承担的车辆高压上电、动力控制功能，如动力电池高压上电/下电控制（包括继电器控制、高压互锁检测、绝缘检测、温度检测、电压检测等）、驱动电机控制、充配电总成控制、高压控制功能，以及由 VCU、档位控制器、ESP 等低压控制功能。而在这些功能控制中，如果高压互锁监测、绝缘检测、单体电池电压/温度监测、电流监测、驱动电机及 MCU 检测、充配电总成检测等出现异常，将导致车辆在高压上电过程中监测到异常，致使高压不上电或上电失败，同时，仪表将点亮主警告灯，并提示"EV 功能受限"。而如果驱动系统以及 ESP 系统出现故障，在换档行驶过程中，仪表也将点亮主警告灯，并提示"EV 功能受限"，此时车辆限速 9km/h，踩加速踏板无反应。由此可以看出，"EV 功能受限"的成因很多、范围很广。

仪表上动力电池故障指示灯没有点亮，由此可确认 BMS 与电池子网和电池通信转换模块以及 4 个 BIC 通信正常，即单体电池电压/温度监测等正常，同时也说明 BMS 自身、+B 电源（记忆、通信及电池通信转换模块、4 个 BIC 供电电源）、电池通信转换模块以及 4 个 BIC 基本正常。

制动真空泵正常运转、制动踏板高度下降，说明 VCU 电源、通信基本正常；档位控制器、ESP 故障不影响高压上电，暂时不考虑这些部件是否有故障；故障现象中未涉及充电，所以充配电总成暂时也不考虑。

因此，可以确认其故障一般为高压控制、检测以及温度、电压等造成系统保护，其原因为以下的一项或多项：

1) BMS 内故障（过温、过电压、过电流）造成系统保护。
2) 主正接触器控制和电源开路、虚接、短路。
3) 主负接触器控制和电源开路、虚接、短路。
4) 预充接触器控制和电源开路、虚接、短路。
5) 高压互锁信号 1 开路、虚接、短路。
6) 高压互锁信号 2 开路、虚接、短路。
7) DC - DC 变换器故障造成系统保护。
8) 高压绝缘故障造成系统保护。
9) BMS 的 IG 电源故障。

三、DTC 分析

系统控制单元根据需要实时监测特定的元器件、数据通信及线路的电压、信号。如果受监测的元器件、数据通信及线路的电压、信号出现波动或异常，在设定时间内控制单元将确认此元器件、数据通信及线路是否出现故障，随即在 ROM 中调取一个和电压以及信号异常相对应的代码，存储于控制单元 RAM 中，这就是故障码，即 DTC。

连接故障诊断仪器，打开点火开关，操作诊断仪器，通过 VCU、BMS，读取故障码，实测过程中会遇到三种情况：

1) 诊断仪器可以正常和 VCU、BMS 通信，但系统没有故障记忆。
2) 诊断仪器可以正常和 VCU、BMS、MCU、充配电管理单元等通信，并能读取到系统中所存储的故障码。
3) 诊断仪器不能正常和 VCU、BMS 等通信，从而无法读取系统中所存储的故障码。

如图 3-36 所示为诊断仪器和 VCU、BMS 之间的通信原理图，从中可以看出，诊断仪器操作诊断仪器连接线、无线或蓝牙通信、OBD - Ⅱ诊断接口、CAN 总线与 VCU、BMS 或其他控制单元进行通信。

如果诊断仪器无法进入车辆所有系统，则可能是诊断仪器、诊断连接线、无线或蓝牙通信、OBD - Ⅱ诊断接口、CAN 总线中的一个或多个出现故障；如果只是某个控制单元无法

访问,则可能是该控制单元或其电源线路、相邻的 CAN 总线区间出现故障。诊断仪器无法进入,原因有以下几种:

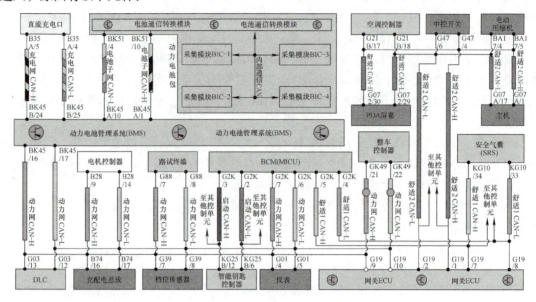

图 3-36 数据诊断通信线路图解

1) 诊断接口电源故障。
2) 新能源 CAN 线路故障。
3) 诊断 CAN 线路故障。
4) VCU 模块电源、通信线路或自身故障。
5) BMS 电源、通信线路或自身故障。
6) MCU 电源、通信线路或自身故障。
7) 充配电管理单元电源、通信线路或自身故障。

在利用故障码进行故障诊断时,一定要仔细阅读故障码的定义和生成的条件,从中可以明确故障码的生成机理,并根据机理确定验证故障码真实性的方法,进而有利于提高诊断效果。利用故障码进行故障诊断时按以下步骤进行:

1) 读取故障码,查阅资料了解故障码的定义和生成条件。
2) 必要时验证故障码的真实性,验证的方法也分两步。
① 清除故障码、模仿故障工况运行车辆、再次读取故障码。
② 通过数据流或在线测量值来判定故障真实性,并由此展开系统诊断。

无码分析:如果没有故障码显示,那就需要技术人员结合故障现象,分析系统线路图,列举故障可能,并按照正确的流程,利用合适的测试设备,进行正确的测量,从而发现故障所在。

四、故障诊断

面对动力电池无法上电这类故障,如果诊断及处理失误将会给企业和个人造成相当大的损失。正确的诊断及处理,不可能来自于盲目的主观臆断,而应该是建立在获取与故障有关信息的基础上，依据 VCU、BMS、MCU、充配电管理单元等工作原理以及控制结构，运用科学的分析方法，按照合理的步骤进行综合分析，去伪存真、舍次取主，排除故障受害者，找出故障肇事者，这才是提高故障诊断准确性的关键所在。为了便于分析，不至于被众多杂乱无章的信息扰乱思路，需要结合线路原理图，遵从以下流程进行诊断维修。BMS 故障造成无法上电诊断流程，如图 3-37 所示。

BMS 故障造成无法上电诊断流程

根据系统的结构原理，对制动开关、点火开关 IG、主正、主负及预充接触器控制、电源、VCU、BMS、MCU、充配电管理单元、动力 CAN 总线、舒适 CAN 总线、高压互锁等电源、信号线路进行检测，检测方法参照本资源库的相关内容。

根据系统的结构原理，对制动开关、点火开关、正负继电器、VCU、BMS 等元器件进行检测，检测方法参照本资源库的相关内容。

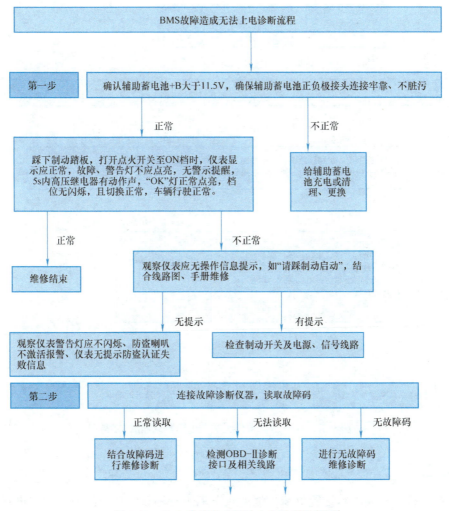

图 3-37　BMS 故障造成无法上电诊断流程图

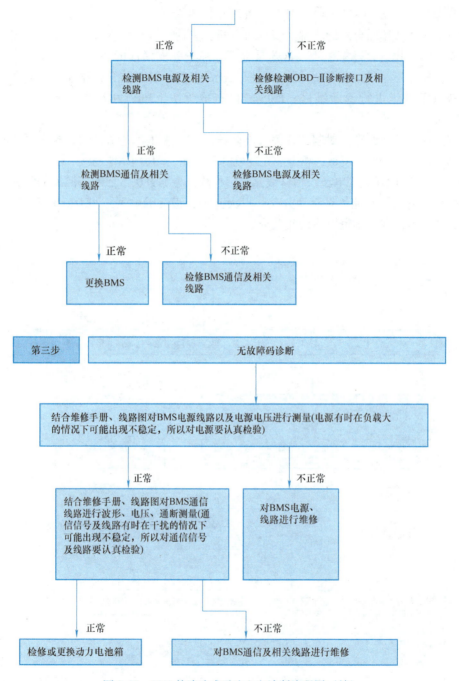

图 3-37 BMS 故障造成无法上电诊断流程图（续）

任务实施

1）教师根据下表内容设置故障，学生对车辆进行测试，确认故障现象，进行系统分析，并得出故障可能原因。（配微课和视频以指导教师设置故障）

项目3 动力电池管理系统认知与检修

序号	故障部位	故障性质	故障现象
1	至BMS的CAN总线	开路、虚接或短路	仪表指示"OK"灯无法点亮;同时仪表上的动力电池故障指示灯(红色)等多个灯点亮,且动力电池电量SOC无法显示;仪表中部循环显示"请检查车辆网络""请检查动力系统"
2	BMS电源线路	开路、虚接、短路或其自身故障	
3	BMS电源(+B)线路	开路、虚接或短路	仪表上指示"OK"灯无法点亮,而动力电池故障指示灯(红色)点亮,且SOC无法显示,车辆无法换入D位或R位,即车辆无法行驶
4	BMS自身	局部故障	
5	动力电池子网	开路、虚接或短路以及自身故障	仪表上指示"OK"灯没有点亮,动力电池故障指示灯(红色)一直点亮,但动力电池电量SOC显示正常,仪表再无其他警告灯点亮或提示文字显示,车辆无法换入D位或R位
6	电池通信转换模块电源		
7	BIC电源		
8	BMS	自身故障(过温、过电压、过电流)造成系统保护	仪表正常点亮,动力电池电量SOC显示正常,制动踏板高度反应正常,上电过程中能听见前机舱真空泵正常运转声;仪表上可运行指示"OK"灯无法点亮,系统主警告灯(黄色)点亮,同时仪表中部文字提示"EV功能受限",车辆无法换入D位或R位
9	主正/负接触器控制和电源	开路、虚接、短路	
10	预充接触器控制和电源		

2)完成工作页填写。

故障现象描述	(包括故障现象和故障码)	得分
分析故障现象得出可能的故障原因	(结合故障现象及故障码进行故障分析,并得出故障的可能原因)	

评价反馈

1)小组讨论。

2)各小组互评。

3)教师记录过程并进行评价。

项目	评价内容	评价等级		
		A	B	C
关键能力考核项目	遵守纪律,遵守学习场所管理规定,服从安排			
	安全意识、责任意识、5S管理意识,注重节约、节能与环保			
	学习积极主动,能参加安排的实习活动			
	团队合作意识,注重沟通,能自主学习及相互合作			
	仪容仪表符合活动要求			

(续)

项目	评价内容	评价等级		
		A	B	C
专业能力考核项目	按时按要求独立完成工作页、任务			
	工具、设备选择得当,工具、设备使用符合技术要求			
	操作规范,符合要求			
	学习准备充分、齐全			
	注重工作效率与工作质量			
	技能点1:			
	技能点2:			
小组评语及建议		组长签名: 年　月　日		
老师评语及建议		老师签名: 年　月　日		

任务3　动力电池管理系统常见故障诊断与排除

任务描述

　　一辆电动轿车来到修理厂修理,车主向业务员主诉车辆无法充电。服务顾问试车后确定此故障为动力电池管理系统异常。请你在约定的时间内对车辆进行检修,完成诊断报告单,将修好的车辆返还业务部门,并给客户提供用车建议。注意填写后附件中的汽车维修服务接车单。

任务目标

1. 知识目标

1）能描述电动汽车动力电池控制系统的结构和工作原理。
2）能描述电动汽车动力电池控制系统故障产生机理和工作原理。
3）能描述电动汽车 CAN 总线控制的基本结构和工作过程。
4）能描述与动力电池控制系统有关的部件,并能准确描述其工作原理。

2. 能力目标

1）可以借助原厂资料（维修手册）准确描述电动汽车动力电池控制系统的结构和工作原理。
2）能编制动力电池控制系统高压上电异常的故障树（诊断流程）。
3）能借助原厂资料和诊断设备,按照编制的故障树（诊断流程）进行系统诊断,以确定故障所在。
4）能正确排除诊断出的故障,并对车辆进行试验,以确保车辆运行正常。

5)能正确完成诊断报告,并给客户提供用车建议。

3. 素质目标

1)能够按照企业 5S 要求和安全生产规范进行操作。
2)具有一定的沟通能力和团队合作能力。

4. 拓展目标

1)能对同一车型的动力电池控制系统故障进行诊断与排除。
2)能对其他车型的同类故障进行诊断与排除。

任务准备

1)防护装备:常规实训着装。
2)车辆、台架、总成:比亚迪(秦)EV 电动汽车整车或比亚迪(秦)EV 电动汽车整车解剖平台。
3)专用工具、设备:高压防护工具套装。
4)辅助材料:对应车型比亚迪(秦)EV 电动汽车线路图及维修手册。

知识准备

故障现象 1:BMS 的 +B 供电故障

1. 原理简介及系统影响

如图 3-38 所示为比亚迪(秦)EV 电动汽车 BMS 模块线路原理图,从中可以看出:BMS 模块通过两路供给电源:一路为 +B(常电)电源,通过熔丝 F1/4 给 BMS 模块提供常电;另一路为 IG3 继电器电源输出,通过熔丝 F1/34 给 BMS 模块提供点火电源;通过端子 BK45B/2 和 BK45B/21 接地,构成回路。

BMS 的 +B 供电故障诊断流程 1

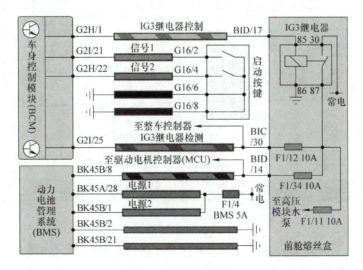

图 3-38 BMS 模块线路原理图

BMS 工作模式有两种,一种为慢充和快充模式,另一种为点火开关打开模式,所以 BMS 的主供电源为 +B 电源,它是 BMS 工作及通信的首要条件,同时还作为动力电池包内通信转换模块、BIC 的供电电源，保证 BMS 在任何时候都能对动力电池内部进行通信及检测。如果此电源出现故障，将导致 BMS 无法启动，导致整车高压上电失败。

IG3 点火电源为 BMS 的唤醒电源，同时为主正、主负、预充接触器提供工作电源。如果此电源出现故障，首先导致 BMS 无法通过点火开关唤醒，同时接触器电源丢失，也会导致整车高压上电失败。

2. 故障机理分析

由于 BMS 的 +B 电源线路存在故障，造成 BMS 无法启动运行及信息传输，将会使其他模块无法正常接收到 BMS 模块发送的动力电池电量、电压、故障、温度等状态信息，从而无法确认动力电池的工作状态。同时，BMS 无法获取其他模块信息及车辆状态，导致整车启动保护功能，致使整车高压系统不上电。

故障现象 2：BMS 动力 CAN 总线故障

1. 原理简介及系统影响

如图 3-39 所示为动力 CAN 总线线路原理图，从中可以看出，动力 CAN 由网关控制器、组合仪表、档位控制器、整车控制器、驱动电机控制器、高压配电总成、BMS、主机组成。BMS 与动力电池通信转换模块、BIC 组成动力电池子网，BMS 通过动力电池子网接收和发送电池包内部温度、电压、均衡等信息。同时，BMS 在动力 CAN 与动力电池子网 CAN 之间充当网关控制单元，将不同速率的数据信息进行转换，协调各总线上的数据通信。而电子驻车系统、ESP、EPS、胎压检测模块、网关控制器、主机组成 ESC 网。其中组合仪表通过动力 CAN、网关控制器、ESC 网接收各系统信息并显示。

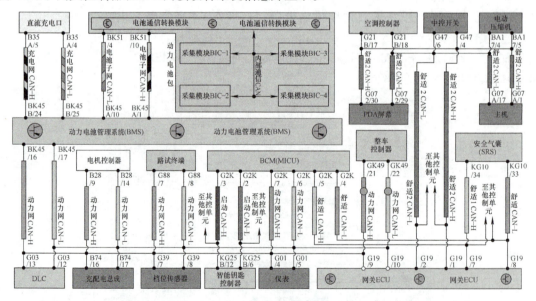

图 3-39　动力 CAN 总线线路原理图

如果 BMS 的 +B 电源及线路及自身出现故障，将导致 BMS 失去工作及通信电源，同时导致电池通信转换模块、BIC 失去电源及通信能力，导致整车进入故障模式，造成高压上电失败，但此时不会影响整个动力 CAN 总线上其他模块之间的通信。

如果与 BMS 连接的动力 CAN 总线线路及 BMS 内部终端电阻出现故障，将导致整个动力 CAN 总线结构破坏，整个动力 CAN 总线无法接收和发送任何信息，导致其他总线上的控制单元无法接收到动力 CAN 总线的任何信息，致使高压上电失败，同时仪表也会点亮这些模块故障指示灯、报出这些模块的文字故障信息。

2. 故障机理分析

动力 CAN 总线是 BMS 与其他模块进行数据交换的通道。在动力 CAN 通信中，为了防止传输信号的反射，增加了两个终端电阻，一个在 BMS，另一个在网关控制器。如果带终端电阻的模块总线线路异常或终端电阻异常，将导致整个动力 CAN 总线线路平衡被打破，致使整个动力 CAN 总线瘫痪，在当前动力 CAN 总线上的所有模块之间无法通信，同时其他总线上的模块也无法访问当前动力 CAN 总线及总线上的各个模块。

故障现象 3：高压互锁信号故障

1. 原理简介及系统影响

比亚迪（秦）EV 电动汽车系列高压互锁线路原理图如图 3-40 所示，其主要分为两路，高压互锁 1 和高压互锁 2，高压互锁 1 用来检测直流高压插接器连接的完整性，高压互锁 2 用来检测交流（220V）高压插接器连接的完整性。两路高压互锁均由 BMS 进行检测，且高压互锁线信号采用串联、占空比监测的方式。

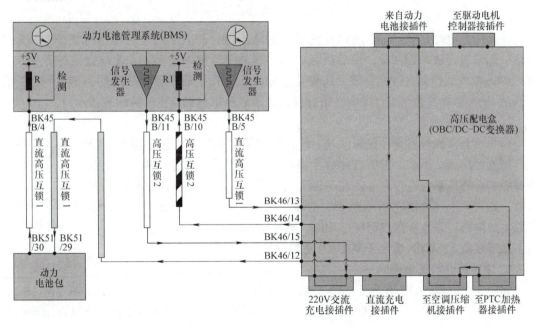

图 3-40　高压互锁线路原理图

如果波形信号的幅值、频率异常，或检测出 4.2V 左右的稳态电压，BMS 即确认直流高压系统线路不完整，存在虚接、短路、断路故障，为了防止安全事故发生，BMS 将禁止高压上电或进行下电流程，车辆无法上电行驶，同时生成故障码。

2. 故障机理分析

BMS 通过高压互锁线路判断高压系统连接的完整性，保证高压上电后的整车安全使用。如果高压互锁线路出现故障，BMS 即确认高压线路连接不正

高压互锁故障诊断流程

常，有断路现象，为了防止安全事故发生，随即控制整车高压不上电。

故障现象 4：预充接触器故障

1. 原理简介及系统影响

如图 3-41 所示为比亚迪（秦）EV 电动汽车继电器控制线路原理图，从中可以看出：BMS 通过端子 BK45A/7 给预充接触器的端子 BK51/20 提供 +B 电源，通过端子 BK51A/21 为动力电池组的端子 BK51/28 提供接地。

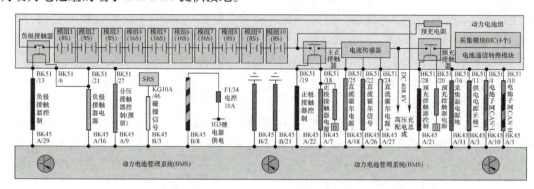

图 3-41 继电器控制线路原理图

在高压上电过程中，BMS 通过预充接触器低压信号和高压部分的电压检测预充接触器状态。如果预充接触器自身、控制以及电源出现故障，将导致车辆在上电过程中预充电失败。BMS 检测到预充电过程异常，将停止上电流程，且生成并存储故障码，同时将故障信息通过 CAN 总线发送至组合仪表，组合仪表显示故障信息或点亮故障信息指示灯。

2. 故障机理分析

如果预充接触器自身、控制以及电源出现故障，造成预充接触器无法吸合，预充线路无法形成。BMS 在接收到高压上电命令后，通过控制预充、主负接触器对高压系统进行充电，在高压上电过程中，BMS 检测预充接触器的状态，如果 BMS 检测到预充接触器有故障，预充电失败，系统自动生成并储存以上故障码，导致整车启动保护功能，致使整车高压系统不上电。

预充接触器故障诊断流程

故障现象 5：BMS 电池子网 CAN 总线故障

1. 原理简介及系统影响

如图 3-42 所示为电池子网 CAN 总线线路图，从中可以看出动力电池子网 CAN 总线、BIC 子网 CAN 主要用来连接 BMS、电池通信转换模块、BIC。BMS 与动力电池通信转换模块、BIC 组成动力电池子网，BMS 通过动力电池子网接收和发送电池电压、电池温度、电池均衡、故障等级等信息。

如果电池通信转换模块、BIC 的电源、通信以及电池子网 CAN 总线出现故障，造成动力电池内部单体温度、电压以及均衡等信息无法传输给 BMS，BMS 无法判断当前动力电池内部状态，无法计算 SOC 值，导致 BMS 启动保护功能，造成高压不上电。

动力电池子网 CAN 总线线路图

2. 故障机理分析

动力电池子网 CAN 总线是动力电池单体信息传输给 BMS 的数据传输通

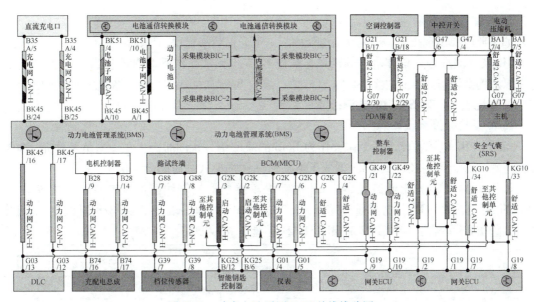

图 3-42　动力电池子网 CAN 总线线路图

道。如果该线路出现故障造成动力电池内部单体温度、电压、均衡等信息无法传输给 BMS，BMS 无法判断当前动力电池内部状态，同时无法计算 SOC 值，导致 BMS 启动保护功能，造成高压不上电。

故障现象 6：动力电池信息采集器（BIC）故障

1. 原理简介及系统影响

BIC 安装在动力电池内部，共有 4 个 BIC 单元，以监测其中每个电池单体或电池组单体电压、温度信息。BIC 采集系统通过电池通信转换模块将相关信息上报 BMS，并根据 BMS 的指令执行单体电压均衡。BIC 主要由采集模块、采集线束、温度传感器等组成。

如图 3-43 所示为 BIC 控制线路原理图，从中可以看出：BMS 通过端子 BK45A/3 为采集模块 BIC 的端子 BK51/11 提供电源，由采集模块 BIC 的端子 BK51/16 输出通过 BMS 端子 BK45A/11 接地，构成回路。

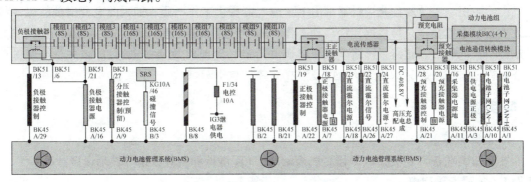

图 3-43　BIC 控制线路原理图

如果此电源、通信线路或模块自身出现故障，造成动力电池内部电池通信转换模块、BIC 无法启动工作，通信中断，致使 BMS 无法获取动力电池包内电池单体温度、电压以及均衡等信息，同时无法计算 SOC 值，导致 BMS 启动保护功能，造成高压不上电。

2. 故障机理分析

如果此电源出现故障，造成动力电池内部电池通信转换模块、BIC 无法启动工作且通信中断，BIC 无法获取当前单体电池的信息，致使 BMS 也无法获取动力电池包内电池单体温度、电压以及均衡等信息，同时无法计算 SOC 值，导致 BMS 启动保护功能，造成高压不上电。

故障现象 7：BMS 的 IG 电源故障

1. 原理简介及系统影响

BMS 的 IG 电源在此车辆上主要作为 BMS 的唤醒信号，同时为主正、主负及预充接触器提供工作电源，同时还作为 BMS 低压下电后启动休眠模式的时间参考信号。

如图 3-44 所示为比亚迪（秦）EV 电动汽车继电器控制线路原理图，从中可以看出：BMS 的 IG 电源由 IG3 继电器通过熔丝 F1/34 给 BMS 模块的端子 BK45B/8 提供 IG 起动电源，通过 BMS 的端子 BK45B/2 和 BK45B/21 接地，构成回路。

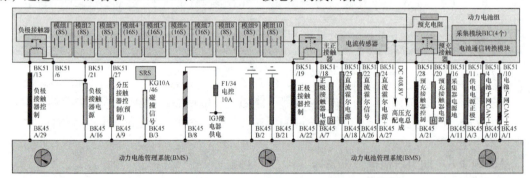

图 3-44 继电器控制线路原理图

由于主正、主负及预充接触器都由 IG3 继电器提供工作电源，如果此电源出现故障，BMS 无法判断当前车辆是否是需要上电状态，同时导致主正、主负及预充接触器无法启动工作，导致整车上电失败。此时系统将生成故障码并存储，同时将故障信息通过 CAN 总线发送至组合仪表，组合仪表显示故障信息以及点亮故障信息指示灯。

2. 故障机理分析

由于主正、主负及预充接触器都由 IG3 继电器提供工作电源，如果此电源出现故障，将导致主正、主负及预充接触器无法启动工作，BMS 无法判断当前车辆是否是需要上电状态，导致整车上电失败。此时系统将生成故障码并存储，同时将故障信息通过 CAN 总线发送至组合仪表，组合仪表显示故障信息以及点亮故障信息指示灯。

任务实施

1. 教师设置故障

参照知识准备"相关知识"设置相应故障。（配微课和视频以指导教师设置故障）

案例 1　故障设置列表

序号	故障部位	故障性质
1	BMS 模块 +B 供电线路	断路、虚接、短路
2	熔丝 F1/4	断路、虚接
3	BMS 模块插接器上的（端子 BK45A/28、端子 BK45B/1）	退针（断路）、虚接

案例 2 故障设置列表

序号	故障部位	故障性质
1	动力电池子网 CAN – H 线路	断路、虚接、短路
2	动力电池子网 CAN – L 线路	断路、虚接、短路
3	动力电池子网 CAN – H 与 CAN – L 线路	相互短路

案例 3 故障设置列表

序号	故障部位	故障性质
1	充配电管理单元至动力电池包间高压互锁 1 连接线路	断路、虚接、短路
2	BMS 至充配电管理单元间高压互锁 2 连接线路	断路、虚接、短路
3	PTC 加热器高压线束接插件	退针（断路）、虚接
4	空调压缩机高压线束接插件	退针（断路）、虚接
5	动力电池母线高压线束接插件	退针（断路）、虚接
6	交流（220V）充电高压线束接插件	退针（断路）、虚接

案例 4 故障设置列表

序号	故障部位	故障性质
1	预充接触器供电线路	断路、虚接、短路
2	预充接触器控制线路	断路、虚接、短路
3	动力电池组插接器上的（端子 BK51/28 与 BK51/20）端子	退针（断路）、虚接
4	BMS 插接器上的（端子 BK45A/21 与 BK45A/7）端子	退针（断路）、虚接
5	线束插接器	接触不良、损坏

2. 教师随机设置故障，学生分组排除并完成工作页工单

故障现象描述	（包括故障现象和故障码）	
分析故障现象得出可能的故障原因	（结合故障现象及故障码进行故障分析，并得出故障可能原因）	
故障点和故障类型确认过程	（完成记录测试过程，直到故障排除。每一步都要求记录测试对象、测试条件、实测结果及判断）	得分
故障机理分析	（分析故障部位及故障性质为什么会导致此故障现象）	

3. 故障修复后检查，并填写完工单

请留下您宝贵的意见！以便我们为您提供更好的服务					尊敬的车主阁下：我中心已遵照您的尊意，将您的座驾 □修理 □保养 □检验完毕，经检查发现您的座驾还有以下问题，敬请您早作处理，以确保您旅途愉快！		完工检验
质量	技术	□好	□一般	□差	检查结果：	处理意见：	检验结果：
	设备	□先进	□落后				
	操作	□规范	□一般	□不规范			处理意见：
工期	待工	□长	□一般				
	待料	□长	□一般				
价格	工价	□满意	□能接受	□不能接受			备注：
	料价	□满意	□能接受	□不能接受			
服务	态度	□热情	□一般	□冷淡			班组签名：
	环境	□整洁	□一般	□脏乱			
	秩序	□有序	□一般	□混乱			检验员签名：
	手续	□烦琐	□简便				
抱怨处理情况	□能得到有效处理 □不能得到有效处理				检验员签名：	技术主管签名：	
其他建议：					出厂检验： 1. 确认油、液及所有安全项目均已检查 2. 检查工单是否填写完整 3. 旧件的处理同车主的交涉是否完成 4. 确认车辆内外的清洁是否完成 5. 清点随车工具和其他物品 6. 确认维修作业位置没有弄脏或弄坏 7. 确认实际维修换件项目和费用是否与报修单相符		服务顾问签名：

评价反馈

1）小组讨论。
2）各小组互评。
3）教师记录过程并进行评价。

项目	评价内容	评价等级		
		A	B	C
关键能力考核项目	遵守纪律，遵守学习场所管理规定，服从安排			
	安全意识、责任意识，5S 管理意识，注重节约、节能与环保			
	学习积极主动，能参加安排的实习活动			
	团队合作意识，注重沟通，能自主学习及相互合作			
	仪容仪表符合活动要求			

(续)

项目	评价内容	评价等级		
		A	B	C
专业能力考核项目	按时按要求独立完成工作页、任务			
	工具、设备选择得当,工具、设备使用符合技术要求			
	操作规范,符合要求			
	学习准备充分、齐全			
	注重工作效率与工作质量			
	技能点1:			
	技能点2:			
小组评语及建议		组长签名: 年 月 日		
老师评语及建议		老师签名: 年 月 日		

任务拓展

案例1　BMS 的 +B 供电故障诊断过程

第一步:读取故障码(DTC)

连接诊断仪器至 OBD 诊断接口,操作诊断仪器与 BMS 模块进行通信,显示通信失败。通过使用诊断仪器与其他模块进行连接,在 VCU 内部读到的故障码见表 3-1。

表 3-1　在 VCU 内部读到的故障码

序号	故障码	代码定义
1	U011187	与 BMS 通信丢失

组合仪表内部读取到的故障码见表 3-2。

表 3-2　在组合仪表内部读到的故障码

序号	故障码	代码定义
1	U029687	与 BMS 通信丢失

读取驱动电机控制器、充配电总成等后没有读取到故障码。

第二步:故障码(DTC)分析

诊断仪器和 BMS 无法通信,而在组合仪表、VCU 内读取到故障码,说明 BMS 失去通信功能,由于 BMS 内有动力 CAN 的终端电阻,而动力 CAN 可以通信,说明 BMS 内的终端电阻及动力 CAN 总线没有故障,那导致当前故障现象的可能原因有:

1) BMS 常火供电线路(开路、虚接、短路)故障。
2) BMS 自身故障。

BMS 的 +B 供电故障诊断流程 2

第三步：线路测试

1）测量 BMS 的常火供电电压，见表 3-3。

表 3-3　BMS 的端子 BK45A/28、BK45B/1 对地电压测试

测试条件及标准：用万用表测量 BMS 的端子 BK45A/28、BK45B/1 对地电压，任何时候标准应为 +B。注意：为了测试的准确性，在测试时需要打开点火开关或使用遥控器重复激活动力总线，使 BMS 处于带载状态，因为 BMS 不带载，即使线路有虚接情况，也不会影响此点的电压

可能性	实测结果/V		结论	下一步操作
	BK45A/28	BK45B/1		
1	+B	+B	未见异常	检查 BMS 的接地
2	大于 0 小于 +B	大于 0 小于 +B	异常	说明两线路都存在虚接故障，下一步测试熔丝 F1/4 两端对地电压
3	0	0	异常	说明供电线路存在断路故障，下一步测试熔丝 F1/4 两端对地电压

2）测量熔丝 F1/4 两端对地电压，见表 3-4。

表 3-4　熔丝 F1/4 两端对地电压测试

测试条件及标准：用万用表测试熔丝 F1/4 两端对地电压，均应为 +B

可能性	实测结果/V	结论	下一步操作
1	+B，+B	正常	如果上步测试结果为 0V，说明端子线路存在断路故障，下一步测量线路阻值 如果上步测试结果为大于 0V、小于 +B 的某个值，说明线路存在虚接故障，下一步测量线路阻值
2	+B，大于 0、小于 +B	异常	说明熔丝两端连接存在阻值过大故障，下一步对熔丝片进行检查，必要时更换
3	+B，0	异常	说明熔丝断路故障，更换熔丝前需测量熔丝 F1/4 与 BMS 之间线路对地的电阻
4	均大于 0、小于 +B	异常	说明熔丝供电线路存在故障，下一步对熔丝供电线路进行检查
5	0，0	异常	说明熔丝供电线路未输出电压，下一步对熔丝供电线路进行检查

3）测量 BMS 接地端对地电压，见表 3-5。

表 3-5　BMS 模块的端子 BK45B/1 和 BK45B/21 对地电压测试

测试条件及标准：用万用表测试 BMS 的端子 BK45B/1 和 BK45B/21 对地电压，标准均应小于 0.1V

可能性	实测结果/V	结论	下一步操作
1	0	正常	考虑更换 BMS 后进行上电测试
2	0 ~ +B 间的某个值	异常	说明接地线路存在虚接故障，下一步测试接地线路导通性
3	+B	异常	说明接地线路存在断路故障，下一步测试接地线路导通性

4）测量 BMS 电源线路对地电阻，见表 3-6。

表3-6 端子BK45A/28、BK45B/1和熔丝F1/4间线路对地电阻测试

测试条件及标准：关闭点火开关，拔下熔丝F1/4，断开BMS的BK45A、BK45B插接器，用万用表测试端子BK45A/28、BK45B/1与F1/4之间线束对地的电阻值，标准值为∞

步骤	测试部位	实测结果/Ω	状态	可能原因	下一步操作
1	测量BK45A/28（线束端）对地电阻	∞	正常	BMS及另一条线路故障	转本表第2种可能
		存在电阻	异常	线路对地虚接	检修线路
		近乎为0	异常	线路对地短路	
2	测量BK45B/1（线束端）对地电阻	∞	正常	BMS内部故障	转本表第3种可能
		存在电阻	异常	线路对地虚接	更换BMS
		近乎为0	异常	B线路对地短路	
3	连接BMS插接器，测量BK45B/1（线束端）对地电阻	∞	正常	熔丝正常损坏	更换F1/4熔丝
		小于2.5	异常	BMS内部对地虚接	更换BMS
		近乎为0	异常	BMS内部对地短路	

5）线路导通性测量。

① 测量BMS端子BK45A/28和熔丝F1/4之间线路的导通性，见表3-7。

表3-7 BMS端子BK45A/28和熔丝F1/4之间线路的导通性测试

测试条件及标准：拔掉BMS的BK45A插接器、熔丝F1/4，测试电阻应为近乎为0

可能性	实测结果/Ω	状态	可能原因	操作
1	近乎为0	正常	插接器故障	检修插接器
2	∞	异常	线路断路	维修线路
3	存在电阻	异常	线路虚接	

② 测量BMS端子BK45B/1和熔丝F1/4之间线路的导通性，见表3-8。

表3-8 BMS端子BK45B/1和熔丝F1/4之间线路的导通性测试

测试条件及标准：拔掉BMS的BK45B插接器、熔丝F1/4，测试电阻应为近乎为0

可能性	实测结果/Ω	状态	可能原因	操作
1	近乎为0	正常	插接器故障	检修插接器
2	∞	异常	线路断路	维修线路
3	存在电阻	异常	线路虚接	

③ 测量BMS端子BK45B/2和接地点之间的导通性，见表3-9。

表3-9 BMS端子BK45B/2和接地点之间的导通性测试

测试条件及标准：拔掉BMS的BK45B/2插接器，测试电阻应为近乎为0

可能性	实测结果/Ω	状态	可能原因	操作
1	近乎为0	正常	插接器故障	检修插接器
2	∞	异常	线路断路	维修线路
3	存在电阻	异常	线路虚接	

④ 测量BMS端子BK45B/21和接地点之间的导通性，见表3-10。

表 3-10 BMS 端子 BK45B/21 和接地点之间的导通性测试

可能性	实测结果/Ω	状态	可能原因	操作
测试条件及标准：拔掉 BMS 的 BK45B/21 插接器，测试电阻应为近乎为 0				
1	近乎为 0	正常	插接器故障	检修插接器
2	∞	异常	线路断路	维修线路
3	存在电阻	异常	线路虚接	

第四步：诊断结论验证

注意：完成诊断修理后，某些 DTC 需要将点火开关旋至 OFF（关闭）位置，然后旋回至 ON（打开）位置之后，故障诊断仪功能才会清除 DTC。

1）将点火开关置于 OFF（关闭）位置。

2）安装所有诊断时拆下或更换的部件及插接器。

3）诊断时，拆除过或更换过的部件及模块，根据需要执行调整、编程或设置程序。

4）将点火开关置于 ON（打开）位置。

5）清除 DTC。

6）关闭点火开关 60s。

7）踩下制动踏板，打开点火开关，车辆仪表显示正常，切换至 D 位或 R 位进行试车，车辆运行正常。

8）维修结束。

案例 2　BMS 动力 CAN 总线故障诊断过程

第一步：读取故障码（DTC）

连接诊断仪器至 OBD 诊断接口后，踩制动踏板并保持，打开点火开关，操作诊断仪器与 BMS、MCU、组合仪表、充配电总成进行通信，显示通信失败，而在 ESC 网的 ESP、电子助力转向系统、网关控制器、车身控制器、电子驻车系统中读到故障码，见表 3-11。

BMS 动力 CAN 总线故障诊断过程

表 3-11 整车控制系统故障码信息

系统	故障诊断	故障码说明
ESP	U059504	与前驱动电机控制器 CAN 信号超时
电子助力转向系统	U015987	与双向逆变充放电式驱动电机控制器（VTOG）丢失通信
	U015687	档位信号丢失
电子驻车系统	U041681	收到电子车身稳定系统的无效信息故障
	U011087	与前驱动电机控制器通信故障
车身控制系统	B1C1D02	拨档器的档位信号故障
网关控制器	B12EC00	动力网通信故障

第二步：故障码（DTC）验证

结合故障码及 CAN 总线线路原理图，可以看出此时诊断仪无法通信的模块全部来自动力 CAN，同时网关控制器内存储 "B12EC00：动力网通信故障" 故障码，说明整个动力 CAN 总线出现故障，结合前期分析，对整个动力 CAN 总线进行测量、诊断和分析。

第三步：线路测试

1）测量 BMS 端 CAN-H、CAN-L 信号对地波形。

有关 CAN 总线的常见故障以及测试方法，请见前文。

2）测量 CAN-H、CAN-L 线路端对端的导通性。

导通性是检测 BMS 的 CAN-H、CAN-L 端子与同一 CAN 总线上其余控制单元（VCU、MCU、充配电总成、档位传感器、组合仪表、BCM、主机）的 CAN-H、CAN-L 端子之间导线是否存在断路、虚接的故障。

测试时，关闭点火开关，断开辅助蓄电池负极，拔掉动力 CAN 上所有模块的插接器，CAN-H（或 CAN-L）上所有插接器端子间的电阻都应近乎为 0，否则说明存在断路或虚接故障。

3）检查 CAN-H、CAN-L 线路对地是否短路。

测试时，关闭点火开关，断开辅助蓄电池负极，用万用表测量 BMS 的 CAN-H、CAN-L 端子对地电阻，应为 7.47kΩ（来自实际测试值，可以参考）。

如果异常，则断开 BMS、VCU、MCU、BCM、充配电总成、档位传感器、组合仪表、主机端接插器，用万用表测量 BMS 的 CAN-H、CAN-L 端子对地电阻应为无穷大，否则说明故障存在：如果测试结果为 0，说明线路对地短路；如果测试结果为某个电阻，说明线路对地虚接。

接着依次连接每一个控制模块，然后用万用表测量 BMS 的 CAN-H、CAN-L 端子对地电阻，应从 7.47kΩ（来自实际测试值，可以参考）逐渐减小：如果连接某个控制模块后，测试结果变为 0，说明该模块对地短路；如果连接某个控制模块后，测试结果突然减小，说明该模块对地异常短路。此时应更换该控制模块。

4）检查 CAN-H 线路对电源是否短路。

测试时，关闭点火开关，断开辅助蓄电池负极，用万用表测量 BMS 的 CAN-H、CAN-L 端子对蓄电池正极之间的电阻，应为 7.47kΩ（来自实际测试值，可以参考）。

如果异常，则断开 BMS、VCU、MCU、BCM、充配电总成、档位传感器、组合仪表、主机端接插器，用万用表测量 VCU 的 CAN-H、CAN-L 端子对蓄电池正极之间的电阻应为无穷大，否则说明故障存在：如果测试结果为 0，说明线路对蓄电池正极短路；如果测试结果为某个电阻，说明线路对蓄电池正极虚接。

接着依次连接每一个控制模块，然后用万用表测量 BMS 的 CAN-H、CAN-L 端子对蓄电池正极之间的电阻，应从 7.47kΩ（来自实际测试值，可以参考）逐渐减小：如果连接某个控制模块后，测试结果变为 0，说明该模块对蓄电池正极短路；如果连接某个控制模块后，测试结果突然减小，说明该模块对蓄电池正极异常短路。此时应更换该控制模块。

5）测量 CAN-L 和 CAN-H 线路之间电阻。

测试时，关闭点火开关，断开辅助蓄电池负极，用万用表测量 BMS 的 CAN-H、CAN-L 之间的电阻，应为 60Ω。

如果异常，则断开 BMS、VCU、MCU、BCM、充配电总成、档位传感器、组合仪表、主机端接插器，用万用表测量 VCU 的 CAN-H、CAN-L 端子之间的电阻应为无穷大，否则说明故障存在：如果测试结果为 0，说明 CAN-H、CAN-L 之间线路存在短路；如果测试结果为某个电阻，说明 CAN-H、CAN-L 之间线路存在虚接。

接着依次连接每一个控制模块,然后用万用表测量 BMS 的 CAN-H、CAN-L 之间的电阻,应从无穷大逐渐减小:如果连接某个控制模块后,测试结果变为 0,说明该模块内 CAN-H、CAN-L 之间线路存在短路;如果连接某个控制模块后,测试结果突然减小,说明该模块内 CAN-H、CAN-L 之间线路存在虚接。此时应更换该控制模块。

第四步:诊断结论验证

> 注意:完成诊断修理后,某些 DTC 需要将点火开关旋至 OFF(关闭)位置,然后旋回至 ON(打开)位置之后,故障诊断仪功能才会清除 DTC。

1)将点火开关置于 OFF(关闭)位置。
2)安装所有诊断时拆下或更换的部件及插接器。
3)将点火开关置于 ON 位置。
4)读取并清除 DTC。
5)关闭点火开关 60s。
6)踩下制动踏板,打开点火开关,车辆仪表显示正常,车辆上电恢复正常。同时路试,车辆行驶正常,维修结束。

案例 3　高压互锁信号故障诊断过程

高压互锁信号故障诊断过程

第一步:读取故障码(DTC)

踩制动踏板并保持,打开点火开关至 ON,操作诊断仪器访问 VCU,无故障码,访问 BMS,可能读取到表 3-12 中的故障码中的一个或全部。

表 3-12　从 VCU 中读取到的故障码信息

P1A6000	高压互锁 1 故障
P1AC200	高压互锁 2 故障

第二步:故障码分析

"P1A6000:高压互锁 1 故障"的形成机理

BMS 输出一个幅值约为 4.2V 左右的电压信号,通过充配电管理单元内部 PTC 加热器高压插接器、空调压缩机高压插接器、动力电池母线高压插接器串联输出至动力电池包,在通过动力电池包内的动力电池母线高压插接器输出,最后返回 BMS。BMS 通过内部信号发生器以 PWM 占空比信号的形式,将幅值约为 4.2V 左右的电压信号下拉为幅值约为 4.2V 左右的 PWM 占空比信号,如果 BMS 检测出幅值为 4.2V 左右的电压信号没有变化,说明互锁线路 1 没有形成回路,故生成此故障码。

"P1AC200:高压互锁 2 故障"的形成机理

BMS 输出一个幅值约为 4.2V 左右的电压信号,通过充配电管理单元内部交流(220V)充电插接器串联输出,最后返回 BMS。BMS 通过内部信号发生器以 PWM 占空比信号的形式,将幅值约为 4.2V 左右的电压信号下拉为幅值约为 4.2V 左右的 PWM 占空比信号,如果 BMS 检测出幅值为 4.2V 左右的电压信号没有变化,说明互锁线路 2 没有形成回路,故生成此故障码。

此时可操作诊断仪器的数据流查看功能对当前故障进行进一步解析,此时数据流显示高压互锁 1 状态为:锁止,而正常应该为:未锁止,如图 3-45 所示。

结合故障现象、故障码、数据流,说明高压互锁信号 1 线路存在以下一项或多项故障

图 3-45 整车控制系统数据流信息

可能：

1）BMS 至充配电管理单元间高压互锁连接线路 1 断路、虚接、短路故障。
2）充配电管理单元低压线束插接器退针（断路）、虚接故障。
3）PTC 加热器高压插接器互锁连接线路断路、虚接、短路故障。
4）PTC 加热器高压插接器退针（断路）、虚接。
5）空调压缩机高压插接器互锁连接线路断路、虚接、短路故障。
6）空调压缩机控制器低压、高压线束插接器退针（断路）、虚接。
7）空调压缩机控制器至 PTC 加热器控制器间高压互锁连接线路断路、虚接、短路故障。
8）动力电池母线高压插接器线束连接插件退针（断路）、虚接。
9）动力电池母线高压插接器高压互锁连接线路断路、虚接、短路故障。
10）BMS 自身故障。

第三步：线路测试

1）测量 BMS 端高压互锁输入信号端子 BK45B/4 对地波形，见表 3-13。

表 3-13 端子 BK45B/4 对地波形的测试

测试条件及标准：打开点火开关，测量 BMS 的端子 BK45B/4 对地波形，此时 PWM 波形幅值应为 4.2V 左右			
可能性	实测结果	状态	操作
1		未见故障	BMS 自身存在故障，考虑更换 BMS
2		异常	互锁线路存在故障，下一步测试 BK45B/4 对地信号

（续）

可能性	实测结果	状态	操作
	测试条件及标准：打开点火开关，测量BMS的端子BK45B/4对地波形，此时PWM波形幅值应为4.2V左右		
3		异常	测试PWM波形幅值接近+B电源，说明线路可能存在对电源短路故障
4		异常	波形幅值为0V左右，说明线路可能存在对地短路故障

2）测量BMS端高压互锁输出信号端子BK45B/5线路对地波形，见表3-14。

表3-14 测量BMS的端子BK45B/5线路对地波形

实测结果	状态	可能原因	操作
测试条件及标准：打开点火开关，测量BMS的端子BK45B/5线路对地波形，波形幅值应为4.2V左右			
	异常	上步测试为4.2V直线电压，说明高压互锁线路间可能存在断路故障	测量高压互锁线路之间线路导通性

3）测量高压互锁线路之间线路的导通性，见表3-15。

表3-15 测量BMS的端子BK45B/5和BK45B/4间电阻

步骤	测试内容	实测结果/Ω	状态	可能原因	操作
	测试条件及标准：关闭点火开关，测试每一段线束两端的电阻，结果应近乎为0Ω				
1	拔掉BMS、充配电管理单元插接器，测试BMS线束端子BK45B/5和充配电管理单元线束端子BK46/13间电阻	近乎为0	正常	其他系统线路及插接器故障	转本表的2
		∞	异常	线路断路	检修线路
		大于0	异常	线路虚接	
2	测试充配电管理单元端子BK46/13和充配电管理单元端子BK46/12间电阻	近乎为0	正常	其他系统线路及插接器故障	转本表的3
		∞	异常	充配电管理单元内部线路或高压插接器断路	检修充配电管理单元内部线路及高压插接器
		大于0	异常	充配电管理单元内部线路或高压插接器虚接	

(续)

测试条件及标准：关闭点火开关，测试每一段线束两端的电阻，结果应近乎为0Ω

步骤	测试内容	实测结果/Ω	状态	可能原因	操作
3	拔掉动力电池包低压插接器，测试充配电管理单元线束端子 BK46/12 与电池包低压插接器端子 BK51/29 间电阻	近乎为0	正常	其他系统线路及插接器故障	转本表的4
		∞	异常	线路断路	检修线路
		大于0	异常	线路虚接	
4	测试动力电池包端低压插接器端子 BK51/29 与端子 BK51/30 间电阻	近乎为0	正常	其他系统线路及插接器故障	转本表的5
		∞	异常	动力电池包内部线路或高压插接器断路	检修线路
		大于0	异常	动力电池包内部线路或高压插接器虚接	
5	测试动力电池包线束端端子 BK51/30 与 BMS 线束端端子 BK45B/4 间电阻	近乎为0	正常	插接器故障	检修插接器
		∞	异常	线路断路	检修线路
		大于0	异常	线路虚接	

4）测量高压互锁线路对地是否短路或虚接，见表3-16。

表3-16 测量高压互锁线路对地导通性

实测结果/V	状态	可能原因	操作
步骤1：关闭点火开关，拔掉 BMS 低压插接器，踩制动踏板，再次打开点火开关时低压上电，测量 BMS 线束端端子 BK45B/5 对地电压，应为 0V			
0	正常	BMS 内部对电源短路或虚接故障	更换 BMS
大于0	异常	其他线路及模块内部对电源短路或虚接故障	转本表的2
步骤2：接着关闭点火开关，拔掉配电管理单元低压插接器，测量 BMS 线束端端子 BK45B/5 对地电压，应为 0V			
0	正常	其他线路及模块内部对电源短路或虚接故障	转本表的3
大于0	异常	BMS 的端子 BK45B/5 和充配电管理单元端子 BK46/13 间线路对电源短路或虚接故障	检修线路
步骤3：接着测量充配电管理单元端子 BK46/13 对地电压，应为 0V			
0	正常	其他线路及模块内部对电源短路或虚接故障	转本表的4
大于0	异常	充配电管理单元内部对电源短路或虚接故障	检修或更换充配电管理单元
步骤4：用相同的方法对动力电池包的端子及连接线路电压进行测量，直到找到故障为止			

5）测量高压互锁线路对地电阻，见表3-17。

表3-17 测量高压互锁线路对地电阻

实测结果/Ω	状态	可能原因	操作
步骤1：关闭点火开关，拔掉 BMS 插接器，测量 BMS 端子 BK45B/5 对地电阻，应为 ∞			
∞	正常	BMS 内部对地短路或虚接故障	更换 BMS
存在电阻	异常	其他线路及模块内部对地虚接故障	转本表的2
近乎为0	异常	其他线路及模块内部对地短路故障	

(续)

实测结果/Ω	状态	可能原因	操作
步骤2：接着拔掉充配电管理单元低压插接器，测量 BMS 端子 BK45B/5 对地电阻，应为∞			
∞	正常	其他线路及模块内部对地短路或虚接故障	转本表的3
存在电阻	异常	BMS 的端子 BK45B/5 和充配电管理单元端子 BK46/13 间线路存在对地虚接故障	检修线路
近乎为0	异常	BMS 的端子 BK45B/5 和充配电管理单元端子 BK46/13 间线路存在对地短路故障	
步骤3：接着测试充配电管理单元侧端子 BK46/13 对地电阻，应为∞			
∞	正常	其他模块内部高压互锁线路对地短路或虚接	转本表的4
存在电阻	异常	充配电管理单元内部对地虚接故障	检修或更换充配电管理单元
近乎为0	异常	充配电管理单元内部对地短路故障	
步骤4：用相同的方法对动力电池包的对地电阻进行测量，直到找到故障为止			

第四步：诊断结论验证

注意：完成诊断修理后，某些 DTC 需要将点火开关旋至 OFF（关闭）位置，然后旋回至 ON（打开）位置之后，故障诊断仪功能才会清除 DTC。

1）将点火开关置于 OFF（关闭）位置。
2）安装所有诊断时拆下或更换的部件及插接器。
3）将点火开关置于 ON（打开）位置。
4）读取并清除 DTC。
5）关闭点火开关 60s。
6）踩制动踏板并保持，打开点火开关，车辆高压正常上电，"REAYD"灯正常点亮，切换档位后行驶，车辆行驶及加速正常，维修结束。

案例4 预充接触器故障诊断过程

第一步：读取故障码（DTC）

连接诊断仪器至 OBD 诊断接口后，踩制动踏板并保持，打开点火开关，选取 BMS，此时可能读取到的故障码有以下一项或多项，见表3-18。

表3-18 整车控制系统故障码信息

故障诊断	故障码说明
P1A3400	预充失败故障
P1A3F00	预充接触器回检故障

第二步：故障码（DTC）分析

P1A3400：预充失败故障

BMS 在接收到高压上电命令后，通过控制预充、主负接触器对高压系统进行充电，同时 BMS 检测母线电压。如果在设定的时间内母线电压没有达到设定的阈值，BMS 将生成此故障码并存储。

P1A3F00：预充接触器回检故障

BMS 在接收到高压上电命令后,通过控制预充、主负接触器对高压系统进行充电,同时 BMS 检测预充接触器控制端电压。如果 BMS 对预充接触器进行控制,控制端电压应从高电位变为低电位,如果控制后电压不变,BMS 将生成此故障码并存储。

根据以上故障码,说明预充接触器线路存在故障,造成预充过程失败,可能原因为:
1)预充接触器控制线路开路、虚接、短路。
2)预充接触器供电线路开路、虚接、短路。
3)预充接触器自身损坏。

第三步:线路测试
1)测量动力电池组的端子 BK51/28 对地电压,见表 3-19。

表 3-19　动力电池组 BK51/28 端子对地电压测试

测试条件及标准:用万用表测量动力电池组的端子 BK51/28 对地电压,在打开点火开关后测得电压应为 +B→0.1V→+B			
可能性	实测结果/V	结论	下一步操作
1	+B→0.1→+B	未见异常	BMS 自身故障,建议更换 BMS
2	+B→(0~+B 之间)→+B	异常	BMS 自身故障,建议更换 BMS
3	+B	异常	说明接触器控制线路、BMS 自身存在故障,下一步对 BMS 的端子 BK45A/21 对地信号进行检查
4	0	异常	说明接触器电源、线圈存在开路故障或接触器控制线路对地短路故障,下一步测试动力电池组的端子 BK51/20 对地电压

2)测量 BMS 的端子 BK45A/21 对地电压,见表 3-20。

表 3-20　BMS 的端子 BK45A/21 对地电压测试

测试条件及标准:用万用表测试 BMS 的端子 BK45A/21 对地电压,在打开点火开关后测得电压应从 +B→0.1V→+B			
可能性	实测结果/V	结论	下一步操作
1	+B	异常	BMS 自身故障,建议更换 BMS
2	0	异常	BMS 的端子 BK45A/21 与动力电池组的端子 BK51/28 之间的线路存在断路,下一步测量其导通性

3)测量动力电池组的端子 BK51/20 对地电压,见表 3-21。

表 3-21　动力电池组的端子 BK51/20 对地电压测试

测试条件及标准:用万用表测量动力电池组的端子 BK51/20 对地电压,在打开点火开关后测得电压应为 +B			
可能性	实测结果/V	结论	下一步操作
1	+B	正常	如果第一步测试为 0V,说明接触器内部线圈开路,考虑更换接触器(说明:电池包接插件到接触器的线路默认为线圈的一部分)
2	+B→(0~+B 之间)→+B	异常	说明线路存在虚接故障或 BMS 输出电压故障,下一步测量端子 BK45A/7 对地电压
3	0	异常	说明接触器电源存在开路或电源供给故障,下一步测量端子 BK45A/7 对地电压

4）测量 BMS 的端子 BK45A/7 对地电压，见表 3-22。

表 3-22　BMS 的端子 BK45A/7 对地电压测试

测试条件及标准：用万用表测量动力电池组的端子 BK45A/7 对地电压，在打开点火开关后测得电压应为 +B			
可能性	实测结果/V	结论	下一步操作
1	+B	正常	上一步测试如果为 +B→（0～+B 之间）→ +B 之间，接触器供电线路存在虚接故障，下一步测试端子 BK45A/7 和动力电池组的端子 BK51/20 之间线路的导通性
2	0～+B 之间	异常	说明 BMS 输出电压不正确或 BMS 内部故障，下一步检查 BMS 供电电源。如果正常，考虑更换 BMS
3	0		

5）线路导通性测量。

① 测量 BMS 的端子 BK45A/7 和动力电池组的端子 BK51/20 之间线路的导通性，见表 3-23。

表 3-23　BMS 的端子 BK45A/7 和动力电池组的端子 BK51/20 之间线路的导通性测试

测试条件及标准：拔掉 BMS 的插接器 BK45A/7 和动力电池组的插接器 BK51/20，测试线路电阻应近乎为 0Ω			
可能性	实测结果/Ω	状态	可能原因	操作
1	近乎为 0	正常	插接器故障	检修插接器
2	∞	异常	线路断路	维修线路
3	存在电阻	异常	线路虚接	

② 测量 BMS 的端子 BK45A/21 和动力电池组的端子 BK51/28 之间线路的导通性，见表 3-24。

表 3-24　BMS 的端子 BK45A/21 和动力电池组的端子 BK51/28 之间线路的导通性测试

测试条件及标准：拔掉 BMS 的 BK45A/21 插接器和动力电池组的 BK51/28 插接器，测试线路电阻应近乎为 0Ω			
可能性	实测结果/Ω	状态	可能原因	操作
1	近乎为 0	正常	插接器故障	检修插接器
2	∞	异常	线路断路	维修线路
3	存在电阻	异常	线路虚接	

第四步：诊断结论验证

注意：完成诊断修理后，某些 DTC 需要将点火开关旋至 OFF（关闭）位置，然后旋回至 ON（打开）位置之后，故障诊断仪功能才会清除 DTC。

1）将点火开关置于 OFF（关闭）位置。

2）安装所有诊断时拆下或更换的部件及插接器。

3）诊断时，拆除过或更换过的部件及模块，根据需要执行调整、编程或设置程序。

4）将点火开关置于 ON（打开）位置。

5）清除 DTC。

6）关闭点火开关 60s。

7）踩下制动踏板，打开点火开关，车辆仪表显示正常，切换至 D 位或 R 位进行试车，车辆运行正常。

8)维修结束。

案例5 BMS电池子网CAN总线故障诊断过程

第一步:读取故障码(DTC)

连接诊断仪器至OBD诊断接口后,踩制动踏板并保持,打开点火开关,操作诊断仪器与BMS进行通信,在BMS中读到的故障码见表3-25。

表3-25 整车控制系统故障码信息

故障诊断	故障码说明
U20B000	动力电池信息采集器(BIC)1 CAN通信超时故障
U20B100	动力电池信息采集器(BIC)2 CAN通信超时故障
U20B200	动力电池信息采集器(BIC)3 CAN通信超时故障
U20B300	动力电池信息采集器(BIC)4 CAN通信超时故障
U20B400	动力电池信息采集器(BIC)5 CAN通信超时故障
U20B500	动力电池信息采集器(BIC)6 CAN通信超时故障
U20B600	动力电池信息采集器(BIC)7 CAN通信超时故障
U20B700	动力电池信息采集器(BIC)8 CAN通信超时故障

第二步:故障码(DTC)分析

U20B000:动力电池信息采集器(BIC)1 CAN通信超时故障

在激活动力总线时,BMS需要通过电池子网CAN总线和电池通信转换模块以及4个动力电池信息采集器(BIC)进行通信,获取当前单体电池温度、电压、总电压等信息。在此过程中如果BMS没有接收到动力电池内部单体温度、电压、总电压等信息,BMS系统就会生成以上故障码并存储。

此时故障码为动力电池信息采集器(BIC)1~8 CAN通信故障,说明动力电池信息采集器(BIC)与BMS系统之间没有通信,其导致这个故障的可能原因有以下的一项或多项:

1)动力电池子网CAN开路、虚接或短路故障。

2)电池通信转换模块电源开路、虚接或短路以及自身故障。

3)电池通信转换模块通信开路、虚接或短路故障。

4)动力电池信息采集器(BIC)电源开路、虚接或短路以及自身故障。

5)动力电池信息采集器(BIC)通信开路、虚接或短路故障。

第三步:线路测试

测试方法同前。

第四步:诊断结论验证

注意:完成诊断修理后,某些DTC需要将点火开关旋至OFF(关闭)位置,然后旋回至ON(打开)位置之后,故障诊断仪功能才会清除DTC。

1)将点火开关置于OFF(关闭)位置。

2)安装所有诊断时拆下或更换的部件及插接器。

3)将点火开关置于 ON 位置。

4)读取并清除 DTC。

5)关闭点火开关 60s。

6)踩下制动踏板,打开点火开关,车辆仪表显示正常,车辆上电恢复正常。同时路试,车辆行驶正常,维修结束。

案例 6 动力电池信息采集器(BIC)故障诊断过程

第一步:读取故障码(DTC)

连接诊断仪器至 OBD 诊断接口后,踩制动踏板并保持,打开点火开关,操作诊断仪器与 BMS 进行通信,在 BMS 中读到的故障码见表 3-26。

表 3-26 整车控制系统故障码信息

故障诊断	故障码说明
U20B000	动力电池信息采集器(BIC)1 CAN 通信超时故障
U20B100	动力电池信息采集器(BIC)2 CAN 通信超时故障
U20B200	动力电池信息采集器(BIC)3 CAN 通信超时故障
U20B300	动力电池信息采集器(BIC)4 CAN 通信超时故障
U20B400	动力电池信息采集器(BIC)5 CAN 通信超时故障
U20B500	动力电池信息采集器(BIC)6 CAN 通信超时故障
U20B600	动力电池信息采集器(BIC)7 CAN 通信超时故障
U20B700	动力电池信息采集器(BIC)8 CAN 通信超时故障

第二步:故障码(DTC)分析

U20B000:动力电池信息采集器(BIC)1 CAN 通信超时故障

在激活动力总线时,BMS 需要通过电池子网 CAN 总线和电池通信转换模块以及 4 个动力电池信息采集器 BIC 进行通信,获取当前单体电池温度、电压、总电压等信息。在此过程中如果 BMS 在一段时间内没有接收到动力电池内部单体温度、电压、总电压等信息,BMS 就会生成以上故障码并存储。

此时故障码为动力电池信息采集器(BIC)1~8 CAN 通信故障,说明电池采集器(BIC)当前无法通信,其导致这个故障的可能原因有以下的一项或多项:

1)动力电池子网 CAN 开路、虚接或短路故障。

2)电池通信转换模块电源开路、虚接或短路以及自身故障。

3)电池通信转换模块通信开路、虚接或短路故障。

4)动力电池信息采集器 BIC 电源开路、虚接或短路以及自身故障。

5)动力电池信息采集器 BIC 通信开路、虚接或短路故障。

6)动力电池信息采集器 BIC 自身故障。

第三步:线路测试

1)BMS 与动力电池信息采集器(BIC)之间的 CAN 总线信号测量。

测试方法同前,在怀疑线路故障的情况下,进一步往下测量。

2)测量动力电池包供电电压,见表 3-27。

表3-27 动力电池包的端子BK51/11对地电压测试

测试条件及标准：用万用表测量动力电池包的端子BK51/11对地电压，任何时候标准应为+B			
可能性	实测结果/V	结论	下一步操作
1	+B	正常	下一步测试动力电池包接地线路
2	0~+B之间	异常	说明线路存在虚接故障或电源输出电压故障，下一步测量BMS的端子
3	0	异常	BK45A/3对地电压

3）测量BMS模块的端子BK45A/3对地电压，见表3-28。

表3-28 BMS的端子BK45A/3对地电压测试

测试条件及标准：用万用表测量BMS模块的端子BK45A/3对地电压，任何时候标准均应为+B			
可能性	实测结果/V	结论	下一步操作
1	+B	正常	如果上一步测试结果为0V，说明端子BK45A/3与端子BK51/11之间线路存在开路故障，下一步对该线路的阻值进行测量； 如果上一步测试结果为0V~+B之间的某个值，说明端子BK45A/3与端子BK51/11之间线路存在虚接故障，下一步对该线路的阻值进行测量
2	0~+B之间	异常	说明BMS输出电压不正确或BMS内部故障，下一步检查BMS供电电源。如果正常，则考虑更换BMS
3	0		

4）测量动力电池包端接地线路电压，见表3-29。

表3-29 动力电池包的端子BK51/16对地电压测试

测试条件及标准：用万用表测量动力电池包的端子BK51/16对地电压，任何时候标准应小于0.1V			
可能性	实测结果/V	结论	下一步操作
1	0	正常	维修结束，必要时更换BMS
2	0~+B之间	异常	说明线路对地存在虚接故障，下一步测量BMS的端子BK45A/11的电压

5）测量BMS模块的端子BK45A/11对地电压，见表3-30。

表3-30 BMS的端子BK45A/11对地电压测试

测试条件及标准：用万用表测量BMS的端子BK45A/11对地电压，任何时候标准均应小于0.1V			
可能性	实测结果/V	结论	下一步操作
1	0~+B之间	异常	说明BMS输出电压不正确或BMS内部故障，下一步检查BMS供电电源。如果正常，则考虑更换BMS
2	0		

6）线路导通性测量。

① 测量BMS的端子BK45A/3与动力电池信息采集器（BIC）的端子BK51/11之间线路的导通性，见表3-31。

表3-31 BMS的端子BK45A/3与动力电池信息采集器（BIC）的端子BK51/11之间的导通性测试

测试条件及标准：拔掉BMS的BK45A插接器与动力电池信息采集器（BIC）的BK51插接器，测试电阻应为近乎为0Ω				
可能性	实测结果/Ω	状态	可能原因	操作
1	近乎为0	正常	插接器故障	检修插接器
2	∞	异常	线路断路	维修线路
3	存在电阻	异常	线路虚接	

② 测量 BMS 的端子 BK45A/11 与动力电池信息采集器（BIC）的端子 BK51/16 之间线路的导通性，见表 3-32。

表 3-32　BMS 的端子 BK45A/11 与动力电池信息采集器（BIC）的端子 BK51/16 之间的导通性测试

测试条件及标准：拔掉 BMS 的 BK45A 插接器与动力电池信息采集器（BIC）的 BK51 插接器，测试电阻应为近乎为 0Ω				
可能性	实测结果/Ω	状态	可能原因	操作
1	近乎为 0	正常	插接器故障	检修插接器
2	∞	异常	线路断路	维修线路
3	存在电阻	异常	线路虚接	

第四步：诊断结论验证

注意：完成诊断修理后，某些 DTC 需要将点火开关旋至 OFF（关闭）位置，然后旋回至 ON（打开）位置之后，故障诊断仪功能才会清除 DTC。

1）将点火开关置于 OFF（关闭）位置。
2）安装所有诊断时拆下或更换的部件及插接器。
3）将点火开关置于 ON 位置。
4）读取并清除 DTC。
5）关闭点火开关 60s。
6）踩下制动踏板，打开点火开关，车辆仪表显示正常，车辆上电恢复正常。同时路试，车辆行驶正常，维修结束。

案例 7　BMS 的 IG 电源故障诊断过程

第一步：读取故障码（DTC）

连接诊断仪器至 OBD 诊断接口后，踩制动踏板并保持，打开点火开关，选取 BMS，此时可能读取到的故障码有以下一项或多项，见表 3-33。

表 3-33　整车控制系统故障码信息

故障诊断	故障码说明
P1A3400	预充失败故障
P1A3F00	预充接触器回检故障

第二步：故障码（DTC）分析

P1A3400：预充失败故障

BMS 在接收到高压上电命令后，通过控制预充、主负接触器对高压系统进行充电，同时 BMS 检测母线电压。如果在设定的时间内母线电压没有达到设定的阈值，BMS 将生成此故障码并存储。

P1A3F00：预充接触器回检故障

BMS 在接收到高压上电命令后，BMS 检测预充接触器控制端电压。如果 BMS 对预充接触器进行控制，控制端电压应从高电位变为低电位，如果控制后电压不变，BMS 将生成此故障码并存储。

在以上故障码中，如果 BMS 检测并生成 P1A3F00，那说明预充接触器故障，预充过程失败，有时也可能同时产生 P1A3400 故障码。而 BMS 检测生成 P1A3400 时，不能只单单认为是预充接触器的故障，因为此故障码产生的原因比较多，如 BMS 的 IG 电源故障、母线短路/开路、绝缘故障、主负接触器故障等，都可以造成预充失败，并生成 P1A3400 存储。

结合上述分析和故障码定义，得知导致以上故障的可能原因有以下一项或多项：
1）预充接触器控制开路、虚接、短路。
2）预充接触器供电开路、虚接、短路。
3）预充接触器自身损坏。

> 说明：根据以上列举的故障原因，此处只对 BMS 的 IG 电源线路进行测试，接触器线路的诊断与测试参考本章所对应的相关内容。

第三步：线路测试
1）测量 BMS 的 IG 电源供电电压，见表 3-34。

表 3-34 BMS 的端子 BK45B/8 对地电压测试

测试条件及标准：用万用表测量 BMS 的端子 BK45B/8 对地电压，在打开点火开关后标准应为 +B			
可能性	实测结果/V	结论	下一步操作
1	+B	正常	确认车辆所有系统正常无故障保护后考虑更换 BMS
2	0 ~ +B 之间	异常	说明线路存在虚接故障，下一步测量熔丝 F1/34 两端对地电压
3	0	异常	说明线路存在断路故障，下一步测量熔丝 F1/34 两端对地电压

2）测量 BMS 的 IG 供电线路熔丝两端对地电压，见表 3-35。

表 3-35 熔丝 F1/34 10A 两端对地电压测试

测试条件及标准：用万用表测试熔丝 F1/34 10A 两端对地的电压，打开点火开关后标准应为 +B			
可能性	实测结果/V	结论	下一步操作
1	+B，+B	正常	如果上步测试结果为 0V，说明端子 BK45B/8 到熔丝 F1/34 之间线路存在断路故障，下一步测量该线路阻值； 如果上步测试结果为 0 ~ +B 之间的某个值，说明端子 BK45B/8 到熔丝 F1/34 之间线路存在虚接故障，下一步测量该线路阻值
2	+B，0 ~ +B 之间	异常	说明熔丝两端连接存在阻值过大故障，下一步对熔丝进行检查，必要时更换
3	+B，0	异常	说明熔丝断路故障，更换熔丝前测量熔丝端子 F1/34 与 BMS 端子 BK45B/8 之间线路对地电阻，以判断熔丝烧损的原因
4	均是 0 ~ +B 之间	异常	说明熔丝供电线路存在故障，下一步对熔丝供电线路进行检查
5	0，0	异常	说明熔丝供电线路未输出电压或断路，下一步对熔丝供电线路进行检查

3）BMS 的 IG 电源线路对地电阻测试，见表 3-36。

表 3-36　端子 BK45B/8 和熔丝 F1/34 10A 间线路对地电阻测试

步骤	测试条件	实测结果/Ω	状态	可能原因	下一步操作
1	拔下熔丝 F1/34，断开 BMS 的 BK45B 插接器	∞	正常	BMS 故障	转本表第 2 种可能
1	拔下熔丝 F1/34，断开 BMS 的 BK45B 插接器	存在电阻	异常	线路对地虚接	检修线路
1	拔下熔丝 F1/34，断开 BMS 的 BK45B 插接器	近乎为 0	异常	线路对地短路	检修线路
2	连接 BMS 插接器	∞	正常	熔丝正常损坏	更换熔丝 F1/34
2	连接 BMS 插接器	小于 1.5	异常	BMS 内部对地虚接	更换 BMS
2	连接 BMS 插接器	近乎为 0	异常	BMS 内部对地短路	更换 BMS

4）线路导通性测量

测量 BMS 端子 BK45B/8 和熔丝 F1/34 10A 之间线路的导通性，见表 3-37。

表 3-37　BMS 端子 BK45B/8 和熔丝 F1/34 10A 之间的导通性测试

可能性	实测结果/Ω	状态	可能原因	操作
1	近乎为 0	正常	插接器故障	检修插接器
2	∞	异常	线路断路	维修线路
3	存在电阻	异常	线路虚接	维修线路

测试条件及标准：拔掉 BMS 的 BK45B 插接器、熔丝 F1/34，测试电阻应为近乎为 0Ω

第四步：诊断结论验证

注意：完成诊断修理后，某些 DTC 需要将点火开关旋至 OFF（关闭）位置，然后旋回至 ON（打开）位置之后，故障诊断仪功能才会清除 DTC。

1）将点火开关置于 OFF（关闭）位置。
2）安装所有诊断时拆下或更换的部件及插接器。
3）诊断时，拆除过或更换过的部件及模块，根据需要执行调整、编程或设置程序。
4）将点火开关置于 ON（打开）位置。
5）清除 DTC。
6）关闭点火开关 60s。
7）踩下制动踏板，打开点火开关，车辆仪表显示正常，切换至 D 位或 R 位进行试车，车辆运行正常。
8）维修结束。

巩固提高

一、填空题

1. 结合图片将文字补充完整。

动力电池组内部含有_____个接触器（包括_____、_____、_____）、_____个预充电阻、_____个电池模组（112 个单体电池）_____个电池信息采集器以及电池通信转换模块、串联铜板等。

2. 电压：_____和_____之间的电位差。

电动势：又称电池标准电压或理论电压，为电池断路时正负两极间的电位差。

衡量动力电池电压的参数有：_____、_____、_____和_____四个方面。

3. 指电池在存放期间容量的下降率，用单位时间内容量下降的百分比表示。一般的锂电池的自放电率为（2%～9%）/月。

对磷酸铁锂电池而言：

一个月自放电约3%，充电时可恢复到99%。

三个月自放电约5%，充电时可恢复到_____。

六个月自放电约8%，充电时可恢复到_____。

一年自放电约15%，充电时可恢复到95%。

三年自放电约40%，充电时可恢复到_____。

主要影响因数：_____、_____、电解液聚合物隔膜和制作过程中环境温度。

4. 电动汽车动力电池放电后，用直流电源连接动力电池，将_____能转化为_____能，使它恢复工作能力，这个过程称为动力电池充电。

动力电池充电时，正极与_____相连，负极与_____相连，充电电源电压必须_____于动力电池的_____电动势。

合适的充电方式不仅能够最大限度地发挥电池的容量，而且可以延长电池的使用寿命。

电动汽车的充电方法一般分为：

（1）_____ （2）_____ （3）_____。

5. 车辆互锁电路有两路，如下图所示。

一路为BMS通过内部电路产生一个_____信号，通过_____输出至高压配电盒的插接器的_____上，再通过高压插接器内部短路端子从_____输出至动力电池包的_____，再通过高压插接器内部短路端子从_____返回至BMS的_____，BMS内部检测_____上的_____信号。

另一路为BMS通过内部电路产生一个_____信号，通过_____输出至高压配电盒的插接器的_____上，再通过高压插接器内部短路端子从_____返回至BMS的_____，BMS内部检测_____上的_____信号。

如果_____信号正常，说明高压系统连接完整，如果检测不到_____信号，说明高压系统断开或互锁电路存在故障，将断开接触器或使接触器不吸合，防止事故发生。

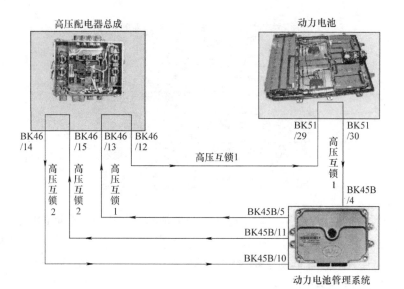

二、选择题

1. 在检查动力电池低压是否供电时，主要是检测动力电池低压控制电路的电压。其检测方法是：将车辆在举升机上升起，断开低压控制插接器，打开点火开关至 ON 档，随后用万用表测量动力电池低压控制电路供电电压为（　　）V。
   A. 6　　　　B. 12　　　　C. 5　　　　D. 24

2. 下面哪个参数是 BMS 中检测动力电池还剩多少电量？（　　）
   A. SOC　　　B. SOP　　　C. SOH　　　D. DOD

3. 下列不是衡量动力电池电压的参数的是（　　）。
   A. 正常电压　　B. 负载电压　　C. 充电终止电压　　D. 放电终止电压

4. 动力电池绝缘检查时，用额定电压为 1000V 的绝缘表测试总正、总负对地电阻应不小于（　　）。
   A. 1MΩ　　　B. 10MΩ　　　C. 100MΩ　　　D. 1000MΩ

5. 动力电池单体电压异常，对下列哪一项影响最小？（　　）
   A. 动力电池组整体的电压　　　B. 动力电池组整体的电流
   C. 动力电池组整体的容量　　　D. 动力电池组整体的电阻

6. 动力电池高压母线连接出现故障时，下面哪些操作是没必要的？（　　）
   A. 万用表测量线束端的 12V 是否导通
   B. 检查 MSD 是否松动
   C. 插拔高压线束，看是否存在接触不良问题
   D. 检查动力电池绝缘情况

7. 动力电池正、负和预充继电器是控制动力电池电能输出的主元件，继电器工作有严格的条件，如果在上电以及车辆运行过程中，条件不能满足，BMS 将停止对正、负和预充继电器的控制，而使动力电池电能不输出。下列哪一项不是继电器工作的基本条件？（　　）
   A. 整车高压系统正常，无故障
   B. 互锁电路正常
   C. 车身用电器（如收音机）基本正常
   D. 整车高压

项目 4
充电系统认知与检修

电动汽车充电系统是为动力电池提供充电的设备总成。包括慢速（交流）充电系统和快速（直流）充电系统，慢速充电系统通过慢速充电线束（家用慢速充电线束、充电桩慢速充电线束）分别与家用插座或交流充电桩相连为动力电池进行220V慢速（交流）充电；快速充电系统通过直流充电桩（快速）为动力电池进行快速充电。

通过本项目的学习，主要达到以下目标：

目标	具体描述
知识目标	能够描述充电系统的功能与组成
	能够描述充电系统的工作原理
	能够解答充电系统常见故障的产生机理
技能目标	能够正确重现充电系统的常见故障
	能够合理利用各项数据进行充电系统故障的综合分析
	能够准确运用维修工具及设备排除充电系统故障
	能够正确书写诊断报告
	能够举一反三地维修其他各品牌相同系统的故障
素质目标	能够安全规范地进行故障诊断操作，树立安全责任意识
	能够通过规范操作养成良好的工作习惯和工作态度
	能够通过协同工作养成良好的团队协作精神
	能够在操作中养成刻苦钻研、精益求精、勇于创新的工匠精神

本项目的主要任务：
任务1　充电系统认知
任务2　充电系统常见故障分析与诊断
任务3　充电系统常见故障诊断与排除

任务1　充电系统认知

任务描述

单位新来一批实习员工，需要对比亚迪（秦）EV电动汽车有一个清晰的认识，请你准备一下，结合实际车辆和相关资料，讲解比亚迪（秦）EV电动汽车充电系统的结构和工作原理，并对学习效果进行评价。

任务目标

1. 知识目标

1）能描述电动汽车慢速（交流）充电系统的功用与组成。
2）能描述电动汽车慢速（交流）充电系统的基本结构、工作原理。
3）能描述慢速（交流）充电系统有关的部件，并能准确描述其工作原理。

2. 能力目标

1）可以借助原厂资料（维修手册）准确描述电动汽车慢速（交流）充电系统的结构和工作原理。
2）能借助原厂维修资料和对车辆的理解，对电动汽车慢速（交流）充电系统关键部件进行实车认知。

3. 素质目标

1）能够按照企业5S要求和安全生产规范进行操作。
2）具有一定的沟通能力和团队合作能力。

4. 拓展目标

1）能对同一车型的慢速（交流）充电系统进行全面认知和分析。
2）能对其他车型的同类故障全面认知和分析。

任务准备

1）防护装备：常规实训着装。
2）车辆、台架、总成：比亚迪（秦）EV电动汽车整车或比亚迪（秦）EV电动汽车整车解剖平台。
3）专用工具、设备：高压防护工具套装。
4）辅助材料：对应车型比亚迪（秦）EV电动汽车线路图及维修手册。

知识准备

充电系统结构和工作原理

电动汽车充电系统主要由充电桩、充电插口、车载充电机、高压控制盒（PCU）、动力电池、充电指示灯及高压导线组成，其系统线路组成及连接线路的原理如图4-1所示。

其充电方式主要包含快速（直流）充电和慢速（交流）充电两种方式，本教材仅讲述慢速（交流）充电方式。车辆慢充过程主要有以下步骤：物理连接、充电模式启动、供电设备启动、慢充连接确认、IG继电器控制（双路电继电器）、数据交换、充电功能启动、动力电池接触器控制、充电枪锁止、供电设备继电器控制、充电前预热控制、充电过程监控、充电散热（冷却）控制、充电停止、非正常条件下充电功能停止。

> 注意：以下所有工作流程主要对于原车配备的便携式供电设备来进行讲解，其他类型的供电设备的工作过程可以以此作为参考。

项目4 充电系统认知与检修

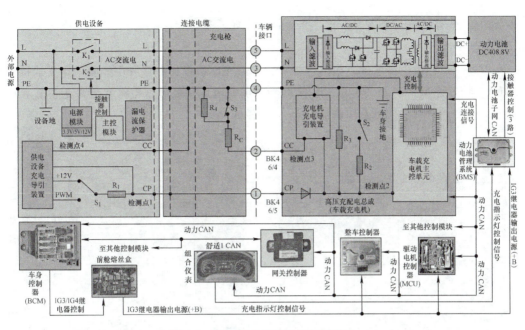

图 4-1 供电设备线路组成与原理图

1. 物理连接

物理连接就是用充电枪把供电设备和车辆侧充电口连接，供电设备和 AC 220V 交流插座连接，实现充电线路贯通。其中接口的形状及其定义如图 4-2 所示。

图 4-2 充电接口的形状及其定义　　　　　　　　交流充电操作规范

车辆充电前首先要确认外部供电（AC 220V）电源正常，且车身接地（PE）线路牢靠。如果供电电源正常，供电设备才会产生低压而被激活，充电控制确认（CP）信号连接导引线路上的电压才会出现 +12V。否则将导致供电设备内的控制系统无法获得低压电源（+B），从而导致供电设备无法启动，供电设备上的所有指示灯不会点亮，车辆无法充电。如果 PE 接地线路出现故障，将导致供电设备激活其故障指示灯，但部分供电设备依然可以充电，但有的供电设备则不会启动，车辆无法充电。

关闭点火开关，且档位处于 N 位或 P 位，打开驻车制动器。按压充电枪锁止按键，连接充电枪至车辆，松开锁止按键，确认充电枪完全连接。

> 注意：部分供电设备需要刷卡，供电设备才能完整工作。

2. 充电模式启动

在电动汽车和供电设备建立电气连接后，车载充电机通过测量导引线路中定义的检测点3（CC）与PE之间的电阻（电压）值来判断当前充电连接装置（电缆）的额定容量和连接状态。如图4-3所示为充电连接确认（CC）信号线路图。

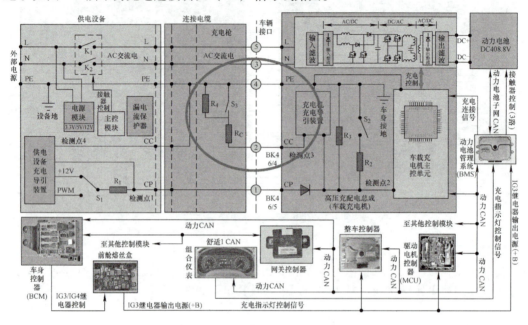

图4-3 充电连接确认（CC）信号线路图

车载充电机（OBC）内部输出一个高电位（约DC 12V）至CC信号线路上。按压充电枪上锁止开关并保持，CC信号通过充电枪内部线路中的串联电阻R_4、R_C与PE接通，OBC内部输出的高电位（约DC 12V）被电阻R_4和R_C拉低至4.33V左右（以10A容量充电电缆为例）。释放充电枪上的锁止开关，R_4被充电枪内部开关S_3短接，CC信号只通过充电枪内部电阻R_C与PE接通，OBC内部输出的高电位（DC 10.5V左右）被电阻R_C拉低至2.42V左右。

OBC主控单元接收2.42V左右电压时，即确认充电枪和车辆已连接，OBC被激活，通过P-CAN总线唤醒激活BMS、VCU、组合仪表、网关控制器、BCM控制器（MICU）。

OBC主控单元接收2.42V左右电压后，即可判定当前供电电缆的供电电流，其判定依据如图4-4所示。如果此电压信息不符上述要求，OBC无法被激活，同时也不能判断连接状态及充电枪容量，车辆无法进入充电模式。BMS、VCU、组合仪表及BCM也将无法启动，组合仪表上无任何显示信息。

充电枪连接确认（CC）信号线路检测

3. 供电设备启动

供电设备接通交流电源后，会向CP线路输出+12V电压；充电枪连接后，被OBC内部充电导引装置中串联在CP信号线路上的整流二极管和电阻R_3（图4-5中多边形及椭圆圈示

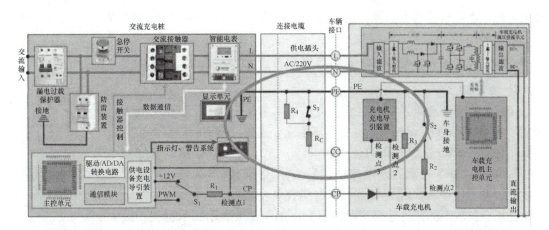

如图所示,R_C和R_4组成充电容量判断的电阻网,车载充电机根据此网络电阻值(信号电压值)来判定当前设备容量。
a) 当车辆控制装置测得R_C阻值为1.5kΩ时,即表示车辆插头与车辆插座之间连接正常,且电缆线的电流容量值为10A。
b) 当车辆控制装置测得R_C阻值为680Ω时,即表示车辆插头与车辆插座之间连接正常,且电缆线的电流容量值为16A。
c) 当车辆控制装置测得R_C阻值为220Ω时,即表示车辆插头与车辆插座之间连接正常,且电缆线的电流容量值为32A。
d) 当车辆控制装置测得R_C阻值为100Ω时,即表示车辆插头与车辆插座之间连接正常,且电缆线的电流容量值为63A。

图4-4　供电电缆及供电设备的供电电流判定依据

位置)拉低至9V并保持。OBC内部监测CP信号线路上检测点2的电压,如果检测到检测点2的电压变为9V,则OBC判定供电设备通过充电枪与车辆已连接,OBC进入准备阶段。

与此同时,交流供电设备根据CP信号线路上检测点1的9V电压判断供电设备与车辆已连接,供电设备也进入准备阶段。

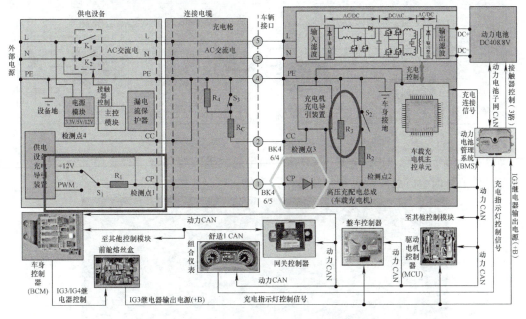

图4-5　充电控制确认(CP)信号导引线路图

如果此电压不符,交流供电设备可判知供电设备和车辆连接异常,供电设备停止充电模式,不再继续进行充电功能启动检测。而OBC可判定供电设备和车辆连接异常,将停止在充电模式，不再进行充电功能启动检测，车辆无法充电，同时 OBC 内可能保存故障信息并生成故障码。

> 注意：CP 信号不能用来激活 CAN 总线系统。

4. 慢充连接确认

OBC 根据其检测到的 CC 信号（应该为 2.42V）和 CP 信号（应该为 9V）后，确认供电设备、充电枪和车辆完全连接，进而将如图 4-6 所示圈示位置的 BMS 输出的高电位（10.74V）充电连接信号拉低至低电位（2.86V），BMS 检测到充电连接信号变化，即确认车辆通过充电枪与供电设备已连接，然后 BMS 通过其与组合仪表之间的充电指示灯控制信号让组合仪表上的充电连接指示灯点亮，如图 4-7 所示圈示位置，提醒驾驶人车辆进入充电模式，充电枪已连接。

充电控制确认（CP）信号线路检测

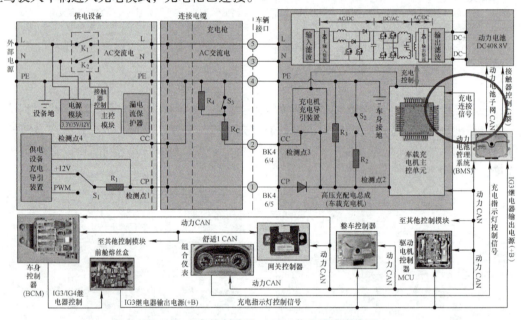

图 4-6　充电控制确认（CP）信号导线线路图

如果 CC 信号异常，OBC 会基于 CP 信号而生成故障码并存储；如果 CP 信号异常，OBC 会基于 CC 信号而生成故障信息产生故障码并存储。

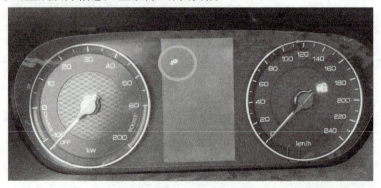

图 4-7　组合仪表信息显示

5. IG 继电器控制

当 CC 信号和 CP 信号完全正常后，OBC 启动充电模式，并将此信息发送至 BMS、组合仪表、BCM 等。BCM 接收到充电启动信息后，首先结合当前总线上的热管理信息，控制 IG 继电器闭合，如图 4-8 为 IG 继电器控制线路图，从中可以看出，系统有 IG3 和 IG4 两个 IG 继电器，其中 IG3 继电器为 VCU、MCU、高压模块水泵、BMS 等提供 IG 信号及功率电源；IG4 为动力模块水泵、动力电池水泵、电子膨胀阀、PTC 加热器、电动压缩机、空调控制器等提供 IG 信号及功率电源。

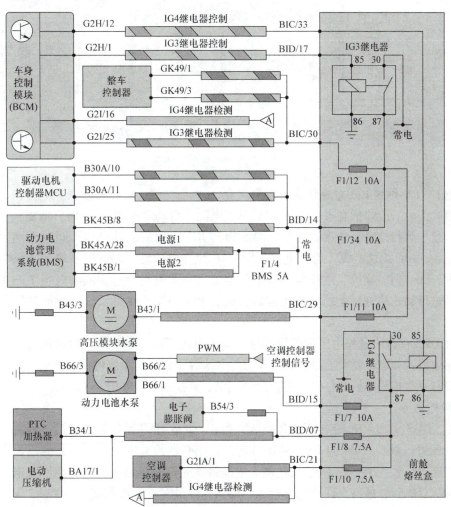

图 4-8　IG 继电器控制线路图

如果动力电池模块内的温度高于或低于 BMS 内部设定的阈值，为了启动充电预热或强制冷却功能，BMS 会在总线上发送热管理信息，BCM 结合此信息控制 IG3 继电器、IG4 继电器闭合；如果此时不需要启动动力电池充电预热或强制冷却功能，BCM 则只闭合 IG3 继电器，为 VCU、MCU、高压模块水泵、BMS 等提供 IG 电源及功率电源。如图 4-9 所示为 CAN 总线通信线路图。

高压模块水泵得到 IG3 电源后开始运转，为电控系统（包括 OBC、DC-DC 变换器模

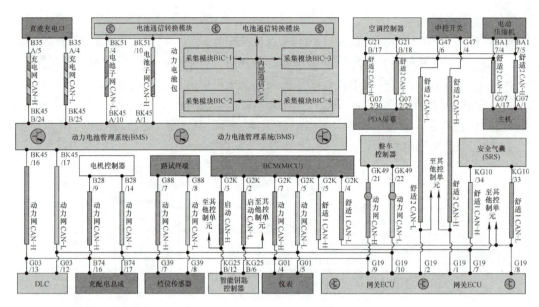

图 4-9 CAN 总线通信线路图

块)散热；VCU 得到 IG3 电源后启动自检和 CAN 通信功能，接收和发送充电信息、档位信息、热管理信息、故障信息等；MCU 得到 IG3 电源后启动自检和 CAN 通信功能，接收和发送充电信息、禁行信息、故障信息等；BMS 得到 IG3 电源后启动自检，同时为动力电池通信转换模块、BIC 提供电源，动力电池子网 CAN 也随之启动。BMS 对系统低压供电、动力电池温度、SOC 值、绝缘、故障信息、单体电池信息等进行自检，同时对主负、主正、预充继电器进行粘连检测。系统自检正常后，通过 P-CAN 总线将系统正常信息发送至总线网络。

如果 BMS 在自检过程中出现低压供电、动力电池温度、SOC 值、故障信息、单体电池信息、继电器等异常，就会通过 P-CAN 总线发送异常信息，系统将停止充电流程，同时保存故障信息并生成故障码并存储，停止启动充电，其控制流程如图 4-10 所示。

6. 数据交换

OBC、BMS、DC-DC 变换器、P-CAN 总线、舒适 CAN 总线被激活后，就进入数据交换阶段（配置阶段）。OBC 向 BMS 发送时间同步信息、最高输出电压、最低输出电压、最大输出电流等信息。BMS 向 OBC 发送动力电池最高允许充电电压、最高允许充电电流、慢充系统标称总能量、最高允许充电总电压、最高允许温度、慢充系统荷电状态、慢充系统总电压、动力电池温度等参数信息，向 MCU 发送驱动电机控制禁止启动命令，向空调控制器、VCU 发送动力电池预热或冷却启动信息。

在此期间，OBC 检测充电口温度传感器返回的电压（温度）值，并将此值和 OBC 内部所存储的基准电压（温度）值进行比对，如果在预设的安全值（温度值）以下，OBC 即确认充电口及充电枪温度正常。如果此温度值异常，OBC 将可能启动保护模式，即不启动充电功能或调整充电电流，这样就可以避免由于温度过高使充电口及充电枪绝缘层软化而短路，造成触电及火灾事故发生。充电口温度传感器电路原理如图 4-11 所示。

以上信息确认无误后，BMS 向 OBC 发送动力电池充电准备就绪信息，OBC 向 BMS 发送

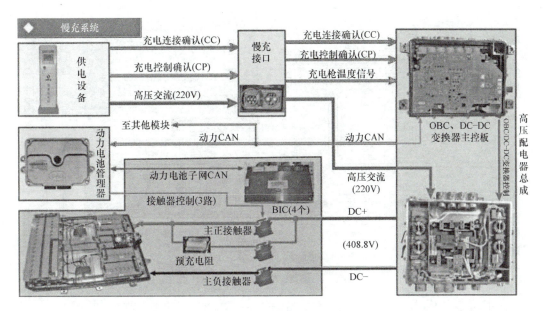

图 4-10 充电唤醒流程图

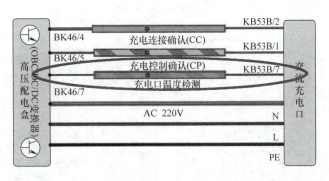

图 4-11 交流充电口（慢充接口）温度传感器电路原理图

充电机准备就绪信息。如果任何一条信息出现异常，充电系统将不启动充电功能，同时可能保存故障信息并生成故障码并存储。

7. 充电功能启动

CP 信号线路上 9V 电压保持过程中，车辆端的容量设定、系统唤醒、自检及数据交换等需在 3s 内完成，如果信息出现异常或无信息持续的时间大于 3s，充电功能将不启动。

如果信息正常，供电设备内部的开关 S_1 切换至 PWM 端，在图 4-12 所示中红色框内所示。供电设备充电导引装置输出可调节的幅值为 12V 左右的双极性 PWM 占空比信号至 CP 信号线路上并保持，占空比与供电设备可提供的最大连续电流值具有相关性。在此期间，OBC 继续检测自身是否准备完成，且无其他故障。

供电设备输出幅值为 12V 左右的双极性 PWM 占空比信号被 OBC 内部充电导引装置中串联在 CP 信号线路上的整流二极管（图 4-12 中多边形圈示位置）整流、被电阻 R_3（图 4-12 中方框圈示位置）拉低至幅值为 +9V 左右的单极性 PWM 占空比信号并保持，其波形如图 4-13 所示。

充电系统正常情况下，以上两个波形出现的时间非常短，不足 3s 或更短，且不容易测

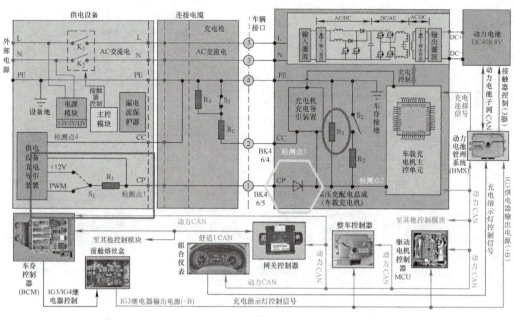

图 4-12 充电系统控制原理图（见彩插）

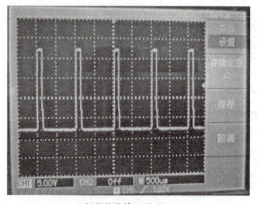
二极管整流前 CP 波形

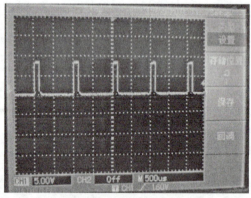
二极管整流、R_3 拉低后 CP 波形

图 4-13 充电控制确认（CP）信号波形图

试。OBC 将 CP 信号线路上检测到的检测点 2 的 +9V 左右的 PWM 占空比信号波形、频率和 OBC 内部所存储的基本信号波形、频率进行比对并进行系统自检，如果正常，OBC 在 3s 内会闭合开关 S_2，将波形幅值再次拉低，准备启动充电功能，S_2 开关如图 4-14 所示中红色圈示部位；如果 OBC 在 3s 自检异常，将不会执行启动充电功能的下一步；如果供电设备在 3s 内检测波形如果没有变化，供电设备内部的开关 S_1 将切换回 +12V 端，CP 信号线路恢复至 +9V，车辆充电功能禁止，同时 OBC 可能保存故障信息并生成故障码存储。

S_2 开关闭合后，开关 S_2 通过电阻 R_2 将 CP 信号线路接地，同时与 R_3 并联，这导致 CP 信号线路接地电阻进一步减小，从而使 CP 信号的幅值被拉低至 +6V 左右并保持，其波形如图 4-15 所示。此时 OBC 将检测到的 CP 信号与 OBC 内部所存储的信号幅值进行比对。

OBC 在 3s 内对检测点 2 的 +6V 左右 PWM 波形幅值持续检测，同时再次自检系统内故

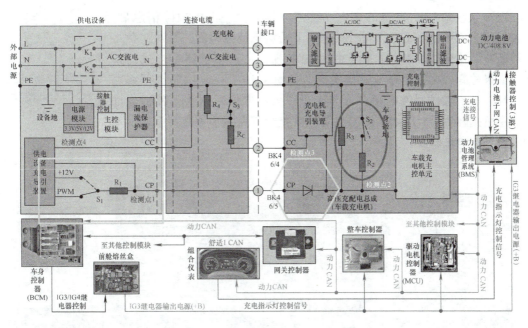

图4-14 充电系统控制原理图（见彩插）

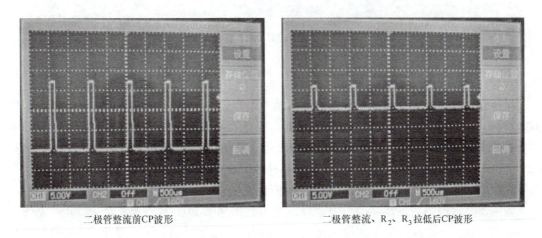

二极管整流前CP波形　　　　　　　二极管整流、R_2、R_3拉低后CP波形

图4-15 充电控制确认（CP）信号波形图

障信息，以及BMS、MCU（含DC-DC变换器）、VCU等状态，如果状态正常，OBC发送充电功能启动信息，BMS接收到此信息后准备接通高压继电器工作，同时BMS根据动力电池温度发送动力电池热管理信息（预热、预热/充电、充电）需求至空调控制器。

在以上过程中，若有一项信息错误或异常，OBC内部的开关S_2断开，导致CP信号线路上的+6V左右PWM波形恢复至+9V左右PWM波形，同时OBC停止启动充电功能，OBC可能保存故障信息并生成故障码。而供电设备通过检测点1也会同时检测到CP信号波形变化，随即将开关S_1切换回+12V端，CP信号线路恢复至+9V，供电设备禁止充电功能启动，此时车辆无法充电。

8. 动力电池接触器控制

BMS 接收到 OBC 发送的充电功能启动信息及整车无故障信息后，首先控制主负接触器闭合，同时对总线上的信息持续检测，并对主负接触器断路、预充电阻断路、预充接触器粘连、主正接触器粘连进行检测，如果检测成功，闭合预充接触器，如图 4-16 所示。由于高压线路中容性元件、感性元件的存在，为防止过大的电流对这些元件造成冲击，主负接触器闭合后如果检测成功，系统会首先闭合预充接触器，车辆进入预充电状态。

充电控制确认（CP）信号波形检测

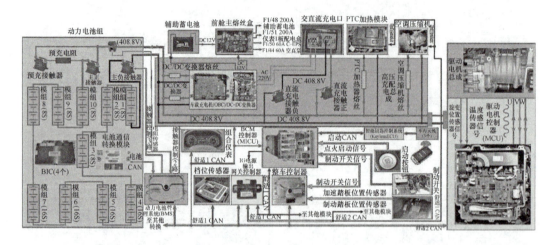

图 4-16 动力电池内部接触器控制线路图

在预充阶段，BMS 对预充接触器断路、预充电阻、整车高压绝缘进行检测。如果异常，BMS 将停止接触器控制过程，并断开已接通的预充及主负接触器，充电流程停止，BMS 系统生成并存储故障码信息，同时将故障信息及停止启动充电功能通过 CAN 总线发送至 VCU、OBC、MCU（含 DC-DC 变换器）等，OBC 接收到此信息后，内部控制开关 S_2 断开，CP 信号线路信号变化，随即供电设备以及 OBC 停止充电功能。

如果预充阶段一切正常，动力电池母线电压达到 90% 以上时，预充结束，BMS 控制主正接触器闭合，接通高压主正回路，然后 3s 内断开预充接触器。主正接触器接通后，BMS 检测主正接触器状态、整车高压绝缘状态、所有系统通信、检测正常后，OBC 开始输出 DC 408.8V 高压，开始为车辆进行充电，同时 MCU（含 DC-DC 变换器）启动 DC-DC 变换器工作，为辅助蓄电池提供持久的 +B 充电电源。

主正接触器接通后，如果检测出主正接触器状态有粘连、开路、短路或整车高压绝缘状态异常时，BMS 将停止接触器控制过程，并断开已接通的主正及主负接触器，充电流程停止，BMS 系统生成并存储故障码信息；同时将故障信息及停止启动充电功能通过 CAN 总线发送至 VCU、OBC、MCU 等，OBC 接收到此信息后，内部控制开关 S_2 断开，CP 信号线路信号变化，随即供电设备以及 OBC 停止充电功能。

BMS 控制主正、主负接触器开始工作后，整车高压系统上电完成。

注意：在数据交换阶段（配置阶段）确认信息无误后，BMS 系统首先检测外界温度和动力电池温度，如果温度低于内部预设的阈值，则启动充电前预热功能；如果温度高于内部预设的阈值，则不需要启动充电前预热功能，直接进入接触器控制阶段（动力电池上电）。

9. 充电枪锁止

为防止车辆充电过程中充电枪丢失，车辆具有充电枪锁功能。BMS 控制主正、主负接触器吸合，整车高压上电成功后，OBC 将充电枪锁锁止信息发送至动力 CAN 总线上，BCM 接收到锁枪信息后，控制充电枪锁止电机锁止充电枪，同时充电枪锁反馈锁状态信号至 BCM，此时充电枪无法拔出，如图 4-17 所示为充电枪锁控制线路图。

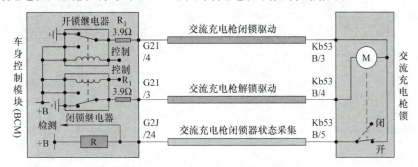

图 4-17　充电枪锁控制线路图

10. 供电设备继电器控制

供电设备在自检的同时，会持续监测检测点 1 的 6V 左右的 PWM 波形幅值在 3s 内有没有变化。如果自检正常，随即启动充电功能，接通内部交流接触器 K_1 和 K_2，如图 4-18 所示

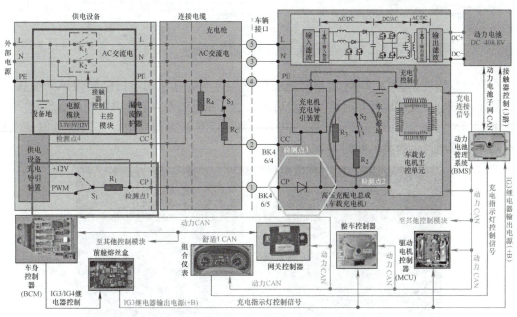

图 4-18　充电系统控制原理图（见彩插）

示中蓝色框圈示部分，AC 220V 电源就可以供给 OBC，OBC 结合当前供电电流以及动力电池状态调整充电电流输出。

如果供电设备检测到检测点 1 的波形异常或自检异常，即停止启动充电功能，并将开关 S_1 切换至 +12V 端，导致 CP 信号线路上波形消失，变为稳态电压。OBC 检测到波形消失、变为电压后，随即将开关 S_2 断开，导致 CP 信号线路上电压变为 9V，同时 OBC 停止启动充电功能，保存故障信息并生成故障码存储。

OBC 检测到高压交流电（AC 220V）输入，随即结合充电枪上 RC 的阻值（图 4-19 中圈示部分），控制内部功率转换电路输出大于 408.8V 直流高压，为动力电池充电。

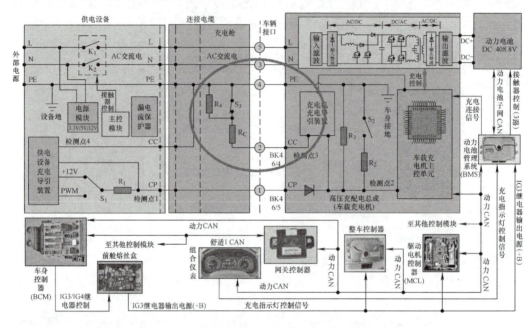

图 4-19　充电系统控制原理图

在充电过程中，OBC、BMS 根据当前充电电压、电流以及充电口温度传感器信息，实时计算出动力电池充满电所需时间及当前功率，然后和当前动力电池电量信息（SOC）一起通过 P-CAN 发送至 VCU、组合仪表，组合仪表显示车辆当前充电状态、动力电池电量、充电功率、满电所需时间，如图 4-20 所示。

图 4-20　车辆充电状态仪表显示图

在这过程中,如果 OBC 检测到使用的慢供电设备为大功率(32A 以上)且充电口温度传感器信号异常时,将限制 OBC 输出功率,防止充电口温度过高,导致安全事故发生。

11. 充电前预热控制

在低温条件下充电,BMS 系统因动力电池内部温度低而对充电电流进行限制,只能在十几安甚至几安的状态下充电,只有经过较长时间的低速充电之后,电池芯自然升温,充电电流才可以慢慢提高,这会严重影响充电时间,尤其是快充。所以在没有预加温功能的纯电动汽车充电时,电流长时间徘徊在较低的数值。电池芯只能靠充电时产生的热量自然升温,充电等候时间被拉长。

如果车辆配有充电前的预热方案,如果环境温度及动力电池内部温度过低,在连接充电桩之后系统首先会对动力电池进行预加温,当动力电池内部温度迅速达到合适的数值后,再启动对动力电池组的充电。这不仅减少了充电时间,而且还避免低温状态下快充对电池芯可能造成的伤害。

在车辆充电前,BMS 检测动力电池温度及环境温度,当动力电池温度及环境温度低于预设的阈值时,BMS 通过 P-CAN 发出动力电池充电预热请求信息至 OBC、VCU、网关控制器。网关控制器接收到此信息后,通过舒适 2 CAN 总线发出动力电池充电预热请求信息至空调控制单元以及 PTC 水加热器控制模块,其控制方式参照本书学习单元 3 相关内容。

12. 充电过程监控

如图 4-21 所示,在充电过程中主要监控以下三方面:

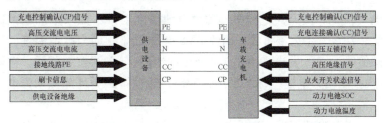

图 4-21 充电过程控制结构图

(1) 连接状态、功率变化监控

OBC 通过 CC 信号获取供电设备电流,同时,BMS 控制动力电池包内部接触器闭合后,通过其母线电流传感器检测母线电流,并发送至 OBC,OBC 主要根据当前这两个电流来计算和控制充电时间、充电功率,并通过 P-CAN 发送至组合仪表进行显示。

在整个充电过程中,OBC 不间断地测量检测点 2 的电压值及 CP 信号端子的 PWM 信号的占空比。当占空比有变化时,OBC 实时调整自身的输出功率。

(2) 充电系统的故障监控

在整个充电过程中检测点 2 或 CP 信号端子的 PWM 信号出现异常时,OBC 会立即关闭输出,停止充电。如果供电设备在充电过程中出现故障,则自行断开交流输出端的接触器,供电设备内部开关 S_1 从 PWM 输出切换到 +B 输出。

(3) 温度监控

在充电过程中 OBC 检测功率转换线路温度,如果温度过高,将启动水泵,加速冷却液循环,为 OBC 功率转换线路降温。

13. 充电散热（冷却）控制

在车辆充电过程中，电控单元和动力电池由于自身功率负载和化学反应，都将产生热量。如果热量持续增加，将会导致 OBC、DC-DC 变换器控制单元、动力电池由于过温烧毁，甚至发生火灾事故。因此，在充电过程中，需要对 OBC、DC-DC 变换器控制单元、动力电池等的温度进行监控，如果出现过温，将启动电控单元及动力电池散热功能。在充电过程中主要分两个散热系统，即电控单元和动力电池散热。

（1）电控单元散热

慢充系统动力电池的外部主要工作单元有 VCU、OBC、DC-DC 变换器控制单元，其中 OBC、DC-DC 变换器控制单元是车辆在慢充过程中的功率输出单元。OBC 将 AC 220V 电通过内部变压器、大功率管等转换为车辆所用的 DC 408.8V，这些变压器、大功率管工作时，有一部分电能会转化为热能，聚集在这些功率元件上，致使元件温度升高；同样，DC-DC 变换器控制单元将 DC 408.8V 电通过内部变压器、大功率管等转换为车辆低压电气所用的 DC 12V，这些变压器、大功率管工作过程中，也会将一部分电能转化为热能，聚集在功率元件上，致使元件温度升高。

如果在这些元件工作时不将这些热量散发出去，将导致元件过温而损坏，甚至发生火灾。因此，车辆为充电设计了一套热管理系统，以控制、稳定充电过程中的元器件温度，防止事故发生。其具体控制方式参照项目 1 中整车热管理内容。

（2）动力电池散热

在车辆充电（快充、慢充）过程中，动力电池温度上升，如果不加以控制，将严重影响动力电池性能，甚至发生火灾事故，因此 BMS 会随时监测动力电池温度，当动力电池温度高于预设的阈值时，BMS 发出动力电池冷却请求信息至空调控制单元。空调控制单元以 PWM 占空比方式控制动力电池冷却水泵开始工作，通过管路循环降低动力电池内部流出的冷却液温度。

如果需要启动强制冷却需求，BMS 通过 CAN 总线发出启动强制冷却命令至空调压缩机控制单元，空调压缩机启动，制冷剂流入热交换器，降低动力电池内部流出的冷却液温度，再通过电池热管理水泵压入动力电池箱内部冷却管路，形成散热冷却循环，降低动力电池温度。其具体控制方式参照本书学习单元 3 动力电池热管理内容。

14. 充电停止

在充电过程中，当达到车辆设置的结束条件，即 BMS 检测到动力电池 SOC 值为 100%，通过 CAN 总线向 OBC 发送停止充电命令，OBC 控制开关 S_2 断开，并使 OBC 处于停止状态。同时 CP 信号线路上波形幅值上升至 9V，此时供电设备检测到 CP 信号（检测点 1）波形信号变化，控制开关 S_1 切换到 +12V 的连接状态并等待，如图 4-22 所示，此时供电设备 CP 信号保持 +9V 电压。

在此过程中，OBC 再次询问 BMS 是否停止充电，如果确认，供电设备内部将在 100ms 内断开接触器 K_1 和 K_2，切断交流供电线路，超过 3s 未检测到 +9V，供电设备将强制断开交流供电接触器 K_1 和 K_2，结束充电。同时，BMS 发送 DC-DC 变换器停止命令，DC-DC 变换器停止；然后 BMS 先控制主正继电器断开，延时 20ms，控制主负继电器断开，高压下电。

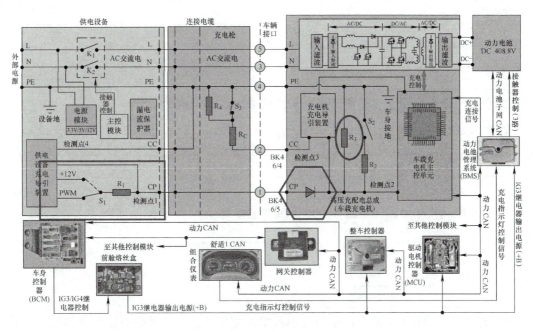

图 4-22 充电控制确认（CP）信号导引线路图

15. 非正常条件下充电功能停止

车辆在充电过程中如果发生以下任一情况，车辆充电结束：

1）PE 与检测点 3 之间的电阻值发生改变，即充电枪插头与车辆插座连接状态发生改变断开，OBC 在 100ms 内停止充电，断开 S_2 开关。

2）检测点 2 的 PWM 信号发生改变，中断或波形不符，OBC 在 3s 内停止充电，断开 S_2 开关。

3）检测点 1 的电压值发生改变，如 12V、9V 或其他非 6V 状态，充电桩在 100ms 内断开交流继电器，以切断交流回路。

4）在充电过程中，如果漏电保护器动作，OBC 处于失电状态，断开 S_2 开关，停止充电。

5）供电设备监测 OBC 实际工作电流，当供电设备的 PWM 信号对应的最大供电电流 ≤20A，且 OBC 实际工作电流超过最大供电电流 2A 并保持 5s，或供电设备的 PWM 信号对应的最大供电电流 >20A，且 OBC 实际工作电流超过最大供电电流 1.1 倍并保持 5s，供电设备切换 S_1 开关至 +12V，断开交流继电器，切断交流回路。

6）当 S_2 开关断开（检测点 1 电压 9V）时，供电设备在 100ms 内断开交流供电回路，持续输出 PWM。

7）在供电接口完全连接但未闭合交流回路时，如果发生异常，充电桩在 100ms 内切换 S_1 开关至 +12V 连接状态，同时不闭合交流继电器。

任务实施

1）在教师的引导下，以小组为单位学习相关技能，并完成下列作业。

① 电动汽车慢速（交流）充电系统的主要功能有哪些？

_____

_____

_____。

② 简述电动汽车慢速（交流）充电系统的结构组成有哪些？

_____

_____

_____。

③ 简述电动汽车慢速（交流）充电系统的工作流程。

_____

_____

_____。

2）在教师的引导下分组，以小组为单位学习相关知识，并结合电动汽车慢速（交流）充电系统线路图，完成以下作业：

① 认识线路图中的元素、编码、规则。

② 勾画出线路图中的系统通信线路。

③ 在车辆上查找系统部件，绘制部件线路图。

④ 按照下列表格索引，测量线路和元件标准值，并完成下列数据采集表格。

工作任务	电动汽车慢速（交流）充电系统线路和关键部件认知

① 结合所学知识及维修手册，绘制电动汽车慢速（交流）充电系统相关线路图

② 根据所绘制的线路图，写出电动汽车慢速（交流）充电系统关键部件的实车位置和功用

关键部件	实车位置	功用

评价反馈

一、学习效果评价

找一辆不同车型的新能源汽车,完成与本任务相同的作业。

二、学习过程评价

项目	评价内容	评价等级		
		A	B	C
关键能力考核项目	遵守纪律,遵守学习场所管理规定,服从安排			
	安全意识、责任意识、5S管理意识,注重节约、节能与环保			
	学习积极主动,能参加安排的实习活动			
	团队合作意识,注重沟通,能自主学习及相互合作			
	仪容仪表符合活动要求			
专业能力考核项目	按时按要求独立完成工作页、任务			
	工具、设备选择得当,工具、设备使用符合技术要求			
	操作规范,符合要求			
	学习准备充分、齐全			
	注重工作效率与工作质量			
	技能点1:			
	技能点2:			
小组评语及建议		组长签名: 年 月 日		
老师评语及建议		老师签名: 年 月 日		

任务2 充电系统常见故障分析与诊断

任务描述

一辆纯电动轿车,可以正常行驶,快充正常,但对车辆进行慢充电时,车辆无法充电,请在约定的时间内对车辆进行诊断与维修,并给客户提供用车建议。

任务目标

1. 知识目标

1）能描述电动汽车充电系统故障现象产生机理。
2）能描述电动汽车充电系统关键部件的认知和故障检测。
3）能描述电动汽车充电系统线路及通信线路结构和原理。
4）能描述电动汽车 BMS 的结构与原理。
5）能描述电动汽车 BMS 的检测与诊断。

2. 能力目标

1）能借助原厂维修资料和对车辆的理解，对常规充电方式进行规范操作。
2）能借助原厂维修资料和对车辆的理解，对充电系统关键部件进行认知和故障检测。
3）能借助原厂维修资料和对车辆的理解，对充电系统故障进行系统分析。

3. 素质目标

1）能够按照企业 5S 要求和安全生产规范进行操作。
2）具有一定的沟通能力和团队合作能力。

4. 拓展目标

1）能对同一车型的充电系统故障进行诊断与排除。
2）能对其他车型的同类故障进行诊断与排除。

任务准备

1）防护装备：常规实训着装。
2）车辆、台架、总成：比亚迪（秦）EV 电动汽车整车或比亚迪（秦）EV 电动汽车整车解剖平台。
3）专用工具、设备：高压防护工具套装。
4）辅助材料：对应车型比亚迪（秦）EV 电动汽车线路图及维修手册。

知识准备

一、故障分析

因车辆可以正常行驶，且快充正常，说明除了与慢充系统工作有关的其他系统均正常，即 BMS、MCU、DC－DC 变换器控制、车载充电机管理、高压绝缘检测、高压互锁等功能均正常。慢充异常，可能只是由于慢充系统存在故障，结合如图 4-23 所示的充电系统线路图可以看出，系统存在以下一项或多项故障，从而造成车辆慢充功能失效。

1）供电设备（包括便携式供电设备）供电、自身故障。
2）充电电缆断路、虚接、短路故障。
3）车辆端的充电连接口到车载充电机之间的 CC 信号线路断路、虚接、短路故障。
4）车辆端的充电连接口到车载充电机之间的 CP 信号线路断路、虚接、短路故障。
5）BMS 与车载充电机之间的充电连接信号线路断路、虚接、短路故障。
6）充电枪锁止开关（机械卡滞）及内部线路断路、虚接、短路故障。
7）电流传感器电源、信号线路断路、虚接、短路以及自身故障。

项目4 充电系统认知与检修

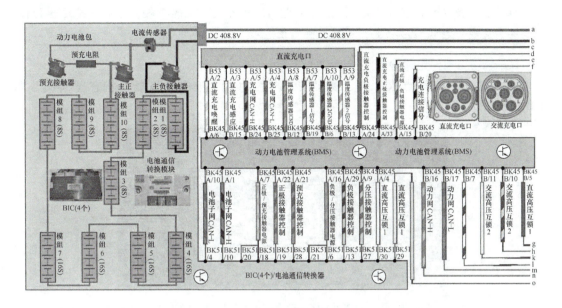

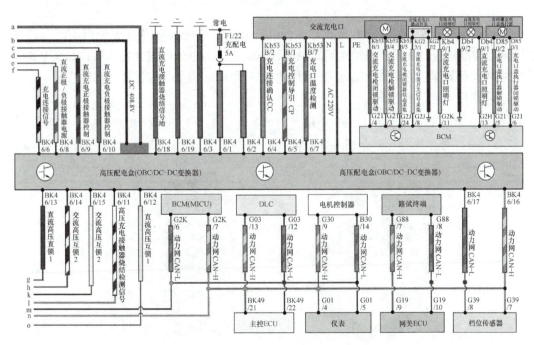

图 4-23 充电系统线路图

注意：对比亚迪（秦）EV 电动汽车来讲，车载充电机电源或 CAN 总线出现故障后，将导致车载充电机无法启动工作，且整车系统和车载充电机之间无法通信，在整车低压、高压上电自检过程中，无法获取车载充电机的信息，这将导致仪表上的"READY"灯无法点亮，车辆也无法行驶。

注意：其他车型或者比亚迪（秦）EV 电动汽车其他年款的车辆，是否也是这样的控制策略，需要进行试验后确定，不要一概而论。

1. 车辆动力电池电量检查

踩制动踏板、打开点火开关，观察仪表上的动力电池电量值显示状态（SOC），如图 4-24 所示。

图 4-24　组合仪表 ON 档时动力电池电量值显示状态（SOC）

如果仪表显示电量充足，则需要对车辆进行放电，等到电量降至 95% 以下时再对车辆进行充电功能检查。如果放电结束后充电正常，则为动力电池电量充足所致；如果车辆行驶放电后电量不下降，说明动力电池电量显示状态（SOC）错误，应进行针对性修理。

2. 车辆慢充电功能检查

注意：本教材中有关实际测试中所用的供电设备或充电桩均特指原车配备的便携式供电设备，设备外形及指示灯如图 4-25 所示。

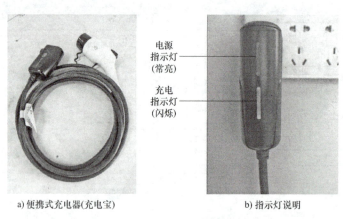

a）便携式充电器（充电宝）　　　　b）指示灯说明

图 4-25　供电设备指示灯显示状态

将车辆置于 P 位，启动电子驻车制动器，关闭点火开关，然后进行如下试验：

1）检查充电枪上的锁止开关，按压和释放充电枪锁止开关时，开关应灵活无卡滞现象，如图 4-26 所示。如果开关有卡滞现象，则需维修或更换供电设备。

2）连接供电设备至 AC 220V 电源插座，同时观察供电设备上的指示灯状态。此时供电

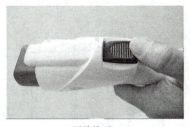 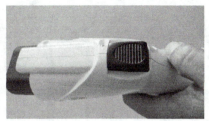

a) 开关按下　　　　　　　　　　b) 开关释放

图 4-26　供电设备锁止开关

设备上的电源指示灯应点亮。

如果电源指示灯不亮，则可能由于以下一项或多项故障所致：

① AC 220V 电源供电故障。

② 供电设备自身故障。

3）按压充电枪口盖，打开充电口盖，充电枪口照明指示灯应正常点亮，如图 4-27 所示。

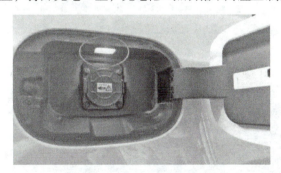

图 4-27　充电口照明指示灯

如果不能正常点亮，结合电路原理（图 4-28），则可能由于以下一项或多项故障所致：

① 充电口盖开关自身及接地、信号线路故障。

② 车身控制模块（局部）故障。

③ 充电口照明指示灯及控制、接地线路故障。

4）连接充电枪至车辆侧慢充接口，释放充电枪锁止开关，如图 4-29a 所示。在此后 8s 内应听到主正、主负继电器发出"咔嗒"的工作声，同时充电枪锁也应发出"咔嗒"的锁止声；同时观察供电设备指示灯状态，其充电状态指示灯应开始闪烁，如图 4-29b 所示。

如果主正、主负继电器及充电枪锁均没有发出"咔嗒"的锁止声，同时供电设备上的充电状态指示灯也不能正常闪烁，说明充电功能没有正常启动，说明充电系统存在故障，但不好确定具体故障部位，只有按照充电流程进行诊断才会进一步缩小故障范围。

5）观察仪表显示状态，仪表上的充电连接指示灯应点亮，同时仪表中部提示"充电连接中"，如图 4-30 所示。5s 后，仪表中部显示充满电所需时间、SOC、当前充电机功率动态，如图 4-31 所示。

① 如果仪表上无任何信息显示，据此判定为组合仪表没有对充电线束连接做出反应，一方面可能是因为车载充电机没有接收到正确的 CC、CP 信号，或者车载充电机对 CC、CP

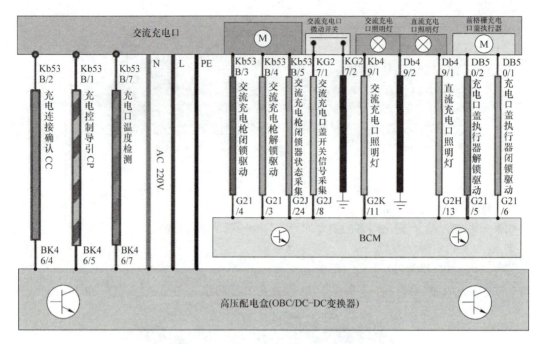

图 4-28 充电口照明指示灯电路原理图

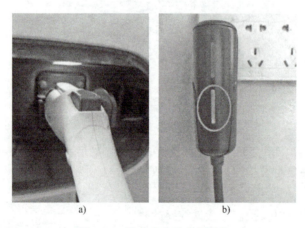

图 4-29 绿色充电状态指示灯

图 4-30 组合仪表充电连接指示

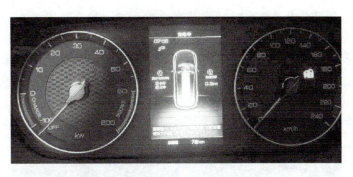

图 4-31 组合仪表充电状态指示 1

信号做出正确的反应,或者是车载充电机、BMS 没有把连接信号输送给仪表,结合如图 4-32 所示的充电控制逻辑,可能原因为:

a) 供电设备或其电源存在故障。
b) 充电枪自身(CC、CP 信号线路)故障。
c) 车载充电口与车载充电机之间线路(CC、CP 信号线路)故障。
d) 车载充电机局部故障。
e) 车载充电机与 BMS 之间的充电连接信号线路故障。
f) BMS 局部故障。
g) BMS 与组合仪表之间的充电指示灯控制信号线路故障。
h) 组合仪表局部故障。

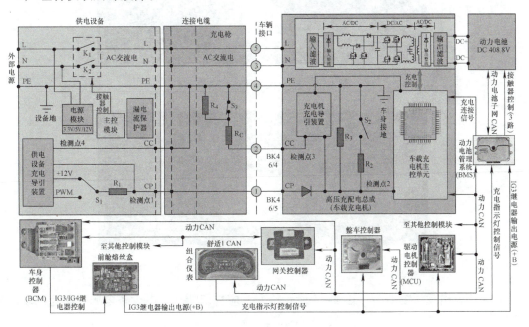

图 4-32 组合仪表充电状态控制逻辑图

② 如果在充电枪连接完成 8s 内听到主正、主负继电器及充电枪锁发出的"咔嗒"锁止声,同时供电设备上的充电灯正常闪烁,仪表上充电连接指示灯点亮,SOC 显示正常,同

时显示充电中，但是仪表中部的充电功率及充电时间显示异常，如图 4-33～图 4-35 所示。说明车载充电机根据 CC、CP、BMS 及自身的性能计算出一个合适的充电电流，在实际充电过程中，如果仪表显示不出充电电流，说明系统检测不到充电电流，进而无法计算出充电时间，系统会出现上述故障现象。而造成 BMS 接收不到正确的电流传感器信号的可能原因有：

a）电流传感器自身故障。
b）电流传感器线路故障。
c）BMS 自身局部故障。

图 4-33　组合仪表充电状态指示 2

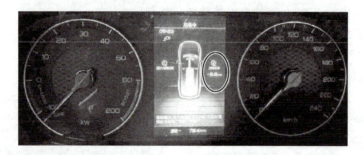

图 4-34　组合仪表充电状态指示 3

图 4-35　组合仪表充电状态指示 4

如果仪表出现如图 4-34、图 4-35 所示情况，应立即断开供电设备电源，防止安全事故发生。

二、DTC 分析

现在的汽车一般都具有自诊断功能，即使通过故障现象可以明确故障范围，但也最好首先读取故障记忆，因为这有助于进一步判断之前的分析是否正确。如果有故障码，应清楚故障码的定义和生成的条件，并基于此展开诊断和故障检修；如果没有故障码，则基于系统的结构、工作原理和诊断流程进行分析。

读取故障码时，首先连接故障诊断仪器到车辆，扫描车载充电机，读取故障码，实测过程中通常会遇到三种情况：

1）诊断仪器可以正常和车载充电机通信，但系统没有故障记忆，这种情况下只能根据故障现象，按照无故障码的诊断方法进行诊断。

2）诊断仪器可以正常和车载充电机通信，并可以读取到系统中所存储的故障码，此时应结合故障码信息进行维修。

3）在打开点火开关后，操作诊断仪器，诊断仪器不能正常和车载充电机通信。此时，应操作诊断仪器和其他控制模块进行通信，综合所有控制模块的通信状况及所读取的故障码来判定故障所在。如图4-36所示为诊断仪器和车载充电机之间的通信原理图，从中可以看出，诊断仪器通过连接线DLC（或无线或蓝牙通信）、OBD-Ⅱ诊断接口、CAN—BUS与车载充电机及其他控制单元进行通信。

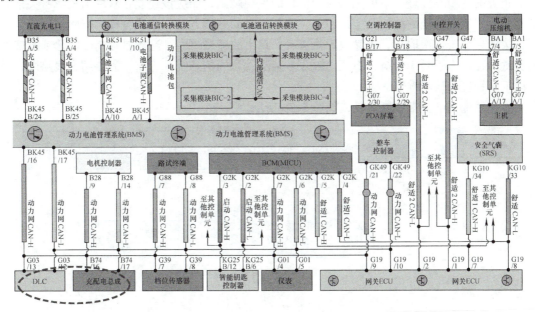

图4-36　诊断仪器和车载充电机之间的通信原理图

如果诊断仪器无法进入车辆所有系统，则可能是故障诊断仪器、诊断连接线、无线或蓝牙通信、OBD-Ⅱ诊断接口、CAN—BUS中的一个或多个出现故障；如果只是某个控制单元无法进入，则可能是该控制单元或其电源线路、相邻的CAN—BUS区间出现故障，如图4-37所示。

利用故障码进行故障诊断时，通常按以下步骤进行：

1）第一步读取故障码，查阅资料了解故障码的定义和生成条件。

2）第二步则必须是验证故障码的真实性，验证的方法也分两步。

① 清除故障码、模仿故障工况运行车辆、再次读取故障码。

② 通过数据流或在线测量值来判定故障真实性，并由此展开系统测量。

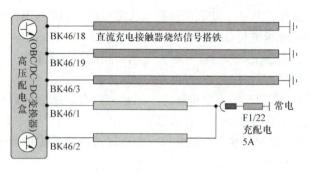

图 4-37　车载充电机电源线路图

三、故障诊断

面对慢充电过程中所发生的各种故障，诊断及处理失误将给企业和个人造成相当大的损失。正确的诊断及处理，不可能来自于盲目的主观臆断，而应该建立在获取与故障有关信息的基础上，依据系统的结构及工作原理，运用科学的分析方法，按照合理的步骤进行综合分析，去伪存真、舍次取主，排除故障受害者，找出故障肇事者，这才是提高故障诊断准确性的关键所在。为了便于分析，不至于被众多杂乱无章的信息扰乱思路，需要结合线路图，遵从以下流程进行诊断维修。

慢充系统充电异常诊断流程，如图 4-38 所示。

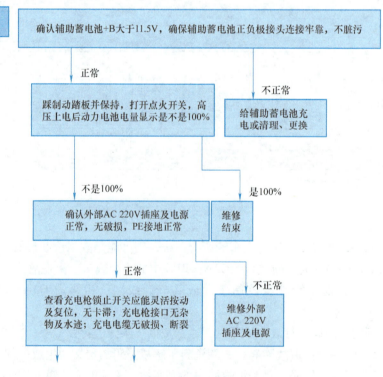

图 4-38　慢充系统充电异常诊断流程

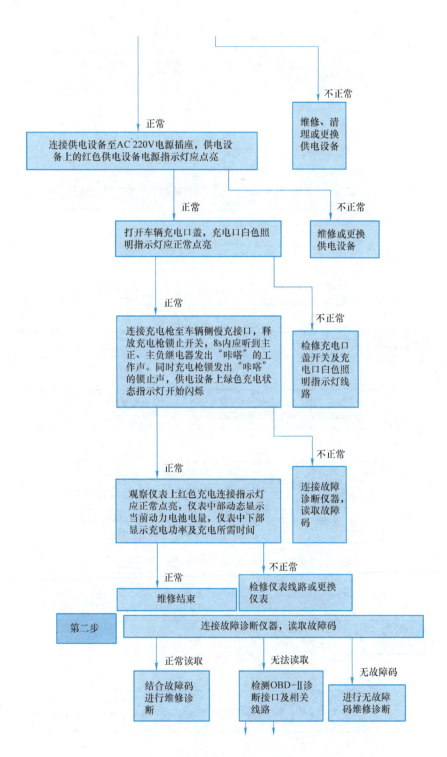

图 4-38 慢充系统充电异常诊断流程（续）

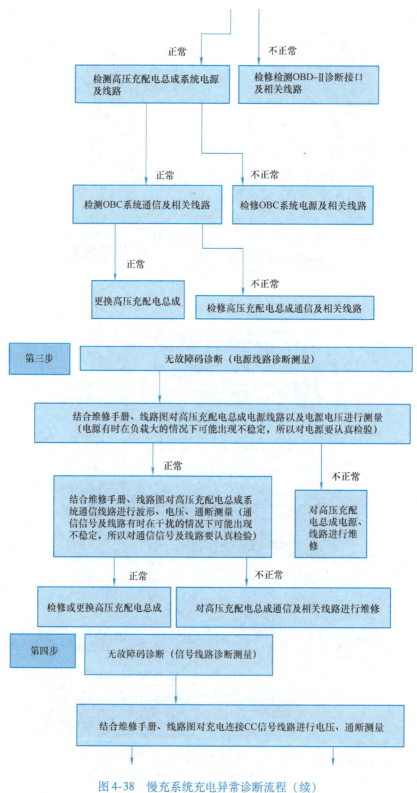

图 4-38 慢充系统充电异常诊断流程（续）

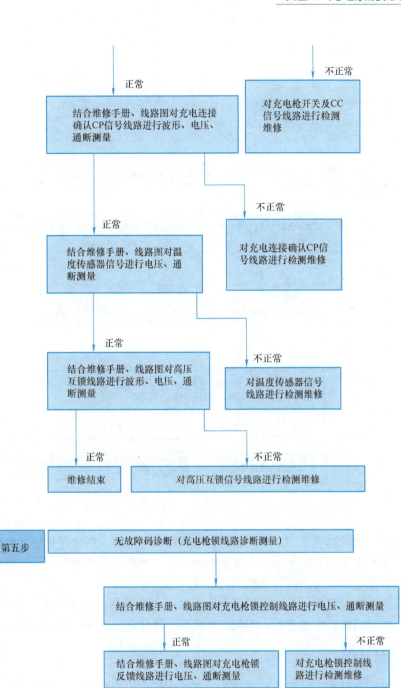

图 4-38 慢充系统充电异常诊断流程（续）

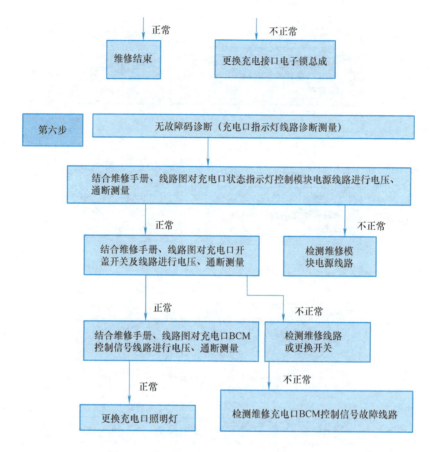

图 4-38 慢充系统充电异常诊断流程（续）

根据慢充系统的结构原理，对外部的供电设备供电电源、接地保护、充电电缆、充电导引信号以及车辆上充电导引信号、车载充电机通信、车载充电机电源、充电枪锁、交流插座温度传感器、充电指示灯控制等线路进行检测。

根据系统的结构原理，对外部的供电设备供电电源插座、充电电缆、充电枪锁止开关、充电枪锁、交流插座温度传感器、车载充电机等元器件进行检测。

四、总结拓展

技术报告：参照高、中职新能源汽车大赛工作页完成诊断报告，教师应根据需要设置好故障点，也可根据本书中提供的实际附件制定标准答案。

拓展实训：教师可以在车辆上给学生设置类似的其他故障，让学生独立完成，以考核学生的掌握水平。

任务实施

1) 教师根据下表内容设置故障，学生对车辆进行测试，确认故障现象，进行系统分析，并得出故障可能原因。（配微课和视频以指导教师设置故障）

序号	故障部位	故障性质	故障现象
1	CC 信号	断路	插上充电枪，仪表无充电反应
2	CP 信号	断路	仪表有插枪显示但是无法充电
3	高压互锁信号	断路	仪表有插枪显示但是无法充电，仪表提示请检查车载充电系统
4	动力网 CAN – H	断路	仪表有插枪显示但是无法充电
5	动力网 CAN – L		

2）完成工作页填写。

故障现象描述	（包括故障现象和故障码）	得分
分析故障现象得出可能的故障原因	（结合故障现象及故障码进行故障分析，并得出故障的可能原因）	

评价反馈

1）小组讨论。

2）各小组互评。

3）教师记录过程并进行评价。

项目	评价内容	评价等级		
		A	B	C
关键能力考核项目	遵守纪律，遵守学习场所管理规定，服从安排			
	安全意识、责任意识，5S 管理意识，注重节约、节能与环保			
	学习积极主动，能参加安排的实习活动			
	团队合作意识，注重沟通，能自主学习及相互合作			
	仪容仪表符合活动要求			
专业能力考核项目	按时按要求独立完成工作页、任务			
	工具、设备选择得当，工具、设备使用符合技术要求			
	操作规范，符合要求			
	学习准备充分、齐全			
	注重工作效率与工作质量			
	技能点 1：			
	技能点 2：			
小组评语及建议		组长签名： 　　　　年　月　日		
老师评语及建议		老师签名： 　　　　年　月　日		

任务3 充电系统常见故障诊断与排除

任务描述

一辆电动轿车,来到修理厂进行修理,车主向业务员主诉说车辆无法进行慢充,但快充能够正常充电。服务顾问试车后确定此故障为空调控制系统线路故障。请你在约定的时间内对车辆进行检修,完成诊断报告单,将修好的车辆返还业务部门,并给客户提供用车建议。注意填写后附件中的汽车维修服务接车单。

任务目标

1. 知识目标

1)能描述电动汽车充电系统的结构和工作原理。
2)能描述电动汽车充电系统故障诊断流程。

2. 能力目标

1)能借助原厂维修资料和对车辆的理解,编制充电系统及控制系统不能运行的故障树(诊断流程)。
2)能借助原厂维修资料和对车辆的理解,按照编制的故障树(诊断流程)进行系统诊断,以确定故障所在。
3)能借助原厂维修资料和对车辆的理解,正确排除诊断出的故障,并对车辆进行试验,以确保车辆运行正常。
4)能借助原厂维修资料和对车辆的理解,正确完成诊断报告,并给客户提供用车建议。

任务准备

1)防护装备:常规实训着装。
2)车辆、台架、总成:比亚迪(秦)EV电动汽车整车或比亚迪(秦)EV电动汽车整车解剖平台。
3)专用工具、设备:高压防护工具套装。
4)辅助材料:对应车型比亚迪(秦)EV电动汽车线路图及维修手册。

知识准备

故障现象1:CC信号故障导致车辆无法充电故障

1. 原理简介及系统影响

从充电导引结构图(图4-39)上可以看出,在充电连接电缆连接到供电设备的时候,供电设备端的CC信号从连接前的高电平切换到连接后的低电平。

在充电连接电缆连接到车辆充电口的过程中,车辆接口端的CC信号会发生如下变化:

1)不插枪时,CC信号为充电机充电导引装置输出的电压,一般为10.71V。
2)插上连接电缆,按下S_3开关(断开),CC信号通过充电枪内部的R_C和R_4与PE接

项目4 充电系统认知与检修

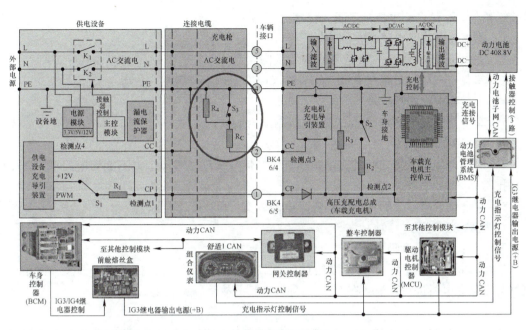

图4-39 充电导引结构图

通,导致线路(检测点3)电压下降,其电平信号为4.33V左右。

3)接着松开S_3开关(闭合),CC信号通过充电枪内部的R_C和S_3与PE接通,导致线路(检测点3)电压进一步下降,其电平信号为2.42V左右。充电导引装置接收到2.42V左右的电压时,即确认连接电缆和车辆已连接。

如果供电设备、连接电缆、车载充电机中的充电导引装置CC出现问题,将导致车载充电机无法被激活,系统无法充电。

> 注意:
> ① 本案例所用供电设备均为原车配备的便携式充电器。
> ② 本案例提供的为基本参考电压,由于低压蓄电池+B的电压变化,会导致测试的电压和课程提供的基本参考电压不一致,但其数值误差不会超过±1V。

2. 故障现象描述

车辆行驶正常,仪表板未提示相关故障信息;连接供电设备至外部交流插座,按压充电枪锁止开关,连接至车辆慢充接口,释放充电枪锁止开关,供电设备电源指示灯正常,但充电枪锁无动作,充电枪无法锁止;观察仪表无任何反应,车辆无法充电。此时打开点火开关,仪表依然没有任何与充电有关的提示。

3. 故障现象分析

充电过程中仪表上的充电连接指示灯不亮,说明"交流电源→供电设备→充电连接电缆→车辆接口→车载充电机→BMS→组合仪表"的控制流程存在故障。而整车运行正常,说明车载充电机、BMS、组合仪表的电源与通信工作正常。所以,据此判定为组合仪表没有对充电线束连接做出反应,一方面可能是因为车载充电机没有接收到正确的CC、CP信号,或者车载充电机没有对CC、CP信号做出正确的反应,或者是车载充电机、BMS没有把连接信号输送给仪表，结合充电控制逻辑，可能原因为：

1）供电设备或其电源存在故障。
2）充电枪自身（CC、CP 信号线路）故障。
3）车载充电口与车载充电机之间线路（CC、CP 信号线路）故障。
4）车载充电机局部故障。
5）车载充电机与 BMS 之间的充电连接信号线路故障。
6）BMS 局部故障。
7）BMS 与组合仪表之间的充电指示灯控制信号线路故障（结合不能充电的事实，可以基本排除）。
8）组合仪表局部故障（结合不能充电的事实，可以基本排除）。

4. 故障诊断过程

第一步：读取故障码（DTC）。

连接诊断仪器至车辆 OBD 诊断接口后，踩制动踏板并保持，打开点火开关，使用诊断仪器与车载充电机进行通信，在 OBC 内部读取到的故障码见表 4-1。

表 4-1　在 OBC 内部读取到的故障码信息

故障诊断	故障码说明
P157897	CC 信号异常

记录当前诊断仪器上的故障码信息；断开供电设备，通过诊断仪器清除故障码。连接充电枪至车辆慢充接口，如果故障现象消失，车辆正常充电，则可能为系统故障码保护，造成车载充电机进入功能性保护模式，车辆无法充电；如果车辆还不能充电，则通过诊断仪器读取故障码，并与先前的故障码进行比对，如果减少，减少的可能为偶发故障；如果增加，增加的可能为当前系统关联性故障。

第二步：故障码（DTC）分析。

在充电枪物理连接完成后，车载充电机检测到正确的 CC 信号，即确认充电枪已经连接，准备进入充电模式。此时车载充电机可能只检测到检测点 2（CP）的信号，没有检测到检测点 3（CC）的信号，因此产生故障码 P157897。

第三步：读取诊断数据流，验证故障码生成机理（图 4-40）。

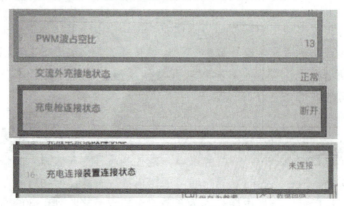

图 4-40　组合仪表充电状态指示灯显示图

结合数据流显示的信息，此时第5项PWM波占空比显示"13%"，说明CP信号正常，而第7项和第16项显示"断开"以及"未连接"，由此进一步确认CC异常，故障码由此比对后产生。

第四步：测量车载充电机端CC信号对地电压，见表4-2。

表4-2 车载充电机端子BK46/4对地电压测试

关闭点火开关，供电设备连接到AC 220V电源上，确保供电设备上的电源指示灯点亮；把充电枪连接到供电设备和车辆后，测量车载充电机插座端子BK46/4对地电压，正常情况下，不插枪时为10.7V，插枪后按住锁止开关时为4.33V，松开后为2.42V左右，否则均说明故障存在

可能性	实测结果/V			状态	操作
	未连接	按下	松开		
1	10.7	4.33	2.42	正常	更换车载充电机后重新进行测试
2	10.7	10.71	10.7	异常	说明测试点到PE接地点之间线路存在断路故障，下一步测量车辆侧交流充电口2#端子对地电压
3	10.7	4.33	4.33	异常	说明充电枪内部S_3开关存在无法闭合的故障，转第八步验证后更换连接电缆
4	10.71	2.42	2.42	异常	说明充电枪内部S_3开关存在触点短路的故障，转第八步验证后更换连接电缆
5	10.71	<4.33	<2.42	异常	说明：1) 测试点到充电机充电导引装置之间线路存在虚接故障，须检修或更换车载充电机；2) 充电枪型号错误或自身故障，出现R_C、R_4电阻偏小，转第八步验证后更换连接电缆
6	10.71	>4.33	>2.42	异常	说明测试点到PE接地点之间线路存在电阻过大的故障，可能原因为：1) 线路虚接，下一步测量车辆侧交流充电口端子2对地电压；2) 充电枪型号错误或自身故障，出现R_C、R_4电阻偏大，转第八步验证后更换连接电缆
7	0	0	0	异常	说明车载充电机电源、自身或信号线路对地短路故障，转第九步
8	+B	+B	+B	异常	说明信号线路存在对电源短路故障，转第九步
9	<10.71	<4.33	<2.42	异常	说明信号线路存在对地虚接故障或充电机充电导引装置存在故障，转第九步
10	>10.71	>4.33	>2.42	异常	说明信号线路存在对电源虚接故障或充电机充电导引装置存在故障，转第九步

第五步：测量车辆侧交流充电口端CC信号对地电压，见表4-3。

表 4-3　车辆侧交流充电口端子 2 对地电压测试

关闭点火开关,供电设备连接到 AC 220V 电源上,确保供电设备上电源指示灯点亮;把连接电缆正确连接到供电设备和车辆后,测量车辆侧交流充电口端 CC 信号对地电压,不插枪时为 10.71V,插枪后按住锁止开关时为 4.33V,松开后为 2.42V 左右,否则均说明故障存在

可能性	实测结果/V			状态	操　作
	未连接	按下	松开		
1	10.71	10.71	10.71	异常	和上一步测试结果相同,说明该测试点到 PE 接地点之间线路存在断路故障,下一步测量车辆侧交流充电口端 PE 对地电压
2	0	0	0	异常	如果上一步测试结果始终为 10.71V,则该测试点到车载充电机之间线路存在断路故障,进一步检查其线路导通性(见第七步)
3	10.71	小于上一步第 6 项可能的电压值		异常	说明该测试点到车载充电机之间线路存在虚接,进一步检查其线路导通性(见第七步)

第六步:测量车辆侧交流充电口端 PE 信号对地电压,见表 4-4。

表 4-4　车辆侧交流充电口端子 4 对地电压测试

测量车辆侧交流充电口端 PE 信号对地电压,任何情况下均应小于 0.1V,否则说明故障存在

可能性	实测结果/V	状态	操　作
1	0	正常	结合上一步测试结果为第 1 种可能性,说明充电枪自身断路故障,或与充电口无法连接,转第八步验证后更换连接电缆
2	10.71	异常	说明该测试点到 PE 接地点之间线路存在断路,下一步测量车载充电机端 PE 对地电压
3	小于 10.7、大于 0 的某个值	异常	说明该测试点到 PE 接地点之间线路存在虚接,下一步测量车载充电机端 PE 对地电压

第七步:测量车端 PE 信号线路的导通性,见表 4-5。

表 4-5　车辆侧交流充电口端子 2 至车载充电机端子 BK46/4 之间线路导通性测试

断开充电枪,拔下车载充电机端插接器,用万用表测量车辆侧交流充电口端子 2 至车载充电机端子 BK46/4 之间线路导通性,测试结果应近乎为 0Ω

可能性	实测结果/Ω	状态	可能原因	操作
1	近乎为 0	正常	插接器故障	检修插接器
2	∞	异常	线路断路	检修线路
3	存在明显电阻	异常	线路虚接	

第八步:测量充电枪 CC 端子和 PE 端子之间电阻,见表 4-6。

表 4-6　充电枪 CC 端子和 PE 端子之间电阻测试

拔下充电枪，用万用表测量充电枪端子 2（CC）和端子 4（PE）之间电阻，未按压充电枪锁止开关时阻值为 1.49kΩ；按压充电枪锁止开关时阻值为 3.29kΩ

可能性	实测结果/kΩ		状态	可能原因	操作
	未按锁止开关	按压锁止开关			
1	1.49	3.29	正常	插器或其他故障	检查插接器
2	3.29	3.29	异常	S_3 开关常开	更换供电设备
3	1.49	1.49	异常	S_3 开关常闭	
4	∞	∞	异常	连接电缆断路	

第九步：测量车载充电机端 CC 线路对地或电源是否短路或虚接，见表 4-7。

表 4-7　车载充电机端子 BK46/4 对地电压测试

关闭点火开关，拔掉车载充电机接插器与充电枪，用万用表测量车载充电机端子 BK46/4 对地电压，应为悬空电压

可能性	测试条件	实测结果/V	状态	可能原因	操作
1	—	空载电压	正常	车载充电机自身故障	更换车载充电机
		0	异常	线路与接地短路	检修线路
		+B	异常	线路与 +B 短路	检修线路
2	连接车载充电机插接器	空载电压	正常	其他故障	继续检查
		0	异常	车载充电机与地短路	更换车载充电机
		+B	异常	车载充电机与 +B 短路	
3	连接充电枪	0	异常	充电枪内与地短路	更换充电枪
		+B	异常	充电枪内与 +B 短路	

第十步：测量车载充电机端 CC 线路对地阻值，见表 4-8。

表 4-8　车载充电机端子 BK46/4 对地电阻测试

关闭点火开关，拔掉车载充电机插接器、充电枪，用万用表测量车载充电机端 CC 信号线路对地阻值，测试值应为 ∞

可能性	测试条件	实测结果/kΩ		状态	可能原因	操作
1	—	∞		正常	车载充电机故障	更换车载充电机
		近乎为 0		异常	线路短路	检修线路
2	连接车载充电机接插件	∞		正常	—	测试结束
		近乎为 0		异常	车载充电机内部存在故障	检修车载充电机
		存在明显电阻		异常	充电枪故障	继续检查
3	连接充电枪	未按锁止开关	1.49	正常	—	测试结束
			除 1.49 外	异常	充电枪故障	更换充电枪
		按锁止开关	3.29	正常	—	测试结束
			除 3.29 外	异常	充电枪故障	更换充电枪

5. 诊断结论验证

> 注意：完成诊断修理后，某些 DTC 需要将点火开关旋至关闭位置，然后旋回至打开位置后，故障诊断仪功能才会清除 DTC。

1）将点火开关置于 OFF（关闭）位置。
2）将供电设备从车辆上移除，并断开供电设备 AC 220V 电源。
3）安装所有诊断时拆下或更换的部件及插接器。
4）诊断时，拆除过或更换过的部件及模块，根据需要执行调整、编程或设置程序。
5）将点火开关置于 ON（打开）位置。
6）清除 DTC。
7）关闭点火开关 60s。
8）连接慢充设备 AC 220V 电源插座，连接充电枪至车辆慢充接口，并确认车辆充电及仪表显示正常。
9）维修结束。

6. 故障机理分析

如果 CC 信号存在故障，将造成车载充电机没有接收到 CC，从而无法确认充电枪连接状态，因此无法完成充电引导程序，仪表不显示充电枪连接状态，车载充电机无法启动，车辆无法充电。

7. 总结与拓展

教师可以在车辆上给学生设置表 4-9 中所列举的故障，参照中、高职新能源汽车相关大赛工作页，让学生独立或成组完成，并填写诊断报告，以考核学生的掌握水平。

表 4-9 拓展练习故障

序号	故障部位	故障性质
1	充电接口至 OBC 之间的 CC 信号线路	断路、虚接、短路、
2	R_4 电阻	电阻损坏、阻值过大、阻值过小
3	R_C 电阻	电阻损坏、阻值过大、阻值过小
4	OBC 插接器上的 CC 信号端子	退针（断路）、虚接
5	S_3 开关机械故障	卡滞锁止状态、卡滞开锁状态
6	充电接口至车身之间的 PE 接地线路	断路、虚接

故障现象 2：CP 信号异常导致无法充电故障

1. 原理简介及系统影响

车载充电机通过其端子 BK46/5 的 CP 信号电压特性可以确定自身与供电设备连接完成，并且知晓了供电设备的功率；而供电设备通过其内部的监测点 1 的 CP 信号电压特性也可以确定自身与车载充电机连接完成。如果该信号出现问题，将造成车载充电机与供电设备无法完成握手，最终导致车辆无法充电，仪表上也不会有任何与充电有关的提示。

如图 4-41 所示为比亚迪（秦）EV 电动汽车交流充电系统原理图，从图中可以看出：

1）充电枪连接后，供电设备输出至 CP 线路上的 +12V 电压，被车载充电机内部串联的整流二极管和电阻 R_3 拉低至 9V。车载充电机内部监测 CP 信号电压，如果为 9V，则车载

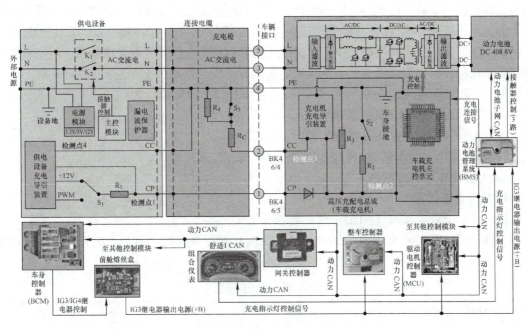

图 4-41 交流充电系统原理图

充电机判定供电设备与车辆已连接,车载充电机进入充电准备阶段。

2)当供电设备充电导引装置判断自身无故障时,其内部的开关 S_1 切换至 PWM 端,供电设备内的 CP 信号切换为 9V 左右幅值的双极性 PWM 占空比信号,而车载充电机内的 CP 信号电压切换为 +9V 左右幅值的单极性 PWM 占空比信号。

3)当车载充电机检测到其内部的 CP 信号变为 +9V 左右幅值的单极性 PWM 占空比信号并保持一段时间后,会控制开关 S_2 闭合,致使 CP 信号进一步变化为 +6V 左右幅值的单极性 PWM 占空比信号,车载充电机根据该信号的占空比和其内部所存储的数值进行比对,以知晓供电设备的功率,并通过 CAN 总线通知 BMS 准备接通主负、主正继电器,同时 BMS 根据动力电池温度高低发送动力电池热管理信息需求至空调控制器。

4)供电设备在接收到 6V 左右幅值的 PWM 占空比信号时,会控制接触器 K_1 和 K_2 闭合,接通交流供电回路给车载充电机。

注意:在上述握手过程中,系统在任何时候发现严重故障,都会终止握手过程。

2. 故障现象描述

1)连接充电电缆到供电设备和车辆充电接口,释放充电枪锁止开关,15s 内没有听到车辆高压接触器发出"咔嗒"的工作声,同时交流充电插座电子锁无动作。

2)观察供电设备,只有电源指示灯点亮,充电指示灯不亮(未闪烁)。

3)观察仪表,仪表上充电连接指示灯未点亮。

4)打开点火开关,仪表上充电连接指示灯点亮。

3. 故障现象分析

充电过程中仪表上的充电连接指示灯不亮,说明"交流电源→供电设备→充电连接电缆→车辆接口→车载充电机→BMS→组合仪表"的控制流程存在故障。而打开点火开关后仪表上的充电连接指示灯点亮，说明"充电连接电缆（CC）→车辆接口→车载充电机→BMS→组合仪表"的控制流程工作正常。据此判定为在充电过程中组合仪表没有对充电线束连接做出反应，一方面可能是因为车载充电机没有接收到正确的CP信号，或者车载充电机未对CC、CP信号做出正确的反应，结合充电控制逻辑，可能原因为：

1）供电设备或其电源存在故障。
2）充电枪自身（CP信号线路）故障。
3）车载充电口与车载充电机之间线路（CP信号线路）故障。
4）车载充电机局部故障。

4. 故障诊断过程

第一步：读取故障码（DTC）。

连接诊断仪器至车辆OBD诊断接口后，踩制动踏板并保持，打开点火开关，使用诊断仪器与车载充电机进行通信，在OBC内部读取到的故障码见表4-10。

表4-10 故障码信息

故障诊断	故障码说明
P157400	供电设备故障

记录当前诊断仪器上的故障码信息；断开供电设备，通过诊断仪器清除故障码。连接充电枪至车辆慢充接口，如果故障现象消失，车辆正常充电，则可能为系统故障码保护，造成车载充电机进入功能性保护模式，车辆无法充电；如果车辆还不能充电，则通过诊断仪器读取故障码，并和先前的故障码进行比对，如果减少，减少的可能为偶发故障；如果增加，增加的可能为当前系统关联性故障。

P157400的定义：

在充电枪物理连接完成后，车载充电机内部检测到CC信号时，即确认充电枪已经连接，准备进入充电模式。而此时车载充电机检测到其内部的CP信号异常，并持续异常的时间超过3s，就会产生该故障码。

第二步：读取故障诊断数据流列表，验证故障码。

如图4-42所示数据流显示的信息第5项PWM波占空比显示"0"，说明CP信号异常，而第6项和第7项显示"正常"，第17项显示"标准枪连接"，说明CC信号正常，此时可进一步确定故障部位为CP信号故障。下一步需要对车载充电机端的CP信号进行测量。

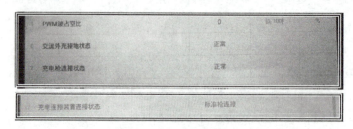

图4-42 数据流显示的信息

第三步：测量车载充电机端CP信号的波形。

关闭点火开关，供电设备和 AC 220V 电源正常连接，供电设备上电源指示灯点亮，供电设备和车辆连接正常，然后用示波器检测车载充电机端 CP 信号的波形，见表 4-11。

表 4-11 车载充电机的端子 BK46/5 波形信号测试

可能性	实测结果	状态	可能原因	下一步操作
1	0~6V 的方波信号	正常	说明车载充电机接收到波形正常，数据流异常说明车载充电机可能存在局部故障	更换车载充电机
2	+B 电压	异常	说明车载充电机内部导引线路断路	
3	始终为 9V 电压	异常	说明供电设备存在故障	更换供电设备
4	其他非 0V 的直线电压	异常	其他非零电压的直线，则可能由于 CP 线路虚接、对 +B 短路或虚接、对地短路或虚接所致	测量车辆交流充电座内 CP 端对地波形
5	近乎为 0V 的电压	异常	接近 0V 的直线，则可能：①CP 信号线路断路或对地短路 ②供电设备未输出电压	

第四步：测量车辆交流充电座 CP 信号线路波形。

在与上步相同测试条件下，使用示波器，测量交流充电插座端子 1（CP 信号）的波形，见表 4-12。

表 4-12 交流充电插座的端子 1 波形信号测试

上一步结果	实测结果	状态	可能原因	下一步操作
接上步第 5 种可能性	+B 电压	异常	说明端子 BK46/5 到交流充电座端子 1 之间线路断路	检查 CP 信号线路导通性
	近乎为 0V 的电压	异常	①由于 CP 线路对地短路 ②供电设备故障未输出电压	检测 CP 信号线路对地电阻
接上步第 4 种可能性	9V 与上步测试值之间的某个电压值	异常	说明交流充电座端子 1 到端子 BK46/5 之间线路虚接	检查 CP 信号线路导通性
	和上步测试结果相同	异常	说明供电设备内装置 CP 线路阻值增大	更换供电设备

第五步：测量 CP 信号线路导通性，见表 4-13。

表 4-13 端子 BK46/5 与端子 1 之间线路导通性测试

拔下充电枪、车载充电机端插接器，用万用表测量交流充电插座的端子 1 与车载充电机的端子 BK46/5 之间的电阻，测试结果应近乎为 0Ω。

可能性	实测结果/Ω	状态	可能原因	下一步操作
1	近乎为 0	正常	插接器故障	检修插接器
2	∞	异常	线路断路	检修线路
3	存在明显电阻	异常	线路虚接	

第六步：测量 CP 信号线路对地电阻。

1）测量 CP 信号线路对地电阻，见表 4-14。

表 4-14　车载充电机的端子 BK46/5 对地电阻测试

可能性	实测结果/Ω	状态	可能原因	下一步操作
\multicolumn{5}{c}{拔下充电枪、车载充电机端接插件，用万用表测量 CP 信号线束端子 BK46/5 对地电阻，测试结果应 ∞}
1	∞	正常	车载充电机或充电装置故障	检查车载充电机对地电阻
2	某一测试值	异常	线路对地虚接或短路	检修线路

2）检查车载充电机对地电阻，见表 4-15。

表 4-15　车载充电机对地电阻测试

可能性	实测结果/Ω	状态	可能原因	下一步操作
\multicolumn{5}{c}{接着连接车载充电机插接器，用万用表测量 CP 信号线束端子 BK46/5 对地电阻，测试结果应为 ∞}
1	∞	正常	供电设备故障	检查或更换供电设备
2	近乎为 0	异常	车载充电机对地短路	检修或更换车载充电机

5. 故障结论验证

注意：完成诊断修理后，某些 DTC 需要将点火开关旋至 OFF（关闭）位置，然后旋回至 ON（打开）位置之后，故障诊断仪功能才会清除 DTC。

1）将点火开关置于 OFF（关闭）位置。

2）将供电设备从车辆上移除，并断开供电设备 AC 220V 电源。

3）安装所有诊断时拆下或更换的部件及插接器。

4）诊断时，拆除过或更换过的部件及模块，根据需要执行调整、编程或设置程序。

5）将点火开关置于 ON（打开）位置。

6）清除 DTC。

7）关闭点火开关 60s。

8）连接慢充设备 AC 220V 电源插座，连接充电枪至车辆慢充接口，并确认车辆充电及仪表显示正常，车辆充电功能正常运行。

9）维修结束。

6. 故障机理分析

由于 CP 信号故障，导致无法确认车辆与供电设备连接完好，进而无法完成充电引导程序，造成车载充电机无法引导工作，充电口指示灯、充电枪锁止机构、仪表上的充电指示灯无法正常工作，车辆不能进行充电。

7. 总结与扩展

教师可以在车辆上给学生故障设置建议表 4-16 中所列举的故障，参照中、高职新能源汽车大赛工作页，让学生独立或成组完成，并填写诊断报告，以考核学生的掌握水平。

项目4　充电系统认知与检修

表4-16　故障设置建议表

序号	故障部位	故障性质
1	充电接口至车载充电机之间的CP信号线路	断路、虚接、短路、
2	R_1、R_2、R_3电阻	电阻损坏、阻值过大、阻值过小
3	车载充电机连接器上的CP端子	电阻损坏、阻值过大、阻值过小
4	S_1开关故障	无法闭合
5	S_2开关故障	卡滞锁止状态、卡滞开锁状态

故障现象3：充电连接信号故障

1. 原理简介及系统影响

如果连接充电设备到车辆后，车载充电机检测到CC及CP信号后被激活，然后将BMS输出的高电位（10.74V）充电连接信号拉低至低电位（2.86V），如图4-43所示电路结构图中圈示位置，BMS检测到该信号变化，即确认充电枪已连接完成，于是启动充电模式，并通过充电指示灯控制信号专线点亮组合仪表上的充电连接指示灯，提醒驾驶人充电枪已连接，车辆进入充电模式。

如果该信号出现异常，将造成仪表上的充电连接指示灯不能点亮，车辆无法充电。

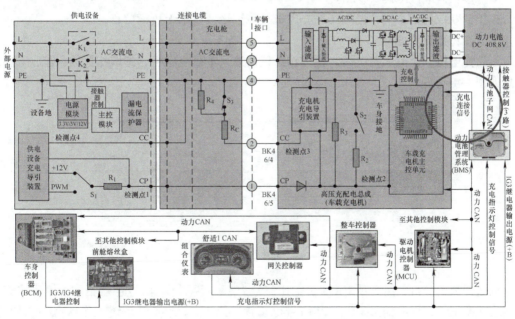

图4-43　充电连接信号控制原理图

2. 故障现象描述

连接供电设备至车辆慢充接口，释放充电枪锁止开关，主正继电器没有发出正常的"咔嗒"吸合声，同时，充电枪锁电机无动作；观察外部供电设备，供电设备上只有电源指示灯点亮；观察仪表，仪表上无任何反应；打开点火开关，仪表上没有任何与充电有关的提示。

3. 故障分析

充电过程中仪表上的充电连接指示灯不亮，说明"交流电源→供电设备→充电连接电缆→车辆接口→车载充电机→BMS→组合仪表"的控制流程存在故障。而整车运行正常，说明车载充电机、BMS、组合仪表的电源与通信工作正常。所以，据此判定为组合仪表没有对充电线束连接做出反应，一方面可能是因为车载充电机没有接收到正确的 CC、CP 信号，或者车载充电机未对 CC、CP 信号做出正确的反应，或者是车载充电机、BMS 没有把连接信号输送给仪表，结合充电控制逻辑，可能原因为：

1）供电设备或其电源存在故障。
2）充电枪自身（CC、CP 信号线路）故障。
3）车载充电口与车载充电机之间线路（CC、CP 信号线路）故障。
4）车载充电机局部故障。
5）车载充电机与 BMS 之间的充电连接信号线路故障。
6）BMS 局部故障。
7）BMS 与组合仪表之间的充电指示灯控制信号线路故障（结合不能充电的事实，可以基本排除）。
8）组合仪表局部故障（结合不能充电的事实，可以基本排除）。

4. 故障诊断过程

第一步：读取故障码（DTC）。
连接诊断仪器到车辆，读取车载充电机故障记忆，显示无故障信息。
第二步：数据流分析。
连接充电枪及供电设备电源，使用诊断仪器进入车载充电机，读取相关数据流，其显示信息如图 4-44 所示。

图 4-44　充电仪表状态显示

从数据流上分析，第 5 项 PWM 占空比信号为 13，说明 CP 信号连接正常；第 7 项充电枪连接状态正常，说明信号 CC、CP 信号也正常；第 15 项充放电系统工作状态为初始化，说明车载充电机已开始启动充电功能，对系统进行初始化，但不再有进一步的结果，综合仪表没有充电连接显示、车辆也无法充电、但车辆可以正常的事实，说明车辆行驶中车载充电机、BMS 工作正常，但在充电时没有初始化成功，可能原因为车载充电机与 BMS 之间的充电连接信号线路存在故障，可能原因为：

1）车载充电机自身故障。
2）充电连接信号线路故障。
3）BMS 自身故障。

第三步：测量 BMS 充电连接信号对地电压，见表 4-17。

表 4-17 BMS 充电连接信号对地电压测试

关闭点火开关,用万用表测量 BMS 的端子 BK45B/20 对地电压,然后连接充电枪,端子对地电压应从 10.75V 左右下降至 2.86V。注意:此电压会随蓄电池的 +B 电压高低稍有浮动

可能性	实测结果/V		结论	下一步操作
	不插枪	插枪		
1	10.75	2.86	正常	考虑更换 BMS
2	10.75	<2.86	异常	说明线路存在虚接或车载充电机故障,下一步测量车载充电机端信号
3	10.75	10.75	异常	说明线路存在断路或车载充电机损坏,下一步测量车载充电机端信号
4	<10.75	<2.86	异常	说明信号线路对地虚接或 BMS 局部故障,下一步测试充电连接线路对地电阻
5	>10.75	>2.86	异常	说明信号线路对正极虚接,下一步测试充电连接线路对地电阻
6	0	0	异常	说明充电连接线路存在对地短路或 BMS 无输出故障,下一步测试充电连接线路对地电阻

第四步:测量车载充电机端子 BK46/6 对地电压,见表 4-18。

表 4-18 车载充电机端子 BK46/6 对地电压测试

关闭点火开关,用万用表测量 BMS 的端子 BK46/6 对地电压,然后连接充电枪,端子对地电压应从 10.75V 左右下降至 2.86V。注意:此标准电压随蓄电池的 +B 电压高低稍有浮动

实测结果/V		结论	下一步操作
不插枪	插枪		
10.75	<2.86	异常	结合上一步的第 2 种可能性,说明车载充电机存在故障,考虑更换车载充电机
10.75	10.75	异常	结合上一步的第 3 种可能性,说明车载充电机存在故障,考虑更换车载充电机
几乎为 0	几乎为 0	异常	结合上一步的第 3 种可能性,说明信号线路断路,下一步测量信号线路的导通性

第五步:BMS 充电连接信号线路对地电阻测试,见表 4-19。

表 4-19 BMS 的端子 BK45B/20 和车载充电机端子 BK46/6 间线路对地电阻测试

关闭点火开关,拔掉 BMS 的 BK45B、车载充电机的 BK46 低压插接器,测试 BMS 线束端的端子 BK45B/20 对地电阻应为 ∞

步骤	测试条件	实测结果/Ω	状态	可能原因	操作
1	—	∞	正常	BMS、车载充电机可能存在故障	转本表的 2
		存在电阻	异常	线路对地虚接	检修线路
		近乎为 0	异常	线路对地短路	检修线路
2	连接 BMS 插接器	∞	正常	车载充电机可能存在故障	转本表的 3
		存在电阻	异常	BMS 对地虚接故障	更换 MCU
		近乎为 0	异常	BMS 对地短路故障	更换 MCU
3	连接车载充电机低压插接器	∞	正常	—	测试结束
		存在电阻	异常	车载充电机对地虚接故障	更换 VCU
		近乎为 0	异常	车载充电机对地短路故障	更换 VCU

第六步：BMS 充电连接信号线路导通性测量，见表 4-20。

表 4-20　BMS 的端子 BK45B/20 和车载充电机端子 BK46/6 间线路的导通性测试

关闭点火开关，拔掉 BMS 的 BK45B、车载充电机的 BK46 低压插接器，测试 BK45B/20 和 BK46/6 两端电阻应为近乎为 0Ω

可能性	实测结果/Ω	状态	可能原因	操作
1	近乎为 0	正常	插接器故障	检修插接器
2	∞	异常	线路断路	维修线路
3	大于 5	异常	线路虚接	

5. 诊断结论验证

注意：完成诊断修理后，某些 DTC 需要将点火开关旋至 OFF（关闭）位置，然后旋回至 ON（打开）位置之后，故障诊断仪功能才会清除 DTC。

1）将点火开关置于 OFF（关闭）位置。
2）将供电设备从车辆上移除，并断开供电设备 AC 220V 电源。
3）安装所有诊断时拆下或更换的部件及插接器。
4）将点火开关置于 ON 位置。
5）读取并清除 DTC。
6）关闭点火开关 60s。
7）连接慢充设备 AC 220V 电源插座，连接充电枪至车辆慢充接口，并确认车辆充电及仪表显示正常，车辆充电功能正常运行。
8）踩制动踏板启动车辆，车辆应能正常上电，且 D 位、R 位行驶正常，维修结束。

6. 故障机理分析

在充电过程中，如果车载充电机与 BMS 之间充电连接信号出现故障，在充电过程中，车载充电机启动充电模式后通过 CAN 总线激活 BMS，导致 BMS 和 OBC 双方无法通过充电连接信号确认要启动充电功能，致使车辆充电功能无法启动，车辆无法充电。

7. 总结与拓展

教师可以在车辆上给学生设置表 4-21 中所列举的故障，参照中、高职新能源汽车相关大赛工作页，让学生独立或成组完成，并填写诊断报告，以考核学生的掌握水平。

表 4-21　拓展练习故障

序号	故障部位	故障性质
1	充电连接信号线路	断路、虚接、短路
2	BMS 插接器	断路、虚接
3	车载充电机插接器	断路、虚接

故障现象 4：交流充电插座温度传感器信号故障

1. 原理简介及系统影响

从比亚迪（秦）EV 电动汽车交流充电插座线路图（图 4-45）上可以看出，车载充电机通过端子 Kb53B/8 为传感器提供接地，通过监测端子 Kb53B/7 上的电压变化来识别交流充电插座的温度。如果该信号出现异常,则会造成慢充系统在使用大功率供电设备充电时启动保护功能,即无法启动满负荷(大功率)充电功能,使充电时间增加。

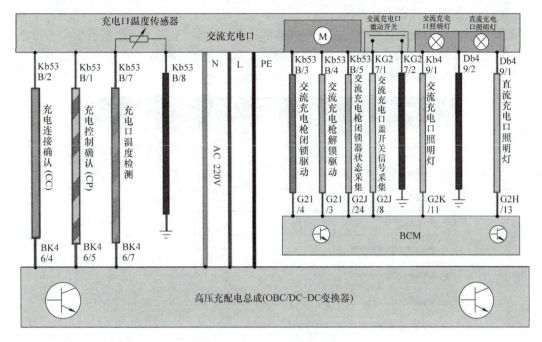

图 4-45　交流充电插座线路图

2. 故障现象描述

连接 32A 供电设备至车辆慢充接口,释放充电枪锁止开关。此时动力电池包内接触器发出正常的上电"咔嗒"声,充电枪锁止正常,车辆充电正常。观察仪表,显示充电功率只有 2.3kW,充电时间达到 9h,而正常值应该在 4kW 以上。等待 30min 后,充电功率不增加。

3. 故障现象分析

仪表显示的充电功率和当前所选用的供电设备功率不匹配,也与正常情况下显示的功率不匹配,说明车辆在充电过程中系统启动故障保护功能,限制充电功率,而结合车辆充电控制逻辑,多为温度异常,但具体是哪里温度异常暂时还不好确定。

4. 故障诊断过程

第一步:读取故障码。

在连接诊断仪器后,可能读取到以下故障码,见表 4-22。

表 4-22　读取到的故障码

故障诊断	故障码说明
P158900	充电口温度采样异常

记录当前诊断仪器上的故障码信息;断开供电设备,通过诊断仪器清除故障码。连接充电枪至车辆慢充接口,如果故障现象消失,车辆正常充电,则可能为系统故障码保护,造成车载充电机进入功能性保护模式,车辆无法充电;如果车辆还不能充电,则通过诊断仪器读

取故障码，并和先前的故障码进行比对，如果减少，减少的可能为偶发故障；如果增加，增加的可能为当前系统关联性故障。

第二步：故障码（DTC）分析。

车载充电机检测到交流充电口温度传感器信号电压达到 4V 以上（传感器信号参考电压为 4.1V）或 0V 时，即确认交流充电口温度异常，即产生此故障码。

第三步：故障诊断数据流列表，如图 4-46 所示。

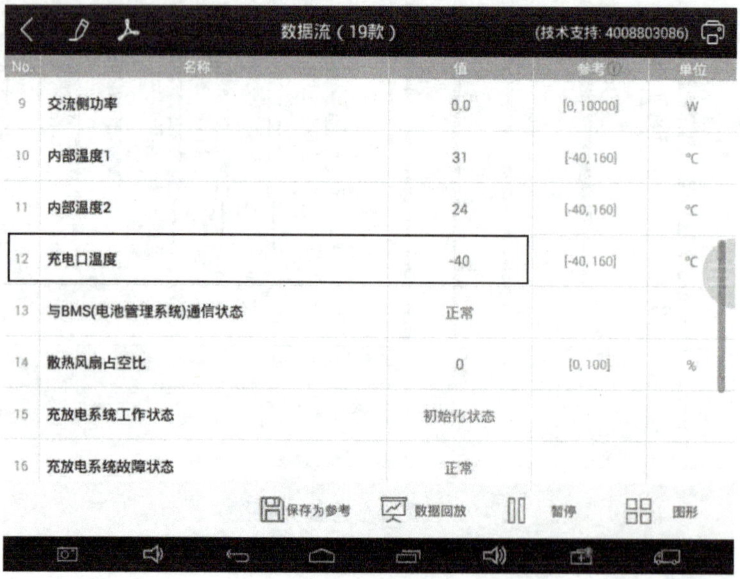

图 4-46　组合仪表充电状态指示灯显示图

结合数据流显示的信息，此时第 12 项充电口温度显示"-40"，明显异常，说明交流充电口温度传感器信号存在异常。

第四步：测量车载充电机端子 BK46/7 对地电压，见表 4-23。

表 4-23　车载充电机端子 BK46/7 对地电压测试

关闭点火开关，连接充电枪，测试端子 BK46/7 对地电压，正常情况下应在 0.5~3.5V 之间随温度升高而减小			
可能性	实测结果/V	状态	操作
1	0.5~3.5	不确定	因温度传感器线路及传感器自身阻值出现异常，也会导致传感器电压虽然在正常范围，但不能反映其真实温度，所以要对车载充电机交流充电插座温度信号进行电压-温度相对关系的验证
2	0	异常	1）信号线路存在对地短路故障，需进一步测量该线路对地电阻 2）车载充电机未输出参考电压，必要时需更换车载充电机
3	大于 3.5	异常	1）测试点到传感器接地点之间的线路存在断路，需进一步测量线路的导通性 2）信号线路对电源短路或虚接，需进一步测量信号线路对地电压

第五步：信号线路对地、对电源短路或虚接检查，见表 4-24。

表 4-24　信号线路对地、对电源短路或虚接检查

关闭点火开关，拔掉温度传感器插接器，然后打开点火开关，测试端子 BK46/7 对地电压，正常情况下应为 4.1V			
可能性	实测结果/V	状态	操　　作
1	4.1	正常	进行下一步操作
2	0	异常	1）信号线路存在对地短路故障，需进一步测量信号线路对地电阻 2）车载充电机未输出参考电压，必要时更换
3	0~4.1 间的某个数	异常	1）信号线路存在对地虚接故障，需进一步测量信号线路对地电阻 2）车载充电机输出故障，必要时更换

第六步：信号线路电压测试，见表 4-25。

表 4-25　车载充电机端子 BK46/7 信号对地电压测试

在上一步的基础上，用导线短接温度传感器的两个插孔，然后打开点火开关，测试端子 BK46/7 对地电压，正常情况下应接近 0V			
可能性	实测结果/V	状态	操　　作
1	0	正常	如果上步测试为 4.1V，说明线路正常，下一步测试传感器的电阻
2	0~4.1 间的某个数	异常	1）说明信号线路存在虚接故障，需进一步测量线路的导通性 2）说明接地线路存在虚接故障，需进一步测量线路的导通性
3	4.1	异常	说明端子测试点到接地点之间的线路存在断路故障，需进一步测量线路的导通性

第七步：测量车载充电机温度传感器信号线路对地电阻，见表 4-26。

表 4-26　BK46/7 和 Kb53B/7 间信号线路对地电阻测试

关闭点火开关，拔掉车载充电机的 BK46 插接器、交流充电插座的 Kb53B 插接器，测试电阻应为 ∞			
实测结果/Ω	状态	可能原因	操作
∞	正常	交流充电插座、车载充电机可能存在故障	进行其他检查
存在电阻	异常	线路对地短路或虚接	检修线路

第八步：线路导通性测量。

1）测量信号线路的导通性，见表 4-27。

表 4-27　信号线路导通性测试

关闭点火开关，拔掉车载充电机的插接器、交流充电插座的插接器，测试电阻应为近乎 0Ω			
可能性	实测结果/Ω	状态	可能原因	操作
1	近乎为 0	正常	插接器故障	检修插接器
2	∞	异常	线路断路	维修线路
3	存在较大电阻	异常	线路虚接	

2）测量接地线路的导通性，见表 4-28。

表 4-28　接地线路的导通性测试

可能性	实测结果/Ω	状态	可能原因	操作
关闭点火开关，拔掉车载充电机的插接器，测试电阻应为近乎为0Ω			
1	近乎为 0	正常	插接器故障	检修插接器
2	∞	异常	线路断路	维修线路
3	存在较大电阻	异常	线路虚接	维修线路

第九步：温度传感器单件测试。

1）关闭点火开关，断开传感器导线插接器。

2）拆下交流充电插座温度传感器。

3）把交流充电插座温度传感器放置在盛水的烧杯中，给烧杯加热，用温度计测量不同温度情况下传感器的电阻值。

4）将不同温度和对应的电阻值在坐标纸上标识出来，并用圆滑的曲线连接起来。

5）观察曲线是否在标准范围内，如果实测所得曲线和标准曲线有偏离，说明传感器存在故障，需要更换。

5. 故障结论验证

注意：完成诊断修理后，某些 DTC 需要将点火开关旋至 OFF（关闭）位置，然后旋回至 ON（打开）位置之后，故障诊断仪功能才会清除 DTC。

1）将点火开关置于 OFF（关闭）位置。

2）将供电设备从车辆上移除，并断开供电设备 AC 220V 电源。

3）安装所有诊断时拆下或更换的部件及接插件。

4）诊断时，拆除过或更换过的部件及模块，根据需要执行调整、编程或设置程序。

5）将点火开关置于 ON（打开）位置。

6）清除 DTC。

7）关闭点火开关 60s。

8）连接慢充设备 AC 220V 电源插座，连接充电枪至车辆慢充接口，并确认车辆充电及仪表显示正常，车辆充电功能正常运行。

9）维修结束。

6. 故障机理分析

在车辆充电中，车载充电机通过交流充电插座温度传感器对交流充电插座温度进行监控，避免车辆在交流充电插座接口高温下继续充电造成插座烧蚀，引起车辆起火。所以，当车载充电机检测到交流充电插座温度异常时，为了保证安全，将限制充电功率，严重时可能中止充电。

7. 总结与拓展

教师可以在车辆上给学生设置表 4-29 中所列举的故障，参照中、高职新能源汽车大赛工作页，让学生独立或成组完成，并填写诊断报告，以考核学生的掌握水平。

表 4-29　拓展练习故障

序号	故障部位	故障性质
1	温度传感器信号正极线路	断路、虚接、短路、
2	温度传感器信号负极线路	断路、虚接、短路（对信号）
3	温度传感器自身	电阻损坏、阻值过大、阻值过小
4	车载充电机接插件上的温度信号端子	退针（开路）、虚接

故障现象 5：动力母线电流传感器信号故障

1. 原理简介及系统影响

从比亚迪（秦）EV 电动汽车动力母线电流传感器电路原理图（图 4-47）可以看出，BMS 通过其端子 BK45A/18 为传感器提供 –15V 电源，通过端子 BK45A/27 为传感器提供 +15V 电源，通过传感器的端子 BK51/22 的电压变化来检测当前动力母线上的电流大小及电流方向。

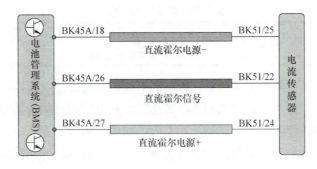

图 4-47　交流充电插座线路图

如果该信号出现异常，BMS 无法获知当前动力电池母线电流及电流方向，造成车辆行驶中限功率或车辆充电时无法启动充电功能。

2. 故障现象描述

连接交流充电枪至车辆，释放充电枪锁止开关，在 8s 内听到主正、主负继电器发出"咔嗒"的工作声；观察供电设备，其充电灯正常闪烁；观察组合仪表，充电连接指示灯点亮，SOC 显示正常，同时显示充电中。但是仪表中部的充电功率及充电时间显示异常，如图 4-48 所示。

图 4-48　组合仪表充电状态指示灯显示

3. 故障现象分析

如果在充电枪连接完成 8s 内听到主正、主负继电器及充电枪锁发出的"咔嗒"锁止声，仪表上充电连接指示灯点亮，SOC 显示正常，同时显示充电中，但是仪表中部的充电功率及充电时间显示异常，说明车载充电机根据 CC、CP、BMS 及自身的性能计算出一个合适的充电电流，在实际充电过程中，如果仪表显示不出充电电流，说明系统检测不到充电电流，进而无法计算出充电时间，系统会出现上述故障现象。而造成 BMS 接收不到正确的电流传感器信号的可能原因有：

1）电流传感器自身故障。
2）电流传感器线路故障。
3）BMS 自身局部故障。

4. 故障诊断过程

第一步：读取故障码。

在连接诊断仪器后，读取到以下故障码，验证之前的分析是正确的，见表 4-30。

表 4-30　读取到的故障码

故障诊断	故障码说明
P1A4D04	电流霍尔传感器故障

记录当前诊断仪器上的故障码信息；断开供电设备，通过诊断仪器清除故障码。连接充电枪至车辆慢充接口，如果故障现象消失，车辆正常充电，则可能为系统故障码保护，造成车载充电机进入功能性保护模式，车辆无法充电；如果车辆还不能充电，则通过诊断仪器读取故障码，并和先前的故障码进行比对，如果减少，减少的可能为偶发故障；如果增加，增加的可能为当前系统关联性故障。

第二步：故障码（DTC）分析。

BMS 检测到动力母线电流传感器信号电压无变化或变化值大于、小于其内部设定的阈值时，即确认动力母线电流传感器异常，即产生此故障码。

第三步：故障诊断数据流列表。

如图 4-49 所示为 BMS 内读取到的车载充电机数据流。

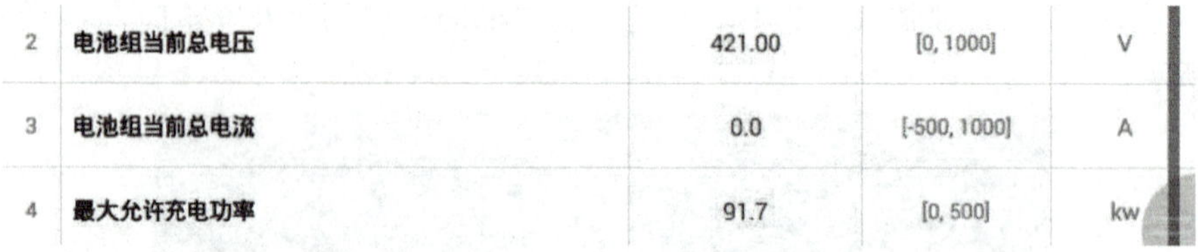

2	电池组当前总电压	421.00	[0, 1000]	V
3	电池组当前总电流	0.0	[-500, 1000]	A
4	最大允许充电功率	91.7	[0, 500]	kw

图 4-49　车载充电机数据流

结合数据流显示的信息，BMS 检测当前电池组总电流为 0A，说明 BMS 没有检测到电流信息，因此首先对电流传感器信号、电源以及线路进行测试。

第四步：测量 BMS 端的传感器信号电压，见表 4-31。

表 4-31　BMS 端的传感器信号电压测试

移除充电枪,打开点火开关,测试 BMS 的端子 BK45A/26 对地电压,正常情况下应为 0.02~0.05V 之间(该数值为正常工况情况下的测试值)

可能性	实测结果/V	状态	操　　作
1	0.02~0.05	正常	说明 BMS 存在故障,应更换
2	明显小于 0.02	异常	1)说明信号线路可能存在虚接、断路、对地或电源短路的故障,下一步对端子 BK51/22 电压进行测量
3	明显大于 0.05	异常	2)说明传感器自身及其正负电源线路可能存在故障,下一步对其电源电路进行测量

第五步:测量传感器信号输出电压,见表 4-32。

表 4-32　传感器信号输出电压测试

打开点火开关,测试端子 BK45A/26 对地电压,正常情况下应为 4.1V

可能性	实测结果	状态	操　　作
1	和上一步的第 2、3 种可能性一致	异常	说明传感器自身及其正负电源线路可能存在故障,下一步对其电源电路进行测量
2	低于上一步的第 2、3 种可能性中的数值	异常	说明传感器信号线路存在虚接故障可能,下一步检查信号线路导通性

第六步:测量传感器端正、负电源电压。

1)测量传感器端正电源对地电压,见表 4-33。

表 4-33　传感器端子 BK51/24 对地电压测试

打开点火开关,测试端子 BK51/24 对地电压,正常情况下应为 +15V 左右

可能性	实测结果/V	状态	操　　作
1	+15	正常	下一步对传感器负电源进行测量
2	0~14 间的某个数	异常	说明传感器端子 BK51/24 和 BMS 端子 BK45A/27 之间线路存在虚接故障或者 BMS 自身故障,下一步检查 BMS 端子 BK45A/27 对地电压

2)测量传感器端负电源对地电压,见表 4-34。

表 4-34　传感器端子 BK51/25 信号对地电压测试

打开点火开关,测试端子 BK51/25 端对地电压,正常情况下应为 -15V 左右

可能性	实测结果/V	状态	操　　作
1	-15	正常	下一步考虑更换传感器
2	0~-14 间的某个数	异常	说明传感器端子 BK51/25 和 BMS 端子 BK45A/18 之间线路存在虚接故障或者 BMS 自身故障,下一步检查 BMS 端子 BK45A/18 对地电压
3	0	异常	说明传感器端子 BK51/25 和 BMS 端子 BK45A/18 之间线路存在对地短路故障,下一步测量该线路对地电阻

第七步:测量传感器电源、信号线路对地电阻。

关闭点火开关，拔掉 BMS 的 BK45A 插接器、动力电池包的 BK51 插接器，测试各线路间对地电阻应为无穷大，否则说明故障存在，应予以检修。

第八步：线路导通性测量

接上步，测量传感器每根线束的导通性，同一根导线两端间电阻应近乎为 0Ω，不同导线之间的电阻应无穷大，否则说明故障存在，应予以检修。

5. 故障结论验证

> 注意：完成诊断修理后，某些 DTC 需要将点火开关旋至 OFF（关闭）位置，然后旋回至 ON（打开）位置之后，故障诊断仪功能才会清除 DTC。

1）将点火开关置于 OFF（关闭）位置。
2）将供电设备从车辆上移除，并断开供电设备 AC 220V 电源。
3）安装所有诊断时拆下或更换的部件及插接器。
4）诊断时，拆除过或更换过的部件及模块，根据需要执行调整、编程或设置程序。
5）将点火开关置于 ON（打开）位置。
6）清除 DTC。
7）关闭点火开关 60s。
8）连接慢充设备 AC 220V 电源插座，连接充电枪至车辆慢充接口，并确认车辆充电及仪表显示正常，车辆充电功能正常运行。
9）维修结束。

6. 故障机理分析

动力母线电流传感器是车辆行驶过程中整车计算驱动力以及动力电池运行管理的主要参考信号。而在充电过程中，电流传感器是测量充电电流以及计算充电时间的主要信号，如果在行驶过程中电流传感器出现故障，这将导致车辆驱动系统无法判断当前动力电池总电流，进而可能造成系统采取限功率措施。而在充电过程中，如果无法获取动力母线电流传感器信号，导致车载充电机无法计算和监测输出电流，进而启动充电功能保护措施，车辆无法充电。

7. 总结与拓展

教师可以在车辆上给学生设置表 4-35 中所列举的故障，参照中、高职新能源汽车大赛工作页，让学生独立或成组完成，并填写诊断报告，以考核学生的掌握水平。

表 4-35 拓展练习故障

序号	故障部位	故障性质
1	动力母线电流传感器正电源线路	断路、虚接
2	动力母线电流传感器负电源线路	断路、虚接

任务实施

1. 教师设置故障

参照知识准备"相关知识"设置相应故障。（配微课和视频以指导教师设置故障）

案例1　故障设置列表

序号	故障部位	故障性质
1	充电接口至OBC之间的CC信号线路	断路、虚接、短路
2	R_4电阻	电阻损坏、阻值过大、阻值过小
3	R_C电阻	电阻损坏、阻值过大、阻值过小
4	OBC插接器上的CC信号端子	退针（断路）、虚接
5	S_3开关机械故障	卡滞锁止状态、卡滞开锁状态
6	充电接口至车身之间的PE接地线路	断路、虚接

案例2　故障设置列表

序号	故障部位	故障性质
1	充电接口至车载充电机之间的CP信号线路	断路、虚接、短路
2	R_1、R_2、R_3电阻	电阻损坏、阻值过大、阻值过小
3	车载充电机插接器上的CP端子	电阻损坏、阻值过大、阻值过小
4	S_1开关故障	无法闭合
5	S_2开关故障	卡滞锁止状态、卡滞开锁状态

案例3　故障设置列表

序号	故障部位	故障性质
1	充电连接信号线路	断路、虚接、短路
2	BMS插接器	断路、虚接
3	车载充电机插接器	断路、虚接

案例4　故障设置列表

序号	故障部位	故障性质
1	温度传感器信号正极线路	断路、虚接、短路
2	温度传感器信号负极线路	断路、虚接、短路（对信号）
3	温度传感器自身	电阻损坏、阻值过大、阻值过小
4	车载充电机插接器上的温度信号端子	退针（开路）、虚接

案例5　故障设置列表

序号	故障部位	故障性质
1	动力母线电流传感器正电源线路	断路、虚接
2	动力母线电流传感器负电源线路	断路、虚接

2. 教师随机设置故障，学生分组排除并完成工作页工单

故障现象描述	（包括故障现象和故障码）	得分	
分析故障现象得出可能的故障原因	（结合故障现象及故障码进行故障分析，并得出故障的可能原因）		
故障点和故障类型确认过程	（完成记录测试过程，直到故障排除。每一步都要求记录测试对象、测试条件、实测结果及判断）		
故障机理分析	（分析故障部位及故障性质为什么会导致此故障现象）		

3. 故障修复后检查，并填写完工单

请留下您宝贵的意见！以便我们为您提供更好的服务					尊敬的车主阁下：我中心已遵照您的尊意，将您的座驾□修理□保养□检验完毕，经检查发现您的座驾还有以下问题，敬请您早作处理，以确保您旅途愉快！		完工检验
质量	技术	□好	□一般	□差	检查结果：	处理意见：	检验结果：
	设备	□先进	□落后				
	操作	□规范	□一般	□不规范			
工期	待工	□长	□一般				处理意见：
	待料	□长	□一般				
价格	工价	□满意	□能接受	□不能接受			
	料价	□满意	□能接受	□不能接受			备注：
服务	态度	□热情	□一般	□冷淡			
	环境	□整洁	□一般	□脏乱			
	秩序	□有序	□一般	□混乱			班组签名：
	手续	□烦琐	□简便				
抱怨处理情况	□能得到有效处理 □不能得到有效处理				检验员签名： 技术主管签名：		检验员签名：
其他建议：					出厂检验： 1. 确认油、液及所有安全项目均已检查。 2. 检查工单是否填写完整。 3. 旧件的处理同车主的交涉是否完成。 4. 确认车辆内外的清洁是否完成。 5. 清点随车工具和其他物品。 6. 确认维修作业项目没有弄脏或弄坏。 7. 确认实际维修换件项目和费用是否与报修单相符		服务顾问签名：

评价反馈

1）小组讨论。
2）各小组互评。
3）教师记录过程并进行评价。

项目	评价内容	评价等级		
		A	B	C
关键能力考核项目	遵守纪律，遵守学习场所管理规定，服从安排			
	安全意识、责任意识、5S管理意识，注重节约、节能与环保			
	学习积极主动，能参加安排的实习活动			
	团队合作意识，注重沟通，能自主学习及相互合作			
	仪容仪表符合活动要求			
专业能力考核项目	按时按要求独立完成工作页、任务			
	工具、设备选择得当，工具、设备使用符合技术要求			
	操作规范，符合要求			
	学习准备充分、齐全			
	注重工作效率与工作质量			
	技能点1：			
	技能点2：			
小组评语及建议		组长签名： 年 月 日		
老师评语及建议		老师签名： 年 月 日		

任务拓展

- 调研和查阅其他车型资料，对比充电系统在功能、操作、结构、线路等方面的差异。

巩固提高

一、填空题

1. 比亚迪（秦）EV电动汽车充电系统可以分为_____和_____。
2. 慢充接口用作高压交流充电时使用，其接口定义为：（1）CP：_____；（2）CC：_____；（3）N：（交流电源中性线）；（4）PE（GND）：车身地（接地);(5) L: _____;(6) NC1:(交流电源 380VC 相)(7) NC2:(交流电源 380VB 相)。

3. 电动汽车充电系统主要由 _____、_____、车载充电机、高压控制盒(PDU)、_____、充电指示灯及高压导线组成。

4. 在充电过程中主要监控以下三方面:

(1) _____。

(2) _____。

(3) _____。

5. 结合充电系统线路图可以看出,系统存在以下一项或多项故障,从而造成车辆慢充功能失效:

(1) 供电设备(包括便携式供电设备)供电、自身故障。

(2) 充电电缆断路、虚接、短路故障。

(3) _____。

(4) _____。

(5) _____。

(6) 充电枪锁止开关(机械卡滞)及内部线路断路、虚接、短路故障。

(7) 电流传感器电源、信号线路断路、虚接、短路以及自身故障。

二、选择题

1. 在电动汽车和供电设备建立电气连接后,车载充电机通过测量导引线路中定义的检测点 3 ( ) 与 ( ) 之间的电阻(电压)值来判断当前充电连接装置(电缆)的额定容量和连接状态。

A. CC　　　　B. CP　　　　C. L　　　　D. PE

2. 车辆充电前首先要确认外部供电(AC 220V)电源正常,且接地(PE)线路牢靠。如果供电电源正常,供电设备才会产生低压而被激活,( )信号连接导引线路上的电压才会出现 +12V。

A. CC　　　　B. CP　　　　C. VCU　　　　D. OBC

3. 从 IG 继电器控制线路图可以看出,系统有 IG3 和 IG4 两个 IG 继电器,其中 IG4 为动力模块水泵、动力电池水泵、电子膨胀阀、( )、电动压缩机、空调控制器等提供 IG 信号及功率电源。

A. MCU　　　　B. VCU　　　　C. PTC　　　　D. BMS

4. 充电连接确认信号线路上( )电压保持过程中,车辆端的容量设定、系统唤醒、自检及数据交换等需在 3s 内完成,如果信息出现异常或无信息持续的时间大于 3s,充电功能将不启动。

A. 12V　　　　B. 9V　　　　C. 6V　　　　D. 3V

5. 如果 CC 信号异常，OBC 会基于（　　）信号而生成故障码并存储；如果 CP 信号异常，OBC 会基于（　　）信号而生成故障信息产生故障码并存储。

A. CC　　　　　　B. CP　　　　　　C. VCU　　　　　　D. BMS

6. 车辆在使用某充电桩充电时总是出现充电桩跳闸现象，当换用其他充电桩时依然出现充电桩跳闸现象，甲说可能是充电线束的正负极有短路，乙说可能是动力电池的绝缘值低或者是充电机输入、输出线的绝缘值低。其中说法正确的是（　　）。

A. 甲说法正确　　　　　　　　　　B. 乙说法正确

C. 甲、乙说法都正确　　　　　　　D. 甲、乙说法都不正确

项目5
空调管理系统认知与检修

新能源汽车空调管理系统的主要作用是提高车内环境舒适性,保持车室内空气温度、湿度、流速、洁净度、噪声和余压等在舒适的标准范围。为乘车人员提供舒适的乘车环境,降低驾驶人的疲劳强度,提高行车安全。通过本项目的学习,主要达到以下目标:

目标	具体描述
知识目标	能够描述空调管理系统的功能与组成
	能够描述空调管理系统的工作原理
	能够解答空调管理系统常见故障的产生机理
技能目标	能够正确重现空调管理系统的常见故障
	能够合理利用各项数据进行空调管理系统故障的综合分析
	能够准确运用维修工具及设备排除空调管理系统故障
	能够正确书写诊断报告
	能够举一反三地维修其他各品牌相同空调管理系统的故障
素质目标	能够安全规范地进行故障诊断操作,树立安全责任意识
	能够通过规范操作养成良好的工作习惯和工作态度
	能够通过协同工作养成良好的团队协作精神
	能够在操作中养成刻苦钻研、精益求精、勇于创新的工匠精神

本项目的主要任务:
任务1　空调管理系统认知
任务2　空调管理系统常见故障分析与诊断
任务3　空调管理系统常见故障诊断与排除

任务1　空调管理系统认知

任务描述

单位新来一批实习员工,需要对比亚迪(秦)车辆有一个清晰的认识,请你准备以下,结合实际车辆和相关资料,讲解比亚迪(秦)空调管理系统的结构和工作原理。并对学习效果进行考核。

任务目标

1. 知识目标

1）能描述电动汽车空调管理系统的功用与组成。
2）能描述电动汽车空调管理系统的基本结构和工作原理。
3）能描述电动汽车空调制冷系统的基本结构和工作原理。
4）能描述电动汽车空调制热系统的基本结构和工作过程。
5）能描述与空调管理系统有关的部件，并能准确描述其工作原理。

2. 能力目标

1）可以借助原厂资料（维修手册）准确描述电动汽车空调管理系统的结构和工作原理。
2）能借助原厂维修资料和对车辆的理解，对电动汽车空调管理系统关键部件进行实车认知。
3）能借助原厂维修资料和对车辆的理解，对电动汽车空调制冷系统关键部件进行实车认知。
4）能借助原厂维修资料和对车辆的理解，对电动汽车空调制热系统关键部件进行实车认知。

3. 素质目标

1）能够按照企业5S要求和安全生产规范进行操作。
2）具有一定的沟通能力和团队合作能力。

4. 拓展目标

1）能对同一车型的空调管理系统进行全面认知和分析。
2）能对其他车型的同类故障全面认知和分析。

任务准备

1）防护装备：常规实训着装。
2）车辆、台架、总成：比亚迪（秦）EV电动汽车整车或比亚迪（秦）EV电动汽车整车解剖平台。
3）专用工具、设备：高压防护工具套装。
4）辅助材料：对应车型比亚迪（秦）EV电动汽车线路图及维修手册。

知识准备

空调制冷系统主要
结构和工作原理

空调制热系统主要
结构和工作原理

一、空调管理系统结构和工作原理

比亚迪（秦）EV 电动汽车系列整车空调系统的主要功能除了像传统汽车具有的制冷、制热、通风、除霜四个功能外，同时为了保护动力电池、增加动力电池续航能力以及缩短充电时间，整车空调系统还负责动力电池的热管理功能，即充电、运行时的预热和散热，如图 5-1 所示为空调控制原理图。

> 注意：有关热管理功能的具体内容，参照整车控制系统的相应内容。

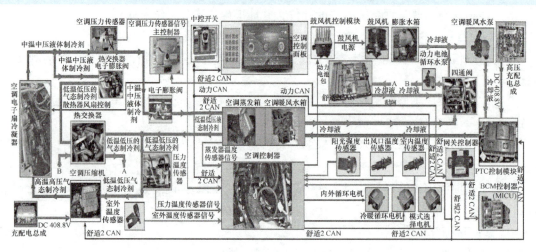

图 5-1 空调控制原理图

二、空调制冷系统结构和工作原理

空调制冷系统由 PDA 屏幕、空调控制器、压缩机、压缩机控制器、空调压力开关、电子扇、冷凝器、温度传感器、阳光传感器、冷却风扇、鼓风机、鼓风机调速模块、热交换器、电子膨胀阀、风门控制执行器、制冷管路、充配电总成（OBC/DC-DC 变换器）、VCU 等组成，如图 5-2 所示。

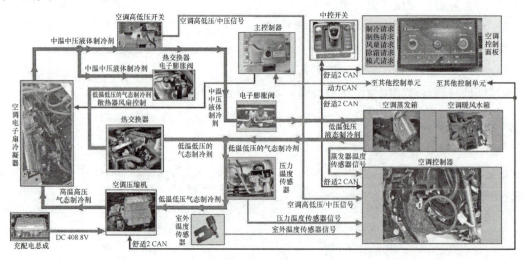

图 5-2 制冷系统控制原理图

其中,空调控制器、PDA 屏幕、电动压缩机、PTC 水加热器、网关等构成舒适 2 CAN 局域网,VCU、充配电总成、BMS、网关等构成动力 CAN 局域网,如图 5-3 所示为空调系统通信原理图。

1)制冷系统启动后,电动压缩机在运行过程中,根据转速、压力、温度等信号的变化以及汽车运行状况和外界环境条件,自行调节制冷剂流量以达到节能、降噪和实现车厢环境最优化的控制目的;系统设置了循环风门(车内循环方式),能够隔绝车内、外的空气,使车厢内的空气保持恒温状态,如果车外的污染超标,循环风门还能起到抵挡混浊空气入侵的作用,风门能根据驾驶人或乘员调定的温度自动地调节风量、气流分配方式,还能根据车外日照强度自行调节空气循环的方向。

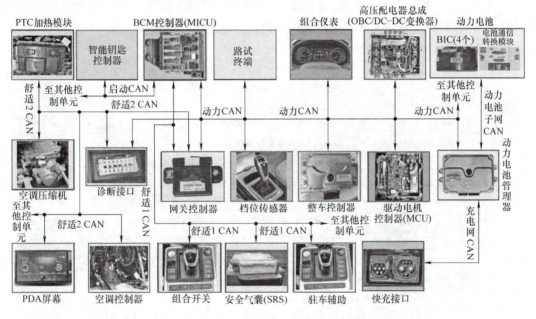

图 5-3 空调系统通信原理图

制冷功能启动后,电动压缩机通过舒适 2 CAN 将功能启动信号传递给网关,网关再通过动力 CAN 传递给 VCU,VCU 解析后通过导线控制冷却风扇低速运转。冷却风扇在运行过程中,空调控制器通过空调压力开关检测系统压力,如果压力超过设定值,将发送冷却风扇高速启动信号,此信号由空调控制器通过舒适 2 CAN 至网关,网关再通过动力 CAN 传递给 VCU,VCU 接通冷却风扇高速控制线路,冷却风扇高速运转。

2)当车辆在充电及上电运行的情况下,BMS 通过温度传感器检测动力电池内的温度。如果温度达到或超过系统所设置的阈值,BMS 通过动力 CAN 发送热管理信息至网关控制器,网关控制通过舒适 2 CAN 发送至空调控制器以及空调压缩机,空调制冷系统启动,通过电池水泵、热交换器为动力电池内部进行强制冷却,防止系统过温及安全事故发生。

三、空调制热系统结构和工作原理

燃油汽车可利用发动机的余热,因此与制冷相比供暖只需非常小的耗电量即可,而电动汽车的余热较少(温度也较低),因此需要单独的加热系统。目前的新能源汽车以采用正温度系数的热敏电阻 PTC(Positive Temperature Coefficient)加热器直接加热空气或水的方式居多。比亚迪(秦)EV 系列采用的是 PTC 加热冷却液后通过暖风芯体加热空气的制热方式。

当车辆在充电及正常上电的情况下,系统根据动力电池的温度信息启动 PTC 水加热器,给动力电池迅速升温,从而达到最佳的工作温度。当动力电池达到最佳的工作温度时,停止启动 PTC 水加热器。

比亚迪(秦)EV 系列空调制热系统由 PDA 屏幕、空调控制器、PTC 水加热器、加热芯体(含温度传感器)、暖风水泵、鼓风机控制系统、风门控制执行器以及高压电源供给、冷却液管路等组成,如图 5-4 所示。

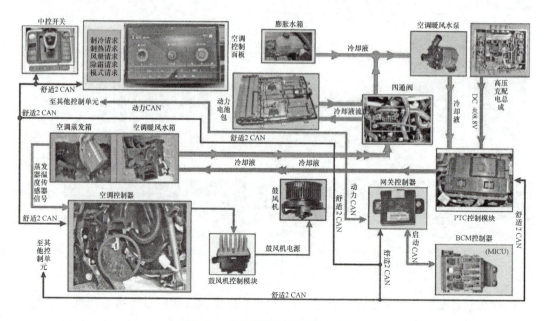

图 5-4 空调制热系统控制原理图

空调制热系统启动后,空调控制器根据加热芯体温度、室内温度、驾驶人请求的温度、动力电池温度等信息以及汽车运行状况和外界环境条件,自行调节 PTC 水加热器工作状态以达到节能、降噪和实现车厢环境最优化的控制目的。

任务实施

1)在教师的引导下,以小组为单位学习相关技能,并完成下列作业。
① 空调管理系统的主要功能有哪些?

_____

_____。

② 简述空调制冷系统的工作流程。

_____

_____

_____。

③ 简述空调制热系统的工作流程。

_____

_____

_____。

2) 在教师的引导下分组,以小组为单位学习相关知识,并结合空调管理系统线路图,完成以下作业:

① 认识线路图中的元素、编码、规则。
② 勾画出线路图中的系统通信线路。
③ 在车辆上查找系统部件,绘制部件线路图。
④ 按照下列表格索引,测量线路和元件标准值,并完成下列数据采集表格。

工作任务	空调管理系统线路和关键部件认知

① 结合所学知识及维修手册,绘制空调管理系统相关线路图

② 根据所绘制的线路图,写出空调管理系统关键部件的实车位置和功用

关键部件	实车位置	功用

评价反馈

一、学习效果评价

找一辆不同的新能源汽车,完成与本任务相同的作业。

二、学习过程评价

项目	评价内容	评价等级		
		A	B	C
关键能力考核项目	遵守纪律,遵守学习场所管理规定,服从安排			
	安全意识、责任意识、5S 管理意识,注重节约、节能与环保			
	学习积极主动,能参加安排的实习活动			
	团队合作意识,注重沟通,能自主学习及相互合作			
	仪容仪表符合活动要求			
专业能力考核项目	按时按要求独立完成工作页、任务			
	工具、设备选择得当,工具、设备使用符合技术要求			
	操作规范,符合要求			
	学习准备充分、齐全			
	注重工作效率与工作质量			
	技能点 1:			
	技能点 2:			
小组评语及建议		组长签名: 年 月 日		
老师评语及建议		老师签名: 年 月 日		

任务拓展

1)能够详细描述空调管理系统关键部件的功用。
2)能够详细描述空调管理系统工作过程。
3)查阅其他车型资料对比功能区别。

空调管理系统关键部件认知

1. PDA 屏幕

如图 5-5 所示为比亚迪(秦)EV 车型使用的制冷系统 PDA 屏幕,空调控制功能都是通过使用 PDA 屏幕和变速杆右侧的中控开关进行操作。其中 PDA 屏幕上的空调按键可以调节车内温度、出风口方向、出风量大小等需求,并将该信息通过舒适 2 CAN 总线发送至空调控制器、空调压缩机、PTC 加热器模块,从而启动对应的功能。同时,PDA 屏幕将空调系统所执行的效果显示出来,方便驾驶人及乘客查看当前的功能。

图 5-5　制冷系统 PDA 屏幕示意图

中控开关集成空调自动开关和鼓风机开启开关,按压空调自动开关后空调系统根据当前外界温度、室内温度、光照等传感器信息自动启动制冷或制热功能,并按设定的速度控制鼓风机转速以及出风口方向。鼓风机开启开关可以用于控制空调系统以及鼓风机的启动和停止。

系统有自动、手动和通风三种模式。驾驶人在按自动按键后,可以设定室内温度,系统将根据当前工作状态进行自动调整;驾驶人可以通过操作制冷按键、最大制冷按钮、风量调节旋钮使压缩机控制进入手动模式;按下通风按键后,系统自动切换至外循环,PDA 屏幕按键及显示如图 5-6 所示。

PDA 屏幕的对外线路主要由供电电源和 CAN 通信线路组成,其中电源由两路组成:一路为 +B 电源,另一路为 IG 电源,如图 5-7 所示。

+B 电源也称为常火电源,主要为 PDA 屏幕模块的 CPU 提供不间歇性电源,防止模块内部存储的临时性数据及信息丢失,同时也作为模块工作电源之一。如果此电源出现异常,将导致 PDA 屏幕内部存储的临时性数据丢失,在点火开关关闭的情况下,无法与其他模块进行通信。

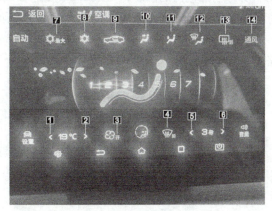

图 5-6　PDA 屏幕操作界面

1—温度降　2—温度升　3—鼓风机　4—前除霜　5—风量降
6—风量升　7—制冷最大　8—制冷最小　9—内外循环
10—吹脸模式　11—吹脚模式　12—除霜模式
13—后除霜　14—通风

IG 电源也称为点火电源,即此电源受点火开关状态控制。打开点火开关,此电源线路上才有电压和电流通过;如果点火开关关闭,此电源上则没有电压和电流通过。如果 IG 电源出现异常,将导致 PDA 屏幕不能启动工作,车辆空调系统所有功能丧失。

PDA 屏幕通过舒适 2 CAN 总线与空调控制器、PTC 水加热器、电动压缩机等进行通信,以便告知驾驶人、乘客的需求及空调的运行状态。如果 PDA 屏幕的舒适 2 CAN 通信总线出现故障,PDA 屏幕与电动压缩机、空调控制器等模块无法通信,致使 PDA 屏幕触屏按键失

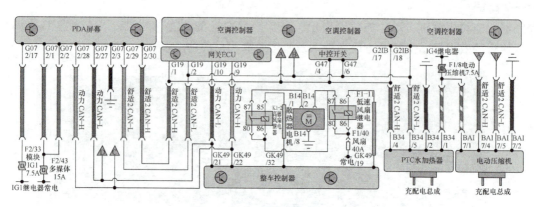

图 5-7　PDA 屏幕线路原理图

效,按压无反应,系统进入故障保护模式,空调制冷、制热系统不工作,同时 PDA 屏幕显示 "请检查空调系统",且电子扇高速运转。

2. 空调控制器

空调控制器是系统制冷、制热、通风、除霜以及动力电池热管理的大脑。在空调控制中,空调控制器通过接收各温度传感器信号、压力信号、执行器电机位置信号、光照信号等,控制系统执行制冷、制热、通风、除霜功能;同时还接收 BMS 发送的热管理信息,在充电或运行过程中,以 PWM 占空比方式控制动力电池水泵的转速,即调节冷却液的流量,来控制动力电池包内的温度;如果 BMS 发送强制散热或强制冷却信息,空调控制器根据此消息启动空调制冷或制热系统,为动力电池进行强制散热或强制冷却。

空调控制器的对外线路主要由供电电源和 CAN 通信线路组成,其中电源由两路组成:一路为 +B 电源,另一路为 IG 电源,如图 5-8 所示。

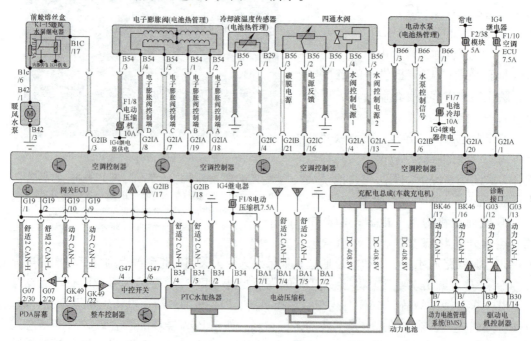

图 5-8　空调控制器电源线路原理图

如果+B电源出现异常,将导致空调控制器内部存储的临时性数据及信息丢失,同时,与其他模块进行正常的通信功能丧失,致使空调制冷、制热、动力电池热管理功能丧失。

如果IG4电源出现问题,将导致空调控制器无法被唤醒,空调控制的所有功能丧失。而此时PDA屏幕如果接收到点火信号后激活,与空调控制器进行数据交换时无法通信,PDA屏幕将显示"请检查空调系统"来提醒驾驶人。

空调控制器通过舒适2 CAN总线与PDA屏幕、电动压缩机、PTC水加热器以及网关控制器等进行数据通信。空调控制器是整个空调控制及动力电池热管理的大脑,如果空调控制器的舒适2 CAN总线出现故障,PDA屏幕触屏按键失效,按压无反应,空调制冷、制热系统不工作,PDA屏幕显示"请检查空调系统",电子扇高速运转。同时在动力电池热管理中,充电预热、充电散热等功能无法实现,导致动力电池热管理功能失效。

空调管路及压力开关实车认知

3. 空调管路压力开关

空调管路压力开关主要是检测高压管路中制冷剂的最低和最高压力,并把压力信号转变成电子信号反馈给空调控制器,以便及时调整冷却风扇的转速和压缩机的启停,保护空调系统。若系统空调管路压力过低,将造成压缩机润滑油流动不畅而致使压缩机润滑不足,甚至损坏;若空调管路压力过高,会造成系统泄漏。如图5-9所示为空调压力开关的安装位置。常用的压力开关为三态开关,分别是中压开关、高压开关和低压开关,中压开关为常开开关,而高压开关和低压开关串联在线路中,为常闭开关。

图5-9 空调压力开关安装位置

如图5-10所示为空调压力开关线路原理图。如果管路压力低于0.196MPa,低压开关动作(断开),此时空调控制器接收到的电压为0V,即判定系统压力异常,控制器将禁止启动电动压缩机;如果此时管路压力高于3.14MPa,高压开关动作(断开),空调控制器接收到的电压为0V,即判定系统压力异常,控制器将禁止启动电动压缩机;如果系统压力高于1.23MPa时,中压开关闭合,空调控制器检测到此电压降低为0V,即接通冷却风扇高速继电器,冷却风扇高速运转,通过降温达到降压的目的,防止管路爆裂泄漏。

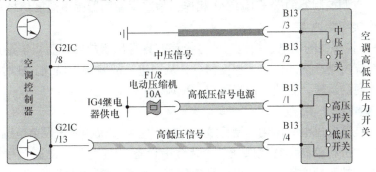

图5-10 空调压力开关线路原理图

4. P+T传感器

在空调系统中，P+T传感器主要检测低压管路上制冷剂的压力与温度。当系统压力过低时，切断压缩机，以防止压缩机因回油、润滑变差而卡滞；当系统压力过高时，切断压缩机，以防止压缩机排气压力及温度过高，润滑油黏度下降，压缩机内部抱死。如图5-11所示为空调P+T传感器的安装位置。

图5-11 空调P+T传感器的安装位置图

空调P+T传感器利用半导体压电元件连续检测制冷剂的压力（高压），并将压力转换为电压信号反馈到空调控制模块，借以计算压缩机的负荷值，控制空调压缩机的运行，在异常低压或高压时关闭压缩机。

如图5-12所示为空调P+T传感器的工作原理图。该传感器是线性信号输出型的，根据压力的变化，传感器输出一个0~5V的线性电压信号。

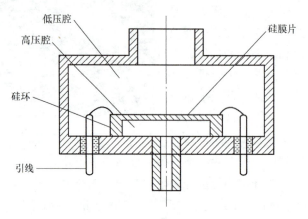

图5-12 空调P+T传感器工作原理图

如图5-13所示为空调P+T传感器的工作原理图。从中可以看出空调控制器的端子G2IA/21与P+T传感器的端子B55/4相连，为P+T传感器提供+5V电压；P+T传感器的端子B55/2与空调控制器的端子G2IB/23相连，为空调控制器提供压力信号；P+T传感器的端子B55/3与空调控制器的端子G2IC/2相连，为空调控制器提供温度信号；P+T传感器的端子B55/1连接至接地点。

若空调P+T传感器的供电、接地、信号线路或自身出现故障，将可能造成空调控制器无法正确判断系统内制冷剂的压力、温度信息，从而进入故障保护模式。此时将关闭电动压缩机和停止电子扇的运转，致使空调出风口无凉风。

5. 电子膨胀阀

电子膨胀阀是适应机电一体化的制冷节流元件，它响应快，流量调节范围宽，可以按预设的各种调节规律进行控制。它能保证制冷装置中设备（蒸发器）的高效率使用，运行稳定，能耗低，温度控制精度好。目前已广泛应用于变频空调器等制冷机组中。如图5-14所示为电子膨胀阀的实物图。

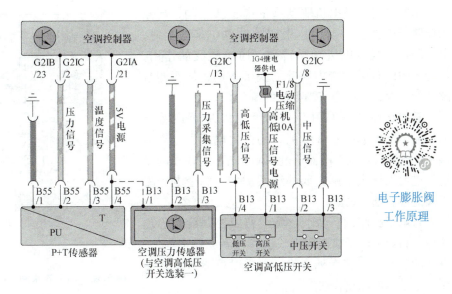

图 5-13　空调 P+T 传感器工作原理图

按驱动方式，常用的电子膨胀阀可分为步进电机驱动型、电磁阀驱动型、电加热驱动型三种。本车采用两个步进电机驱动型的电子膨胀阀，一路用于驾驶室内空调制冷，另一路用于动力电池热管理系统，如图 5-15 所示，用于驾驶室内空调制冷的电子膨胀阀安装在冷凝器和蒸发箱之间、靠近蒸发箱侧的管路上；用于动力电池

图 5-14　电子膨胀阀的实物图

热管理系统的电子膨胀阀安装在冷凝器和热交换器之间、靠近热交换器侧的管路上。如图 5-16 所示为电子膨胀阀的结构组成示意图，它主要由阀针、阀座、电磁线圈和复位弹簧组成。

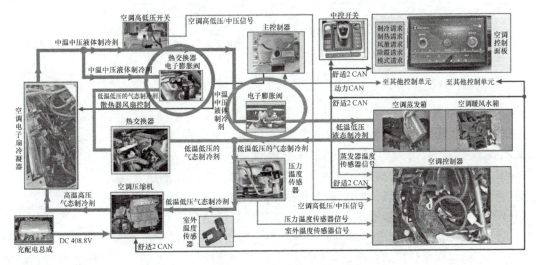

图 5-15　两路电子膨胀阀的布置位置

车辆采用步进电机驱动型的电子膨胀阀，当控制线路产生的脉冲电压作用到脉冲电机定子上时，永久磁铁制成的电机转子转动，通过螺纹的作用，使转子的旋转运动变为阀针的上下运动，从而调节阀针的开度，进而调节制冷剂的流量。

其线路原理图如图 5-17 所示。从中可以看出 IG4 继电器通过熔丝 F1/8 后，为两个电子膨胀阀提供 +B 电源；空调控制器通过控制另外一个端子的接地，进而控制电子膨胀阀的线圈动作；每个电子膨胀阀内部有四组线圈。

若电子膨胀阀自身、电源线路或控制线路出现故障，将导致电子膨胀阀无法动作或者动作不到位，空调的制冷效果将受到影响，严重时可导致空调不制冷，动力电池热管理失效。

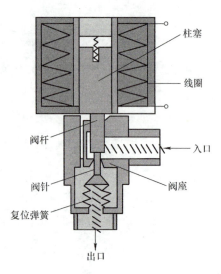

图 5-16　电子膨胀阀的结构组成示意图

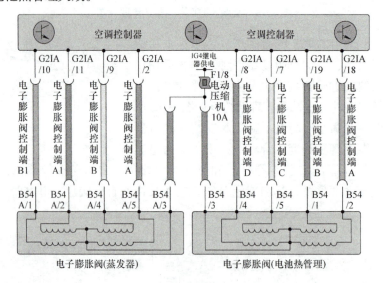

图 5-17　电子膨胀阀的线路原理图

6. 温度传感器

空调控制器需要持续接收室外环境温度传感器、室内温度传感器、蒸发箱温度传感器信号。当检测到环境温度 ≥ -1℃、蒸发箱温度 ≥ 4℃、高低压压力开关高电位（+B）信息后，即向电动压缩机发送启动信号，压缩机开始运转，制冷系统开始循环；如果这些信号中的任一信号不能满足，空调控制器将停止压缩机工作。当检测到车外环境温度 ≤ -1℃ 时，说明外界温度已经过低，空调控制器暂停电动压缩机工作，空调制冷功能暂时停止。当检测到车外环境温度 ≤ -3℃ 时，说明外界温度已经太低，为了防止蒸发器结冰或结霜，空调控制器将禁止电动压缩机启动，同时空调制冷功能将禁止，如图 5-18 所示为温度传感器线路原理图。

温度传感器工作原理

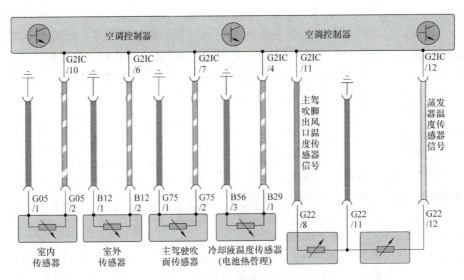

图 5-18　温度传感器线路原理图

室内环境温度传感器、主驾驶吹面温度传感器、冷却液温度传感器（电池管理系统）、主驾吹脚出风口温度传感器及蒸发器温度传感器的控制原理与室外环境温度传感器的控制原理雷同，不再一一说明。

温度传感器的温度与电压信号的对应关系见表 5-1。

表 5-1　温度传感器的温度与电压信号的对应关系

温度数据流/℃	温度信号电压/V	温度数据流/℃	温度信号电压/V
2	2.44	15	1.68
4	2.23	16	1.58
5	2.21	17	1.54
10	1.92		

7. 阳光传感器

阳光传感器安装在仪表台中间上部，如图 5-19 所示。它主要用来检测日光照射量的变化，并把其转变成电流信号输送给空调控制器，后者根据阳光的强度来控制各温度风门和鼓风机的运行。

阳光传感器采用光敏元件制作，如图 5-20 所示为阳光传感器的结构组成示意图，主要由壳体、接线端子、光敏电阻等组成。

图 5-19　阳光传感器安装位置图

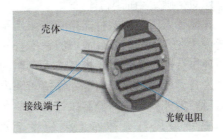

图 5-20　阳光传感器结构组成

光敏电阻（Photo‑resistor or Light‑dependent Resistor，后者缩写为 LDR）或光导管（Photo‑conductor），常用的制作材料为硫化镉，另外还有硒、硫化铝、硫化铅和硫化铋等材料，这些材料具有在特定波长的光照射下，其阻值迅速减小的特性。这是由于光照产生的载流子都参与导电，在外加电场的作用下作漂移运动，电子奔向电源的正极，空穴奔向电源的负极，从而使光敏电阻器的阻值迅速下降。

如图 5-21 所示为阳光传感器工作原理图，当日光照射在传感器上时，光电二极管就把光能转变成电能，根据电流的大小就可以准确知道日照的强度。光照时，电阻很小；无光照时，电阻很大。光照越强，电阻越小；光照停止，电阻又恢复原值。

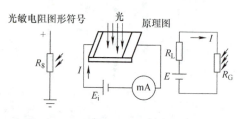

图 5-21　阳光传感器工作原理

如图 5-22 所示为阳光传感器线路原理图，空调控制器通过端子 G2IC/27 输出一个 +5V 的参考信号电压至传感器，通过光敏电阻至传感器 G04/7 端输出信号给空调控制器。传感器信号电压在 1.4～4.5V 变化，随着日照的增加，传感器的信号电压也增加，反之亦然。

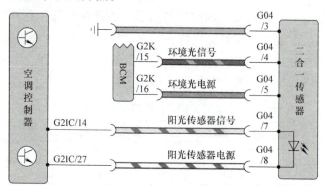

图 5-22　阳光传感器线路原理图

8. 内外循环风门控制执行器

内外循环风门控制执行器是由直流电机和位置传感器两部分组成。直流电机通过内部减速齿轮和外部联动机构带动箱体内风板移动，同时带动电机位置传感器动作，传感器输出电压信号至空调控制器，空调控制器检测并解析当前电压，和内部存储的电机位置信息比对，确定当前风板位置。

内外循环风门控制执行器接受空调控制器的指令，在合适的时候以适当的角度打开内外循环执行器风板，用于控制进入车厢的空气是来自车外还是车厢内部，保持车厢内空气清新。内外循环风门控制执行器安装在仪表台右下鼓风机壳体右上侧位置，如图 5-23 所示。

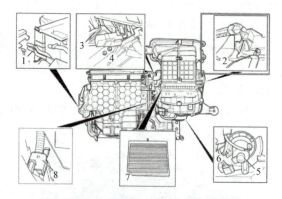

图 5-23　空调内外循环风门控制执行器安装位置
1—加热器芯进出水管　2—内外循环执行器
3—模式执行器　4—膨胀阀
5—鼓风机　6—鼓风机调速模块
7—空调滤芯　8—室内温度传感器

当操作内外循环电机时,空调控制器、循环电机的端子信号变化及数据流显示见表5-2。

表5-2 端子信号变化及数据流显示

操作信息	内外循环控制电机电源1	内外循环控制电机电源2	冷暖风电机反馈的位置信号电压变化	数据流显示信息(新风循环电机位置百分比)
内循环	+B 到 0V,再到 +B	+B	1.72V	内循环的位置
外循环	+B	+B 到 0V,再到 +B	3.09V	外循环的位置

如图5-24所示为空调内外循环风门控制执行线路原理图,内外循环电机自身、控制电源线路、反馈信号、接地及反馈电源线路故障,将导致内外循环电机无法动作或动作不到位,在进行空调通风及内外循环转换时无法准确完成内外循环风门的切换。

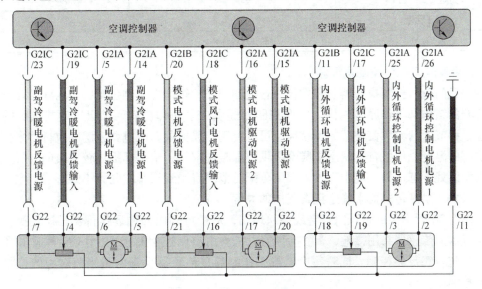

图5-24 空调内外循环风门控制执行线路原理图

9. 模式风门控制执行器

模式风门控制执行器与内外循环风门控制执行器的结构和工作原理相同,主要用来移动风板的位置,改变出风的位置和方向,调节不同的出风模式,如吹面、吹脚、双向(吹面和吹脚)、混合(吹脚和除霜)、混合(吹面和除霜)、混合(吹面、吹脚和除霜)、除霜模式。在自动状态下,出风模式是自动控制逻辑的一部分,出风模式由控制器自动选择。为达到舒适程度,空调控制器选择一个当时最接近的模式显示在 LCD 上,当对出风模式按键进行操作时,系统将从自动模式转到手动模式。模式执行器安装在仪表台内侧蒸发箱箱体右上侧位置,如图5-25所示。

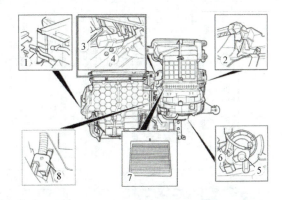

图5-25 空调模式风门控制执行器安装位置

1—加热器芯进出水管 2—内外循环风门控制执行器
3—模式执行器 4—膨胀阀 5—鼓风机 6—鼓风机调速模块
7—空调滤芯 8—室内温度传感器

说明：模式风门电机的驱动电源在模式位置固定时的电源电压均为+B，在转换某个模式时，电机的驱动电源一组保持不变，另一组进行+B到0V再到+B的操作，表5-3是依次进行如此操作的说明。

表5-3 模式风门电机驱动电源的变化

操作信息	模式风门电机驱动电源1	模式风门电机驱动电源2
打开吹面（脸）	+B→0V→+B	+B
打开吹脚	+B	+B→0V→+B
关闭吹脚	+B→0V→+B	+B
关闭吹面（脸）	+B	+B→0V→+B
打开除霜	+B	+B→0V→+B
关闭除霜	+B→0V→+B	+B

10. 冷暖风门电机控制执行器

冷暖风门电机控制执行器安装在仪表台内侧蒸发箱箱体右下侧位置，与内外循环风门控制执行器的结构和工作原理相同。空调控制器提供了手动和自动两种出风模式供驾驶人选择，通过调节面/脚/风窗玻璃的调整风门可以控制出风模式。通过调节温度执行器来控制吹面和吹脚的温度，一般自动状态下脚部提供较温暖的空气，给头部提供较凉爽的空气，保证驾驶人始终处于舒适的环境中驾驶。温度分配的范围将受到汽车空间大小的影响，空调控制器使用蒸发器温度传感器来确定混合气体的温度。

如图5-26所示为冷暖风门控制线路原理图，从中可知内外循环执行器、模式执行器和温度执行器的传感器共用接地，3个执行器电机均由空调控制器根据PDA屏幕需求（驾驶人需求）进行正反转控制，同时每个电机工作时通过传感器反馈电机当前对应的位置信息至空调控制器。

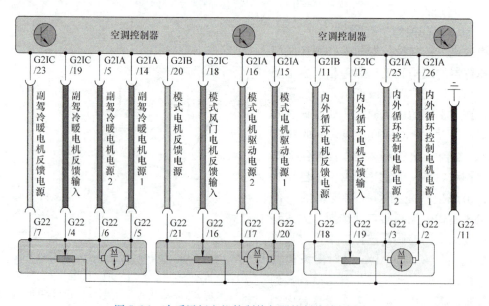

图5-26 冷暖风门电机控制执行器控制线路原理图

当操作 PDA 屏幕将空调吹风温度调至"Lo"时，空调控制器的端子 G2IA/5 对应的线路电压由 +B 降至 0.01V，当空调控制器通过位置传感器反馈的电压信号判定风门到达指定位置时，空调控制器的端子 G2IA/5 对应的线路电压再由 0.01V 升至 +B。此时（冷暖风电机在低位置）冷暖风电机通过端子 G22/4 反馈给空调控制器的信号电压为 3.44V 左右。

当操作 PDA 屏幕将空调吹风温度调至"Hi"时，空调控制器的端子 G2IA/14 对应的线路电压由 +B 降至 0.01V，当空调控制器通过位置传感器反馈的信号电压判定风门到达指定位置时，空调控制器的端子 G2IA/14 对应的线路电压再由 0.01V 升至 +B。此时（冷暖风电机在高位置）冷暖风电机通过端子 G22/4 反馈给空调控制器的电压为 1.38V 左右。

具体操作明细见表 5-4。

表 5-4 空调吹风温度与电机电压变化的关系

操作信息	空调控制器至冷暖风电机间的电源1电压变化	空调控制器至冷暖风电机间的电源2电压变化	冷暖风电机反馈的位置信号电压变化	数据流显示信息（前排乘员侧冷暖电机位置百分比）
温度调至 Lo	+B	+B 到 0.01V，再到 +B	3.44V	低的位置，即 0
温度调至 Hi	+B 到 0.01V，再到 +B	+B	1.38V	高的位置，即 100%
温度由 Lo 调至 Hi	+B 到 0.01V，再到 +B	+B	3.44V 变至 1.38V	低的位置变至高的位置
温度由 Hi 调至 Lo	+B	+B 到 0.01V，再到 +B	1.38V 变至 3.44V	高的位置变至低的位置

说明：温度调至 18~32℃ 时，系统根据具体温度情况在中间位置停留一段时间后，冷暖风电机又回到低或高位置。

11. 鼓风机调速模块

空调制冷或制热功能开启后，空调控制器控制鼓风机调速模块工作，并为鼓风机提供控制信号电压。当驾驶人在 PDA 屏幕上调节鼓风机转速开关至不同的档位时，PDA 屏幕对档位信息进行解析后，通过舒适 2 CAN 总线将这一信息发送至空调控制器，空调控制器输出不同的电压信息至鼓风机调速模块，控制鼓风机调速模块内部大功率管的导通时间，从而控制鼓风机转速。鼓风机调速模块和鼓风机安装在仪表右下侧鼓风机箱体底部位置，如图 5-27 所示。

空调鼓风机工作原理

图 5-27 鼓风机调速模块和鼓风机安装位置

如图 5-28 所示为空调鼓风机线路原理图，从中可以看出，+B 电源通过熔丝 F1/13 至鼓风机后，经线圈流至鼓风机的端子 G23/1，由鼓风机端子 G23/1 进入调速模块。空调控制器由端子 G2IB/5 向鼓风机调速模块发出控制电压信号。

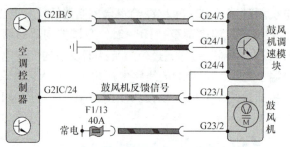

图 5-28 空调鼓风机线路原理图

调节鼓风机转速开关，空调控制器接收到开关信号后计算处理，由端子 G2IB/5 向鼓风机调速模块端子 G24/3 发出电压信号，调速模块调整内部大功率管的导通电流，空调控制器输出电压越高，鼓风机转速越高，反之亦然。如果控制信号出现异常，将导致鼓风机无法运转，空调控制器同时生成故障码并存储。此时操作 PDA 屏幕界面，可以调节风速且仪表正常显示风量，但鼓风机不出风。

鼓风机运转的同时，调速模块端子 G24/4 向空调控制器提供一个鼓风机转速反馈信号，鼓风机转速越高，反馈信号电压越小；反之亦然。在鼓风机运转过程中，空调控制器通过端子 G24/4 的反馈信号判断鼓风机运转状态以及转速，如果检测出运转状态、转速和内部存储数据不匹配，随即生成故障码并存储。如果检测出转速和当前设置的转速不同步，空调控制器将增加或减少向鼓风机调速模块提供的电压信号，以达到转速同步。如果反馈信号线路出现异常，空调控制器将无法获知当前鼓风机状态及速度，将无法精确地对鼓风机进行控制，导致鼓风机转速异常。

鼓风机风量调节旋钮用来手动设定鼓风机转速，共分为 0~7 档，驾驶人可以根据实际需要手动调节合适的档位。在自动状态下，鼓风机转速将由系统自动控制，对风量调节旋钮的操作会使系统状态由自动模式转为手动模式，自动标识消失。空调系统采用电压调节方式控制鼓风机转速的 1~7 档。在自动状态下，鼓风机转速作为自动控制逻辑的一部分，鼓风机转速不限于手动状态下的 7 级调节，但是 LCD 显示只有 7 条，所以指示条数量显示的是最接近的鼓风机转速。其档位及控制、反馈电压见表 5-5。

表 5-5 鼓风机档位及控制、反馈电压数值表

档位	控制电压/V G2IB/5 至 G24/3 间线路	反馈电压/V G2IC/24 至子 G24/4 间线路
1	2.02	10.36
2	2.12	9.40
3	2.16	8.39
4	2.27	6.80
5	2.38	5.36
6	2.56	3.30
7	2.76	1.24

12. 冷却风扇继电器及冷却风扇

冷却风扇的作用有两个：一个是降低电动压缩机加压后的制冷剂温度和压力，使之充分的液化，在蒸发箱内发挥其最好的蒸发效果；另一个是对电控系统循环的冷却液进行散热，降低电控系统元件温度，保证电控系统工作正常。如图 5-29 所示为冷却风扇控制原理图。

空调冷却风扇
工作原理

按压 PDA 屏幕控制面板上的制冷开关，PDA 模块接收到该信息后，判知驾驶人需要启动空调制冷系统，随即将此消息通过舒适 2 CAN 总线发送至空调控制器以及电动压缩机，空调控制器接收到此信息后，检测自身无故障记忆且系统正常，随即启动制冷模式，并通过舒适 2 CAN 总线将空调启动信息发送至网关，网关再通过动力 CAN 总线传输至 VCU。此时如果空调控制器检测空调系统压力低于 1.23MPa，随即向网关发送冷却风扇低速运转信息，网关再通过动力 CAN 总线传输至 VCU，VCU 接收到信息后控制冷却风扇低速继电器工作，冷却风扇开始低速运转；如果空调控制器检测空调系统压力高于 1.23MPa，随即将冷却风扇高速运转信息发送至网关，网关再通过动力 CAN 总线传输至 VCU，VCU 收到信息后控制冷却风扇高速继电器工作，冷却风扇开始高速运转。电动压缩机接收到此制冷信息后检测自身无故障记忆且系统正常，同时收到空调控制器通过舒适 2 CAN 总线发送的空调控制器状态正常信息，随即启动压缩机开始运转。

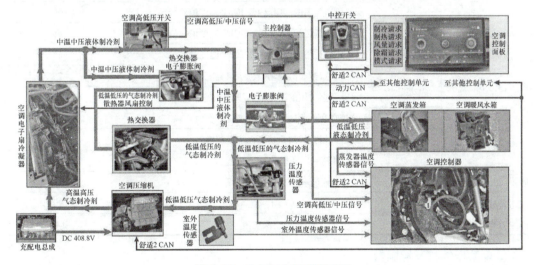

图 5-29　冷却风扇控制原理图

如果空调控制器舒适 2 CAN 总线出现故障，将导致空调高压系统内电动压缩机和 PTC 水加热器的高压绝缘信息、动力电池状态信息等无法交换和传输，同时整车控制器无法获知空调所处状态，从而导致空调制冷系统不工作。

比亚迪（秦）EV 系列采用单冷却风扇、高低速的控制模式。冷却风扇的开启和停止由 VCU 根据温度以及空调制冷系统、空调管路压力的需求，通过冷却风扇低速和高速继电器直接控制，在低速线路中，采用串联调速电阻 R 的方式来改变风扇的转速，其线路结构如图 5-30 所示。

MCU、OBC 通过温度传感器检测电机绕组温度、MCU 内部 IGBT 散热板温度、OBC 内部 IGBT 散热板温度，如果哪一个温度最先超过设定的安全值，即立刻通过动力 CAN 总线发

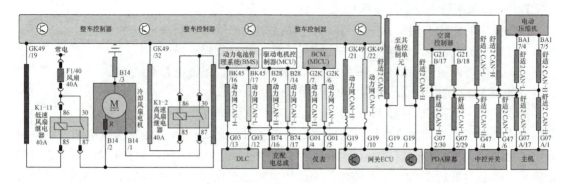

图 5-30 冷却风扇线路控制原理图

送热管理信息至 VCU，VCU 接收到此信息后，控制冷却风扇运转，其通常运转和停止的控制见表 5-6。

表 5-6 冷却风扇控制真值表

名称	内 容	参数/℃
冷却风扇	低速风扇开启的 MCU 内部 IGBT 温度值	55
	低速风扇关闭的 MCU 内部 IGBT 温度值	50
	高速风扇开启的 MCU 内部 IGBT 温度值	65
	高速风扇关闭的 MCU 内部 IGBT 温度值	60
	低速风扇开启的驱动电机绕组温度值	75
	低速风扇关闭的驱动电机绕组温度值	70
	高速风扇开启的驱动电机绕组温度值	80
	高速风扇关闭的驱动电机绕组温度值	75
	低速风扇开启的 OBC 温度值	80
	低速风扇关闭的 OBC 温度值	70
过温保护（零转矩输出）	IGBT 温度值	90
	电机绕组温度值	140

13. 电动压缩机及控制器

新能源汽车一般使用泵气效率高的涡旋式电动压缩机，如图 5-31 所示。与其他诸多类型的电动压缩机，如斜盘式、曲柄连杆式、叶片式等压缩机相比，涡旋式压缩机具有振动小、噪声低、使用寿命长、重量轻、转速高、效率高、外形尺寸小等多个优点。

为了提高新能源汽车空调系统的能效比，采用的涡旋压缩机由动力电池提供的直流高压电源直接驱动。空调控制单元根据车内温度及环境温度等传感器测得的信息，采用适当的控制算法，通过变频器来调节压缩机的转速，改变系统的制冷量，达到车内舒适性的要求。

电动压缩机主要由永磁同步驱动电机和涡旋式压缩机两部分组成，其内部结构如图 5-32 所示。

电动压缩机工作原理

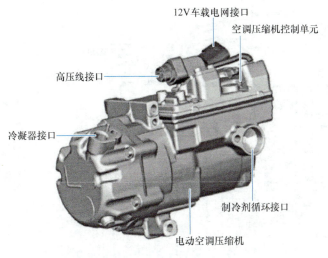

图 5-31 涡旋式电动压缩机

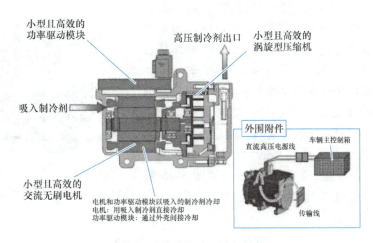

图 5-32 涡旋式电动压缩机结构

(1) 永磁同步驱动电机

电动压缩机驱动采用三相永磁同步电机,具有体积小、质量轻、运转效率高、节省电能、可采用变频调速,运转极可靠,维护保养费用低等特点,所以现在的电动汽车首选三相永磁同步电机。如图 5-33 所示为涡旋式压缩机的电机结构示意图,永磁同步电机由定子、永磁转子、绕组、铁心和永磁体等部件构成。定子采用叠片结构以减小电机运行时的铁耗。转子铁心大多采用硅钢叠片叠成,不做成实心结构,主要是为了减少涡流及其他损耗,避免高速时转矩降低。

电动汽车空调采用的是三相永磁同步电机,其定子需要通入三相交流电,但电动汽车上只有高压直流电,所以需要空调驱动模块内部的变频器将直流电转化为交流电,其组成、工作原理与驱动电机控制器相似。

(2) 涡旋式压缩机

涡旋式压缩机的结构组成包括一个定涡盘和一个动涡盘,如图 5-34 所示,这两个相互

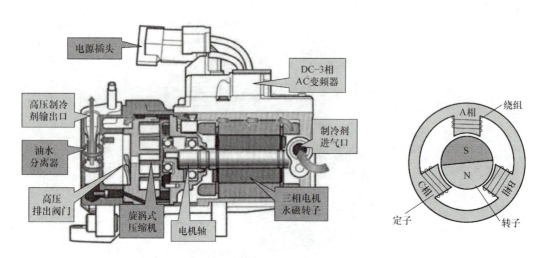

图 5-33 涡旋式压缩机电机结构示意图

咬合的涡盘，其线型是相同的，只是相互错开 180°安装在一起，即相位角相差 180°。其定涡盘固定在机架上，而动涡盘由电机直接驱动，动涡盘是不能自转的，只能围绕定涡盘作很小回转半径的公转运动。

当驱动电机旋转带动动涡盘公转时，制冷气体通过滤芯吸入到定涡盘的外围部分，随着驱动轴的旋转，动涡盘在定涡盘内按轨迹运转，使动、定涡盘之间形成由外向内体积逐渐缩小的六个腔，分别是 A 腔、B 腔、C 腔、D 腔、E 腔和 F 腔，如图 5-35 所示，制冷气体就在这六个月牙形压缩腔内被逐步压缩，最后从定涡盘中心孔通过阀片将被压缩后的制冷气体连续排出。

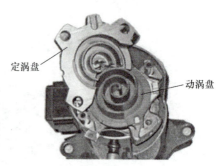

图 5-34 涡旋式压缩机结构组成

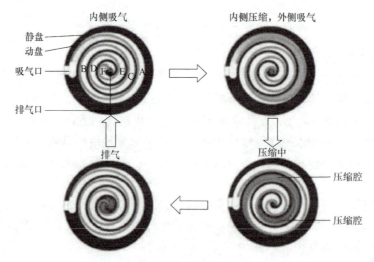

图 5-35 涡旋式压缩机工作原理

电动压缩机运转时,将蒸发器内产生的低压低温蒸气吸入气缸,经过压缩后,使蒸气的压力和温度增高后排入冷凝器。在冷凝器中,高温高压的制冷剂蒸气与外面的空气进行热交换放出热量,使制冷剂冷凝成高压液体,然后流入储液干燥器,并过滤流出,经过电子膨胀阀的节流作用,制冷剂以低压的气液混合状态进入蒸发器,在蒸发器里,低压制冷剂液体沸腾气化,吸取车厢内空气的热量,然后又进入压缩机进行下轮循环。

(3) 线路结构

电动压缩机线路分为高压线路和低压线路,其中低压线路分为电源、通信线路两种,如图5-36所示。

从图中可以看出,动力电池高压直流(DC 408.8V)电进入充配电总成,通过充配电总成内部的压缩机高压熔丝后流入电动压缩机,为电动压缩机提供动力电源。空调制冷功能开启后,电动压缩机通过舒适2 CAN总线接收到允许开启电动压缩机及VCU通过动力CAN总线发送的允许开启电动压缩机信息,经过处理与运算,控制内部功率转换IGBT模块,使电动压缩机三相U、V、W按顺序和频率通电,带动涡旋式压缩机运转,制冷剂循环,制冷模式启动。

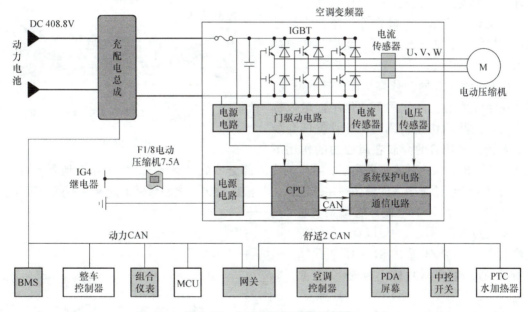

图5-36 电动压缩机原理示意图

变频控制器采用IG4继电器提供的+B电源。如果此电源出现故障,将导致变频控制器无法启动工作,无法与其他模块进行CAN数据通信,空调制冷系统将不启动工作,出风口没有凉风吹出。

电动压缩机、空调控制器、PDA屏幕、网关、PTC水加热器、中控开关组成一个舒适2 CAN总线网络,同时通过VCU、BMS、MCU、充配电总成、网关等组成一个动力CAN总线网络。在信息检查及传输过程中,信息及舒适2 CAN线路出现异常,电动压缩机将不启动,空调制冷系统不工作,PDA屏幕显示"请检查空调系统",电子扇高速运转,PDA屏幕触屏按键失效,按压无反应。

14. 暖风水泵

在空调制暖系统中暖风水泵由空调控制器控制。在整个制热过程中，暖风水泵一直让加热后的冷却液处于循环状态。如图 5-37 所示为暖风水泵位置及实物图。

图 5-37　暖风水泵位置及实物图

暖风水泵采用离心式水泵，其基本结构由外壳、护线套、橡胶支架、PCBA 板、下支架、上支架、防水室、硅钢片、敞开式转子泵头装置构成。如图 5-38 所示为暖风水泵的结构图。

离心泵在工作时，依靠高速旋转的叶轮，液体在惯性离心力的作用下获得了能量以提高压强。当叶轮快速转动时，叶片促使介质很快旋转，旋转着的介质在离心力的作用下

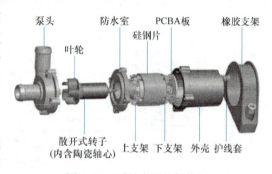

图 5-38　暖风水泵的结构图

从叶轮中飞出，泵内的水被抛出后，叶轮的中心部分形成真空区域。一面不断地吸入液体，另一面又不断地给予吸入的液体一定的能量，将液体排出。离心泵便如此连续不断地工作。

如图 5-39 所示为空调热管理系统暖风水泵线路原理图，从中可以看出空调控制器的端子 G2IB/3 通过 K1-15 暖风水泵继电器、熔丝 F1/18，为暖风水泵供电。

如果 K1-15 暖风水泵继电器或其线路、熔丝 F1/18、空调控制器的控制信号、暖风水泵自身、接地等出现故障，会导致暖风水泵无法获得运转电源，水泵将

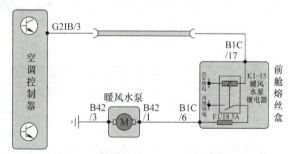

图 5-39　空调热管理系统暖风水泵线路原理图

不能运转；若在车辆充电时需要预热，动力电池内部温度低于充电时设定的最低温度值，可能导致整车充电时间延长，严重时甚至无法充电；若使用空调制热时，会使 PTC 水加热器两端的冷却液无法循环，将导出风口无暖风吹出。

15. PTC 水加热器

如图 5-40 所示为 PTC 水加热器及安装位置。PTC 水加热器接受空调系统暖风和温度请求信号后，充配电总成启动，驱动 PTC 水加热器通电工作，产生热量，将冷却液管路里的

冷却液加热。

在制热过程中，PTC 水加热器检测加热芯体温度、驾驶室内温度、加热电流和电压，再和空调控制器发送过来的温度请求信号进行对比，来调节 PTC 的加热电流，以达到制热温度的调节。

PTC 水加热器

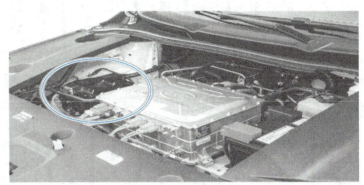
PTC 水加热器安装位置

图 5-40　PTC 水加热器及安装位置

PTC 热敏电阻的工作原理是一种能量的平衡，当电流流过 PTC 元件时，根据焦耳定律 $Q = I^2 R_t$ 的关系会产生热量，而产生的热便会全部或部分散发至环境中，没有散发出去的便会提高 PTC 元件的温度，如图 5-41 所示。

PTC 热敏电阻是由聚合物 PTC 原料掺加导体制成的，在正常温度下原料紧密地将导体束缚成结晶状的结构，构成一个低阻抗的链接，然而当大电流通过或周围环境温度升高导致元件温度升高时，在聚合物中的导体融化而变成无规律排列，体积膨胀并导致阻抗迅速提高，导电通路断开，电流减小，热量产生也随之减小。

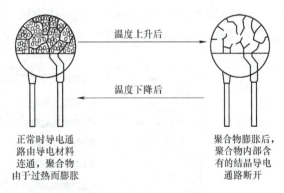

正常时导电通路由导电材料连通，聚合物由于过热而膨胀　　聚合物膨胀后，聚合物内部含有的结晶导电通路断开

图 5-41　PTC 工作原理

如果 PTC 水加热器温度传感器、PTC 水加热器内部电流、电压采集模块出现故障，将导致 PTC 加热主控制模块无法判断当前 PTC 工作状态，为防止火灾或触电事故发生，PTC 水加热器将停止 PTC 通电，这将导致空调系统无法制热。

16. PTC 水加热器线路

PTC 水加热器线路分为高压线路和低压线路，其中低压线路又分为电源和通信线路。

（1）高压线路

如图 5-42 所示为 PTC 水加热器线路原理图，从图中可以看出，动力电池高压直流电（DC 408.8V）进入充配电总成，通过其内部的 PTC 水加热器熔丝后流入 PTC 水加热器，为 PTC 水加热器提供动力电源。

（2）电源线路

如图 5-43 所示为 IG4 继电器线路原理图，从图中可以看出，IG4 继电器为动力电池水

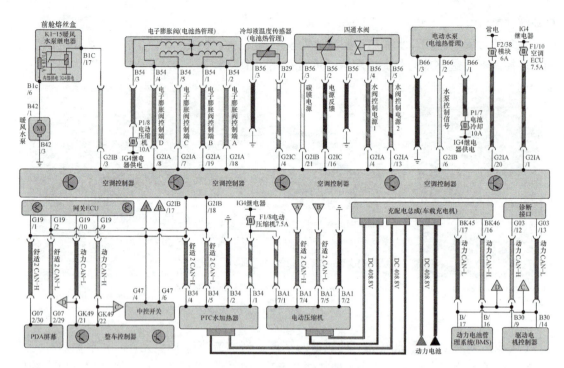

图 5-42 PTC 水加热器线路原理图

泵、电子膨胀阀、PTC 水加热器、电动压缩机、空调控制器等提供 +B 电源。空调控制器启动制冷、制热功能前，首先需要车身控制器 BCM 控制 IG4 继电器工作。

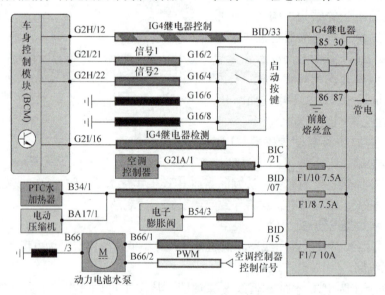

图 5-43 IG4 继电器线路原理图

如果 IG4 继电器供电电源、控制线路或自身出现问题，将导致 IG4 继电器不工作或工作后输出异常，无法为空调控制器、动力电池水泵、PTC 水加热器、电动压缩机等提供 +B 电源，空调控制器、动力电池水泵、PTC 水加热器、电动压缩机将无法工作，致使空调制冷、制热以及整车热管理功能失效。

(3) CAN 总线通信线路

如图 5-44 所示为 PTC 水加热器 CAN 总线通信原理图，从中可以看出，空调控制器、PTC 水加热器、电动压缩机、PDA 屏幕、网关 ECU、中控开关等组成一个舒适 2 CAN 总线网络，空调控制器与网关通信，接收动力 CAN 上的信息，从而完成对空调制热系统的控制和动力电池在充电和整车上电过程中使其温度达到最佳的工作温度。

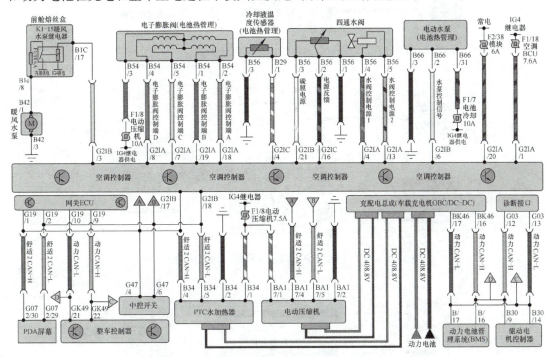

图 5-44　PTC 水加热器 CAN 总线通信原理图

如果 PDA 信息及动力 CAN、舒适 2 CAN 线路出现异常，PTC 水加热器将不启动，空调加热系统不工作，出风口没有热风吹出，PDA 屏幕显示"请检查空调系统"，电子扇高速运转，PDA 屏幕触屏按键失效，按压无反应。

17. 四通水阀

四通水阀工作原理

四通水阀通过内部的位置传感器监测水阀的位置，通过改变进出水阀的冷却液流向，实现对管路的冷却液分配。当四通水阀状态为空调采暖回路时，四通水阀的状态如图 5-45 所示。此时四通水阀通过自身的位置传感器信号反馈给空调控制器的电压为 0.87V，空调控制器识别到此信号后判知四通水阀的位置信息为空调采暖回路；当系统需要给动力电池预热时，四通水阀的状态如图 5-46 所示。

如图 5-47 所示为四通水阀线路原理图，如果四通水阀控制电源或自身出现故障，将导致水阀不能正常转换，致使冷却液卡在某个循环，很可能导致空调暖风系统及动力电池冷却、预热系统的管路无法切换。如果四通水阀位置传感器的碳膜电源、反馈电源、接地线或其自身出现故障，将导致空调控制器无法准确判断当前的水阀位置，进而无法准确切换至当前系统所需要的冷却液循环线路。

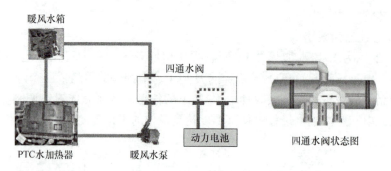

图 5-45 空调制热时四通水阀的冷却液流向示意图

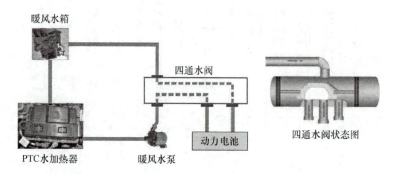

图 5-46 动力电池预热时四通水阀的冷却液流向示意图

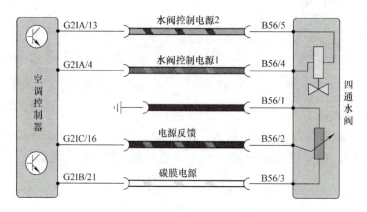

图 5-47 四通水阀线路原理图

任务 2　空调管理系统常见故障分析与诊断

任务描述

一辆电动轿车，来到修理厂进行修理，车主向业务员主诉说空调出现故障，同时空调无法制冷。您作为服务顾问，试车后请确定具体故障情况和程度，并向客户说明维修大约用时和费用。

任务目标

1. 知识目标

1）能描述电动汽车空调管理系统故障现象产生机理。
2）能描述电动汽车空调制冷系统故障现象产生机理。
3）能描述电动汽车空调制热系统故障现象产生机理。
4）能描述电动汽车空调关键部件的认知和故障检测。
5）能描述电动汽车 CAN 总线数据通信的认知和检测。
6）能描述电动汽车动力电池管理系统的认知和检测。
7）能描述电动汽车高压互锁线路结构和原理。
8）能描述电动汽车高压系统绝缘的监测和检测。

2. 能力目标

1）能借助原厂维修资料和对车辆的理解，对空调管理系统故障进行系统分析。
2）能借助原厂维修资料和对车辆的理解，对空调制冷系统故障进行系统分析。
3）能借助原厂维修资料和对车辆的理解，对空调制热系统故障进行系统分析。
4）能借助原厂维修资料和对车辆的理解，对空调系统综合故障进行系统分析。

3. 素质目标

1）能够按照企业 5S 要求和安全生产规范进行操作。
2）具有一定的沟通能力和团队合作能力。

4. 拓展目标

1）能对同一车型的空调系统故障进行诊断与排除。
2）能对其他车型的同类故障进行诊断与排除。

任务准备

1）防护装备：常规实训着装。
2）车辆、台架、总成：比亚迪（秦）EV 电动汽车整车或比亚迪（秦）EV 电动汽车整车解剖平台。
3）专用工具、设备：高压防护工具套装。
4）辅助材料：对应车型比亚迪（秦）EV 电动汽车线路图及维修手册。

知识准备

一、故障分析

空调制冷系统由 PDA 屏幕、空调控制器、压缩机、压缩机控制器、空调压力开关、电子扇、冷凝器、温度传感器、阳光传感器、冷却风扇、鼓风机、鼓风机调速模块、热交换器、电子膨胀阀、风门控制执行器、制冷管路、充配电总成（OBC/DC–DC 变换器）、VCU 等组成。

比亚迪（秦）EV 系列空调制热系统由 PDA 屏幕、空调控制器、PTC 水加热器、加热芯体（含温度传感器）、暖风水泵、鼓风机控制系统、风门控制执行器以及高压电源供给、冷却液管路等组成。

如图 5-48 所示为空调/热管理系统线路原理图,从中可知,空调制热系统主要由 PDA 屏幕、空调控制器、热交换器集成模块、暖风水泵、鼓风机调速模块、鼓风机、风门控制执行器、PTC 水加热器、四通水阀等组成;空调制冷系统主要由 PDA 屏幕、空调控制器、电动压缩机及控制器、P+T 传感器、空调压力开关、鼓风机调速模块、鼓风机、风门控制执行器、蒸发器温度传感器等组成;空调整车热管理系统包含制冷和制热系统以及电子膨胀阀、热交换器、四通水阀、电动水泵(电池热管理)、冷却液温度传感器(电池热管理)、数据总线等。

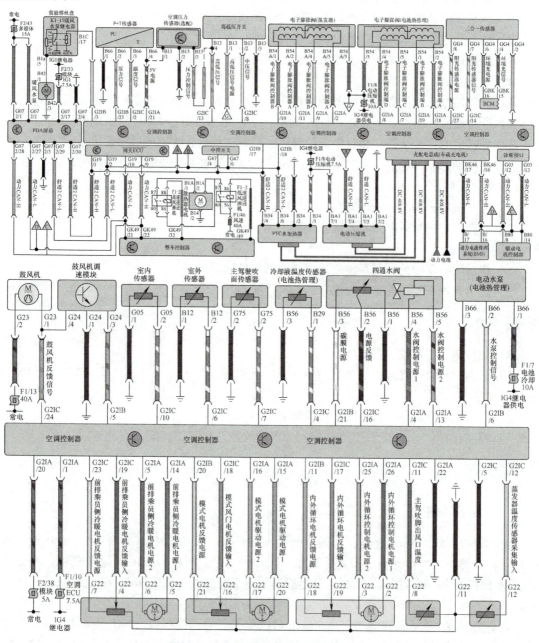

图 5-48 空调/热管理系统线路原理图

首先用正确的方法检测车辆辅助蓄电池电压为 +B，确保 +B 电压达到 12V 以上。然后对车辆进行操作，一般情况下会出现以下几种故障现象。

故障现象 1：踩下制动踏板并保持，打开点火开关，高压上电成功。观察组合仪表，此时组合仪表上"车外界温度"信息没有显示，如图 5-49 中的圆圈所示。

图 5-49　组合仪表异常显示

观察 PDA 屏幕，无异常显示。开启空调设置功能，PDA 屏幕上的调节按键变灰，按压无任何反应，同时 PDA 屏幕显示"请检查空调系统"，如图 5-50 所示。

结合以上信息，组合仪表上外界温度没有显示，而此温度信息是由空调控制器通过外界温度传感器来检测，并通过舒适 2 CAN 发送网关，再经过动力 CAN 发送至组合仪表，组合仪表进行显示。而仪表上无其他系统故障指示灯点亮及文字提示，说明舒适 2

图 5-50　PDA 屏幕异常显示

CAN、动力 CAN 总线通信、仪表及网关模块电源及工作均正常，故障可能存在于外界温度传感器、空调控制器或其线路。

打开空调开关，PDA 屏幕没有反应，但显示"请检查空调系统"，说明空调管理系统存在严重故障，而外界温度传感器的故障不至于造成整个系统工作异常，所以可能原因为：

1）空调控制器 +B 电源线路故障。
2）空调控制器 IG 电源线路故障。
3）空调控制器接地线路（断路、虚接）故障。
4）舒适 2 CAN 总线故障。
5）空调控制器自身故障。

故障现象 2：打开点火开关，车辆上电正常，组合仪表上外界温度显示正常，如图 5-51 中的方框所示。

但 PDA 屏幕黑屏，空调所有功能无法启动，如图 5-52 所示。

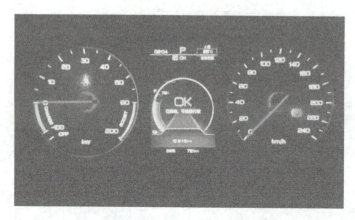

图 5-51　组合仪表显示图

结合以上信息，组合仪表上温度显示正常，说明空调控制器已启动工作。现在整车系统中只有 PDA 屏幕无法正常点亮，说明故障在于 PDA 自身故障，可能为：

1）PDA 屏幕 +B 电源线路故障。
2）PDA 屏幕 IG 电源线路故障。
3）PDA 屏幕舒适 2 CAN 总线通信线路（断路、虚接、短路）故障。
4）PDA 屏幕接地线路（断路、虚接）故障。
5）PDA 屏幕自身（局部）故障。

图 5-52　PDA 屏幕显示图

故障现象 3：开启空调制冷功能，使空调运行 1~2min，用手背感觉出风口温度和风量时，温度应明显低于环境温度，风量应和鼓风机调速开关所处位置对应，PDA 屏幕制冷功能显示图如图 5-53 所示，否则说明故障存在。

1）如果出风口风量正常，但温度无明显变化。

则可能为电动压缩机没有启动或启动后冷凝器冷凝效果差导致，结合此现象可能存在以下故障的一个或多个：

① 制冷系统制冷剂缺失。
② 空调压力开关或线路故障。
③ 空调 P+T 传感器或线路故障。
④ 室外环境温度传感器或线路故障。
⑤ 蒸发器温度传感器或线路故障。
⑥ 电动压缩机电源线路故障。
⑦ 电动压缩机 CAN 数据通信线路故障。

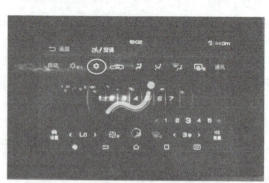

图 5-53　PDA 屏幕制冷功能显示

⑧ 温度执行器电机控制线路以及自身故障。
⑨ 温度执行器位置传感器线路以及自身故障。
⑩ 冷却风扇继电器电源、控制线路以及自身故障。
⑪ PDA 屏幕自身（局部）故障。
2）如果任何出风口一直没有风吹出，且驾驶室无法听见鼓风机"嗡嗡"的运转声。则可能存在以下故障的一个或多个：
① 鼓风机控制、电源线路以及自身故障。
② 鼓风机调速模块控制及反馈线路以及自身故障。

故障现象 4：分别调节出风口方向模式至除霜、面部、脚部、除霜/脚部位置，风向应和模式开关所处位置对应，如图 5-54 所示。如果出风口风向异常，则可能存在以下故障的一个或多个：

1）模式执行器电机控制线路以及自身故障。

2）模式执行器位置传感器电源、接地、信号线路以及自身故障。

3）模式开关故障或线路故障（PDA 屏幕内部）。

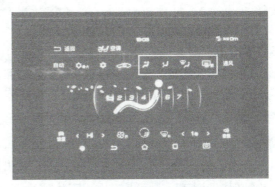

图 5-54　出风口模式调节及显示

故障现象 5：分别控制内外循环风门按键至内循环和外循环位置，观察内外循环执行器控制电机连接机构或导向板应转至对应位置，同时显示屏上应显示对应位置，如图 5-55 所示。如果异常，则可能存在以下故障的一个或多个：

1）内外循环执行器电机控制线路以及自身故障。

2）内外循环执行器位置传感器电源、接地、信号线路以及自身故障。

3）PDA 屏幕自身（局部）故障。

故障现象 6：开启空调制热功能，使空调运行 1~2min，用手背感觉出风口温度和风量时，温度应明显高于环境温度，风量应和鼓风机调速开关所处位置对应，如图 5-56 所示，控制面板上制热、风速调节。

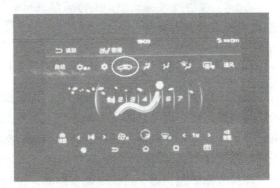

图 5-55　内外循环调节及显示

如果出风口温度无明显变化，则可能存在以下故障的一个或多个：

1）温度执行器电机控制线路以及自身故障。

2）温度执行器位置传感器线路以及自身故障。

3）PTC 水加热器舒适 2 CAN 通信线路故障。

4）PTC 水加热器电源线路以及自身故障。

5）水泵（暖风）电源、控制线路以及自身故障。

6）PTC 水加热器高压线路故障。

7) PDA 屏幕自身（局部）故障。

故障现象 7：在低温状态下充电，动力电池充电预热功能不启动或异常，结合空调及热管理控制流程，则可能存在以下故障的一个或多个：

1) 四通水阀控制电源 1 线路以及自身故障。
2) 四通水阀控制电源 2 线路以及自身故障。
3) 空调控制器舒适 2 CAN 通信线路以及自身故障。
4) 水泵（电池）控制、电源线路以及自身故障。
5) 暖风水泵控制、电源线路以及自身故障。

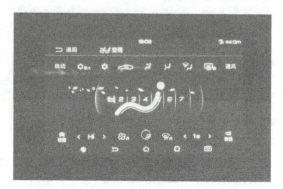

图 5-56　制热调节及显示

注意：首先需要确认空调暖风系统正常，如果空调暖风系统异常，排除暖风系统故障后进行以上诊断与分析。

故障现象 8：如果在高温状态下充电，动力电池冷却散热功能不启动或异常，结合空调及热管理控制流程，则可能存在以下故障的一个或多个：

1) 四通水阀控制电源 1 线路以及自身故障。
2) 四通水阀控制电源 2 线路以及自身故障。
3) 空调控制器舒适 2 CAN 通信线路以及自身故障。
4) 水泵（电池）线路以及自身故障。

注意：首先需要确认空调制冷系统正常，如果空调制冷系统异常，排除制冷系统故障后进行以上诊断与分析。

二、DTC 分析

现在的汽车一般都具有自诊断功能，即使通过故障现象可以明确故障范围，但也最好首先读取故障记忆，因为这特别有利于快速发现故障。如果有故障码，应清楚故障码的定义和生成的条件，并基于此展开诊断和故障检修；如果没有故障码，则基于系统的结构和工作原理进行系统诊断。

连接故障诊断仪器，扫描空调控制器，读取故障码，实测过程中会遇到三种情况：

1) 诊断仪器可以正常和空调控制器通信，但系统没有故障记忆。
2) 诊断仪器可以正常和空调控制器通信，并可以读取到系统中所存储的故障码。
3) 在打开点火开关后操作诊断仪器，诊断仪器不能正常和空调控制器通信，从而无法读取系统中所存储的故障码。此时，应操作诊断仪器和其他控制模块进行通信，综合所有控制模块的通信状况来判定故障所在。如图 5-57 所示为诊断仪器和空调控制器之间的通信原理图，从中可以看出，诊断仪器通过连接线（或无线或蓝牙通信）、OBD-Ⅱ诊断接口、CAN—BUS 与空调控制器或其他控制单元进行通信。

如果诊断仪器无法进入车辆所有系统，则可能是故障诊断仪器、诊断连接线、无线或蓝

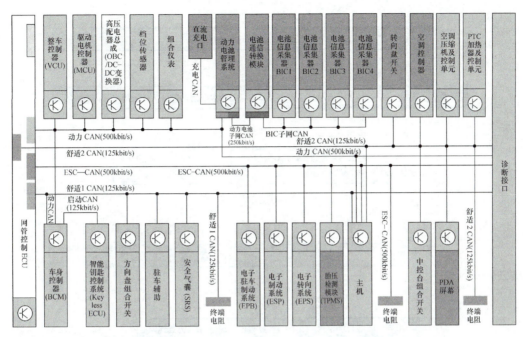

图 5-57　比亚迪（秦）EV 系列诊断通信线路原理图

牙通信、OBD-Ⅱ诊断接口、CAN—BUS 中的一个或多个出现故障；如果只是某个控制单元无法到达，则可能是该控制单元或其电源线路、相邻的 CAN—BUS 区间出现故障。

利用故障码进行故障诊断时按以下步骤进行：

1）读取故障码，查阅资料了解故障码的定义和生成条件。

2）第二步则必须是验证故障码的真实性，验证的方法也分两步。

① 清除故障码、模仿故障工况运行车辆、再次读取故障码。

② 通过数据流或在线测量值来判定故障真实性，并由此展开系统测量。

三、故障诊断

面对空调及热管理系统出现的故障，诊断及处理失误将给企业和个人造成相当大的损失。正确的诊断及处理，不可能来自于盲目的主观臆断，而应该建立在获取与故障有关信息的基础上，依据 PDA 屏幕、空调控制器、电动压缩机、PTC 水加热器、BMS、充配电总成、VCU 等的工作原理以及控制原理，运用科学的分析方法，按照合理的步骤进行综合分析。为了便于分析，不至于被众多杂乱无章的信息扰乱思路，需要结合线路原理图，遵从以下流程进行诊断维修。空调系统工作异常诊断流程，如图 5-58 所示。

根据故障码提示进行维修，利用诊断仪器读取故障码，按照本书提供的针对每个故障码制定的诊断流程进行故障诊断。

根据系统的结构原理，对点火电源+15、电动压缩机电源及舒适 2 CAN 通信、PDA 屏幕电源及舒适 2 CAN 通信、空调控制器电源及舒适 2 CAN 通信、PTC 水加热器电源及舒适 2 CAN 通信、空调压力开关、P+T 传感器、冷却风扇控制（高、低速）及继电器、鼓风机继电器及控制、鼓风机调速模块及控制、模式执行器电机、内外循环执行器电机、温度执行器电机、温度传感器、四通电磁阀及电源、循环水泵控制及电源、暖风水泵控制及电源、接插件等线路进行检测，检测方法参照本资源库的相关内容。

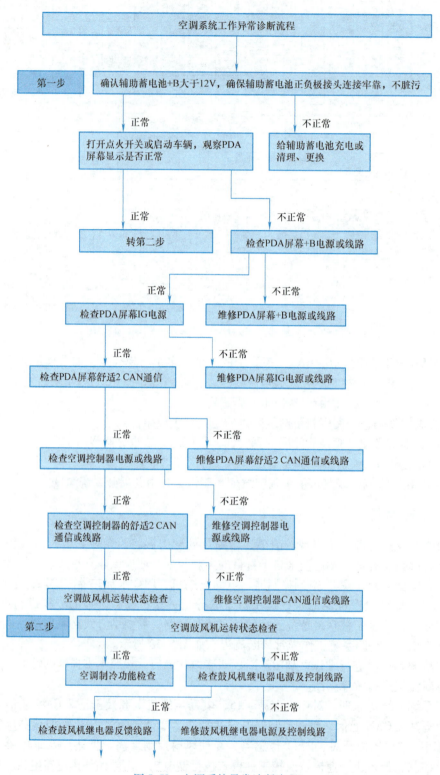

图 5-58 空调系统异常诊断流程

项目5 空调管理系统认知与检修

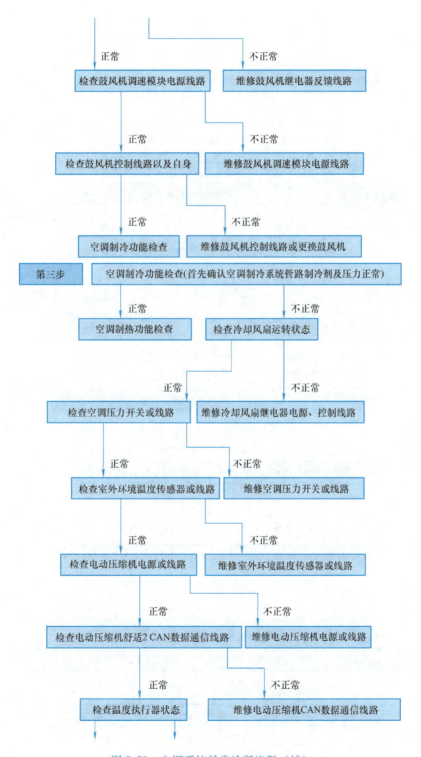

图 5-58 空调系统异常诊断流程（续）

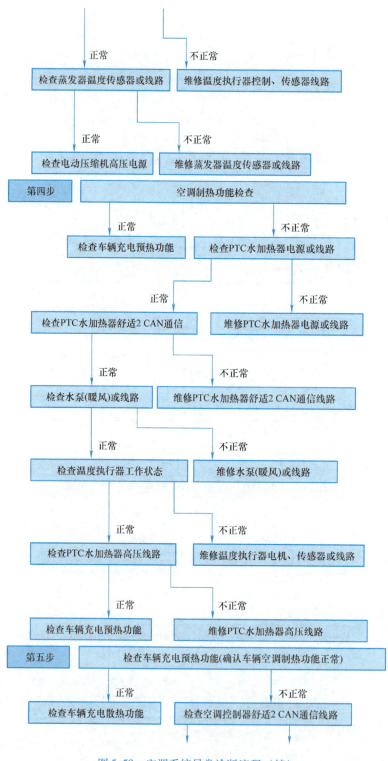

图 5-58 空调系统异常诊断流程(续)

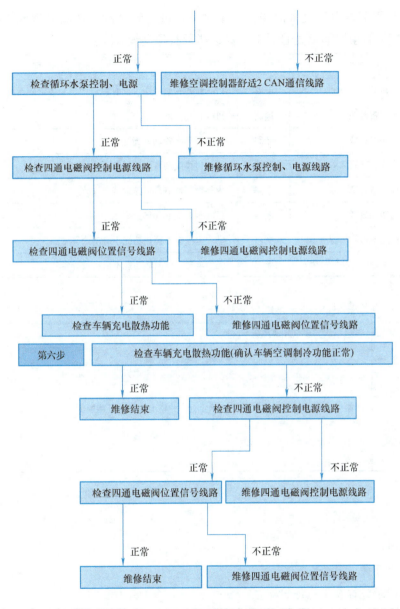

图 5-58 空调系统异常诊断流程（续）

四、总结拓展

1）技术报告：参照高职大赛工作页完成诊断报告，教师应根据需要设置好故障点，也可根据本书中提供的实际案例制定标准答案。

2）拓展实训：教师可以在车辆上给学生设置类似的其他故障，让学生独立完成，以考核学生的掌握水平。

任务实施

1）教师根据下表内容设置故障，学生对车辆进行测试，确认故障现象，进行系统分析，并得出故障可能原因。（配微课和视频以指导教师设置故障）

序号	故障部位	故障性质	故障现象
1	组合仪表显示故障	断路	PDA 屏幕没有反应，同时显示"请检查空调系统"
2	PDA 屏幕黑屏故障	断路	PDA 屏幕无法正常点亮
3	空调制冷功能故障	断路	PDA 屏幕制冷功能无显示
4	出风口模式调节故障	断路	出风口模式调节显示异常
5	内外循环调节故障	断路	内外循环调节显示异常
6	空调制热功能故障	断路	PDA 屏幕制热功能无显示
7	动力电池充电预热功能故障	断路	动力电池充电预热功能不启动或异常
8	动力电池冷却散热功能故障	断路	动力电池冷却散热功能不启动或异常

2）完成工作页填写。

故障现象描述	（包括故障现象和故障码）	得分
分析故障现象得出可能的故障原因	（结合故障现象及故障码进行故障分析，并得出故障的可能原因）	

评价反馈

1）小组讨论。

2）各小组互评。

3）教师记录过程并进行评价。

项目	评价内容	评价等级		
		A	B	C
关键能力考核项目	遵守纪律，遵守学习场所管理规定，服从安排			
	安全意识、责任意识、5S 管理意识，注重节约、节能与环保			
	学习积极主动，能参加安排的实习活动			
	团队合作意识，注重沟通，能自主学习及相互合作			
	仪容仪表符合活动要求			

(续)

项目	评价内容	评价等级		
		A	B	C
专业能力考核项目	按时按要求独立完成工作页、任务			
	工具、设备选择得当，使用符合技术要求			
	操作规范，符合要求			
	学习准备充分、齐全			
	注重工作效率与工作质量			
	技能点1：			
	技能点2：			
小组评语及建议		组长签名： 　　　　年　月　日		
老师评语及建议		老师签名： 　　　　年　月　日		

任务3　空调管理系统常见故障诊断与排除

任务描述

一辆电动轿车，来到修理厂进行修理，车主向业务员主诉说空调不能制冷，但打开空调能够正常吹风。服务顾问试车后确定此故障为空调管理系统线路故障。请你在约定的时间内对车辆进行检修，完成诊断报告单，将修好的车辆返还业务部门，并给客户提供用车建议。注意填写后附件中的汽车维修服务接车单。

任务目标

1. 知识目标

1）能描述电动汽车空调管理系统故障诊断流程。
2）能描述电动汽车空调制冷系统故障诊断流程。
3）能描述电动汽车空调制热系统故障诊断流程。
4）能描述电动汽车空调系统综合故障诊断流程。

2. 能力目标

1）能借助原厂维修资料和对车辆的理解，对空调管理系统故障进行诊断与排除。
2）能借助原厂维修资料和对车辆的理解，对空调制冷系统故障进行诊断与排除。
3）能借助原厂维修资料和对车辆的理解，对空调制热系统故障进行诊断与排除。
4）能借助原厂维修资料和对车辆的理解，对空调系统综合故障进行诊断与排除。

任务准备

1）防护装备：常规实训着装。
2）车辆、台架、总成：比亚迪（秦）EV 电动汽车整车或比亚迪（秦）EV 电动汽车整车解剖平台。
3）专用工具、设备：高压防护工具套装。
4）辅助材料：对应车型比亚迪（秦）EV 电动汽车线路图及维修手册。

知识准备

故障现象 1：空调控制器点火开关电源线路故障

1. 原理简介及系统影响

如图 5-59 所示为空调控制器点火开关电源线路原理图，从中可以看出，IG4 继电器输出的 +B 电源经过熔丝 F1/10 后为空调控制器提供 +B 电源。

如果该供电线路出现问题，将导致空调控制器供电异常，空调控制器在点火开关打开后无法被唤醒激活，导致空调控制器无法与其他模块进行通信，系统进入故障保护模式，空调系统不启动。

2. 故障现象描述

踩下制动踏板并保持，打开点火开关，车辆高压正常上电；但是仪表右上角外界温度信息无显示，如图 5-60 所示，其余正常。

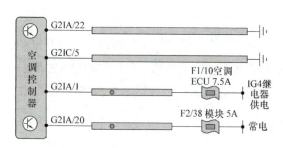

图 5-59　IG4 继电器线路原理图

图 5-60　组合仪表显示图

此时 PDA 屏幕上的按键功能失效且变灰，屏幕显示"请检查空调系统"，如图 5-61 所示，空调无法启动；打开前机舱盖，发现冷却风扇"嗡嗡"地高速运转，用手触摸空调低压管，低压管温度没有变化；再用手触摸电动压缩机外壳，发现压缩机没有振动的感觉。打开前机舱盖，用手触摸 PTC 水加热器管路，管路温度没有上升，PTC 没有启动加热功能。

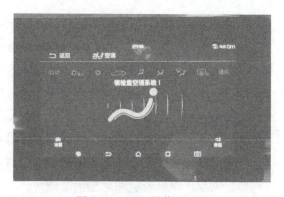

图 5-61　PDA 屏幕显示图

3. 故障现象分析

分析方法同前。

4. 故障诊断过程

第一步：读取故障码。

连接诊断仪器至 OBD 诊断接口，操作诊断仪器与空调控制器进行通信，发现无法进入；但从其他模块读取到主要故障码如图 5-62 所示。

图 5-62　IG4 继电器故障时空调控制器的故障码

第二步：故障码（DTC）分析。

诊断仪无法与空调控制器进行通信，且与 PTC 水加热器、整车控制器、BMS、组合仪表等四个模块同时失去通信，根据故障概率，只有空调控制器的舒适 2 CAN 总线或供电线路出现故障，才会造成故障现象。

> 注意：按照故障树诊断法，下一步应测试整车控制器的舒适 2 CAN 信号，测试方法同前，本处仅讲解点火开关电源线路测试内容。

第三步：线路测试。

1）测量空调控制器的端子 G2IA/1 对地电压，见表 5-7。

表 5-7　空调控制器的端子 G2IA/1 对地电压测试

测试条件和标准：打开点火开关，测试值应为 +B				
可能性	实测结果/V	状态	可能原因	操作
1	+B	正常	空调控制器接地线路或自身存在故障	测量空调控制器的接地线路的对地电压
2	0	异常	测试点上游线路存在断路故障	测量熔丝 F1/10 两端对地电压
3	0.1 ~ +B	异常	测试点上游线路存在虚接故障	

2）测量熔丝 F1/10 两端对地电压，见表 5-8。

> 注意：因为熔丝 F1/10 供电线路是通过熔丝盒内部线路连接，有时很难确定哪端属于供电端，哪端属于用电器端，因此可以同时对熔丝的两个端子进行测量。

表 5-8　熔丝 F1/10 两端对地电压测量

测试条件和标准：任何情况下测试值都应为 +B

可能性	实测结果/V	状态	可能原因	操作
1	+B, +B	正常	熔丝 F1/10 至空调控制器之间线路断路或虚接	测试该线路的导通性
2	0, 0	异常	熔丝 F1/10 供电线路断路	检修供电线路
3	+B, 0	异常	熔丝损坏	测量负载端对地电阻
4	均 0.1 ~ +B	异常	熔丝 F1/10 供电线路虚接	检修供电线路
5	+B, 0.1 ~ +B	异常	熔丝 F1/10 内阻过大	更换相同规格熔丝

3）测试熔丝 F1/10 与空调控制器之间线路的导通性，见表 5-9。

表 5-9　熔丝 F1/10 与空调控制器的端子 G2IA/1 之间线路的导通性测量

测试条件和标准：关闭点火开关，拔掉空调控制器接插器和熔丝 F1/10，该导线端对端的电阻应近乎为 0Ω

可能性	实测结果/Ω	状态	可能原因	操作
1	近乎为 0	正常	插接器故障	检修插接器
2	∞	异常	熔丝 F1/10 与控制器之间线路断路	检修线路
3	存在电阻	异常	熔丝 F1/10 与控制器之间线路虚接	

4）测量熔丝 F1/10 与空调控制器之间线路的对地电阻，见表 5-10。

表 5-10　熔丝 F1/10 与空调控制器端子 G2IA/1 之间线路的对地电阻测试

测试条件和标准：关闭点火开关，拔掉空调控制器插接器和熔丝 F1/10，测量空调控制器端子 G2IA/1 对地电阻，测试电阻应为 ∞。注意：需先确认以上模块、元件之间连接线路无断路或电阻过大故障

步骤	测试条件	实测结果/Ω	状态	可能原因	下一步操作
1	—	∞	正常	空调控制器局部故障	转本表第 2 种可能
		明显大于 0	异常	线路对地虚接	检修线路
		近乎为 0	异常	线路对地短路	
2	连接空调控制器插接器	∞	正常	—	更换熔丝
		存在电阻	异常	控制器内部对地虚接	更换空调控制器
		近乎为 0	异常	控制器内部对地短路	

5）测量空调控制器的接地线路对地电压。

注意：端子 G2IA/22、G2IC/5 为空调控制器提供电源主接地，此处只对端子 G2IA/22 进行测量，端子 G2IC/5 测量方法类似，不再陈述。如果接地线路不正常，可能致使空调控制器功率不足，导致空调控制器工作不稳定或不工作。对空调控制器的接地线路进行检查时，可使用万用表测量端子 G2IA/22 对地电压，见表 5-11。

表 5-11 空调控制器的端子 G2IA/22 对地电压测量

测试条件和标准：在任何工况条件下，空调控制器的端子 G2IA/22 对地电压应小于 0.1V

可能性	实测结果/V	状态	可能原因	操作
1	0	正常	空调控制器存在故障	更换空调控制器
2	0.1 ~ +B	异常	模块接地线路虚接或断路	检修线路、接地点

5. 诊断结论验证

注意：完成诊断修理后，某些 DTC 需要将点火开关旋至 OFF（关闭）位置，然后旋回至 ON（打开）位置之后，故障诊断仪功能才会清除 DTC。

1）将点火开关置于 OFF（关闭）位置。
2）安装所有诊断时拆下或更换的部件及插接器。
3）将点火开关置于 ON（打开）位置。
4）清除 DTC。
5）关闭点火开关 60s。
6）踩下制动踏板，打开点火开关，车辆仪表显示正常，切换至 D 位或 R 位进行试车，车辆运行正常；操作 PDA 屏幕，切换不同模式，确认空调系统在各模式下均工作正常，维修结束。

6. 故障机理分析

空调管理系统点火开关电源线路、继电器自身、熔丝 F1/10 等异常，将导致空调控制器的端子 G2I/1 供电异常，造成空调控制器在点火开关打开时无法被唤醒激活，致使空调控制器与其他模块无法通信，PDA 屏幕上显示"请检查空调系统"，PDA 屏幕按键无反应，空调系统不工作，风扇高速运转。

故障现象 2：暖风水泵无法运转故障

1. 原理简介及系统影响

如图 5-63 所示为空调暖风水泵线路原理图，从中可以看出空调控制器的端子 G2IB/3 通过控制 K1-15 暖风水泵继电器的吸合与断开，再通过熔丝 F1/18 为暖风水泵提供电源。

注意：循环水泵的故障分析和诊断方法与之类似。

如果 K1-15 暖风水泵供电线路及其自身等出现故障，会导致暖风水泵无法获得运转电源，水泵将不能运转。若车辆充电时需要预热，则会造成动力电池内部温度低于充电时设定的最低温度值，导致充电时间延长，严重时甚至无法充电；若开启的是空调的制热功能，由于暖风水泵不工作，致使冷却液循环无法循环，最终导致出风口无暖风吹出。

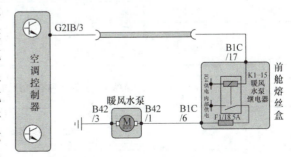

图 5-63 空调暖风水泵线路原理图

2. 故障现象描述

开启空调制热功能，使空调运行 1~2min，用手背感觉出风口温度和风量时，调节温度旋钮，温度翻板转动，出风口吹出风量正常，但出风没有温度（自然风）；打开前机舱盖无法听见暖风水泵运转的"嗡嗡"声音，用手触摸发现暖风水泵不工作，时间长了后会发现膨胀水箱中的冷却液液面逐渐升高，严重时会从水箱中溢出。

3. 故障现象分析

结合现象及工作原理，说明故障有可能为暖风水泵不工作造成的，即水泵控制或水泵自身故障造成。

4. 故障诊断过程

第一步：读取故障码。

连接诊断仪，访问风加热 PTC 系统，读取到故障码 B123698，冷却液温度过热。

第二步：故障码（DTC）分析。

结合故障现象和故障码，说明由于暖风水泵不运转，导致冷却液不循环而使其局部温度过高，可能原因有：

1）暖风水泵自身故障。

2）暖风水泵供电线路故障。

第三步：线路测试。

1）测量暖风水泵的端子 B42/1 对地电压，见表 5-12。

表 5-12　暖风水泵的端子 B42/1 对地电压测试

测试条件和标准：打开点火开关，测试值应为 +B				
可能性	实测结果/V	状态	可能原因	操作
1	+B	正常	暖风水泵接地线路或自身可能存在故障	测量暖风水泵的端子 B42/3 对地电压
2	0	异常	测试点上游线路存在断路故障	测量熔丝 F1/18 两端对地电压
3	方波电压脉冲	异常	测试点上游线路存在虚接故障	

2）测量熔丝 F1/18 两端对地电压，见表 5-13。

表 5-13　熔丝 F1/18 两端对地电压测试

测试条件和标准：打开点火开关，测试值都应为 +B				
可能性	实测结果/V	状态	可能原因	操作
1	+B，+B	正常	熔丝 F1/18 至暖风水泵之间线路断路或虚接	测量熔丝与暖风水泵之间线路的导通性
2	0，0	异常	熔丝 F1/18 的供电线路断路	对 K1-15 暖风水泵继电器的输出进行测量
3	+B，0	异常	熔丝 F1/18 损坏	测量暖风水泵与熔丝间的线路对地电阻
4	方波电压脉冲	异常	熔丝 F1/18 的供电线路虚接	对 K1-15 暖风水泵继电器的输出进行测量
5	+B，0.1~+B 间的方波	异常	熔丝 F1/18 内阻过大	更换熔丝

3)测量熔丝 F1/18 与暖风水泵的 B42/1 端子间线路的导通性,见表 5-14。

表 5-14　熔丝 F1/18 与暖风水泵的 B42/1 端子间线路的导通性测试

可能性	实测结果/Ω	状态	可能原因	操作
测试条件和标准:关闭点火开关,拔掉暖风水泵的 B42 接插器和熔丝 F1/18,该导线端对端电阻应近乎为 0Ω					
1	近乎为 0	正常	插接器故障	检修插接器
2	∞	异常	熔丝 F1/18 与暖风水泵的 B42/1 端子间线路断路	检修线路
3	存在电阻	异常	熔丝 F1/18 与暖风水泵的 B42/1 端子间线路虚接	检修线路

4)测量暖风水泵与熔丝 F1/18 之间线路对地电阻,见表 5-15。

表 5-15　暖风水泵的端子 B42/1 与熔丝 F1/18 间的线路对地电阻测试

可能性	实测结果/Ω	状态	可能原因	操作
测试条件和标准:关闭点火开关,拔掉暖风水泵的 B42 接插器和熔丝 F1/18,测试电阻应为∞。注意:需先确认以上模块、元件之间连接线路无断路或电阻过大故障					
1	∞	正常	熔丝损坏	更换相同规格的熔丝
2	存在电阻	异常	暖风水泵与熔丝 F1/18 之间线路对地虚接	检修线路
3	近乎为 0	异常	暖风水泵与熔丝 F1/18 之间线路对地短路	检修线路

5)测量 K1-15 暖风水泵继电器输出对地电压,见表 5-16。

表 5-16　K1-15 暖风水泵继电器的输出端子对地电压测试

可能性	实测结果/V	状态	下一步操作
测试条件和标准:打开启动按钮或车辆充电时,用示波器测量 K1-15 暖风水泵继电器输出端子的对地电压,标准值为 +B				
1	+B	正常	检查继电器输出端子到熔丝 F1/18 间的线路
2	方波电压脉冲	异常	说明测试点上游线路可能存在虚接故障,测量继电器触点的供电端子对地电压
3	0	异常	说明测试点上游线路可能存在断路故障,测量继电器的其他端子对地电压

6)测量继电器触点的供电端对地电压,见表 5-17。

表 5-17　继电器触点的供电端对地电压测试

可能性	实测结果/V	状态	下一步操作
测试条件和标准:任何时候,用示波器继电器的内部供电端的端子对地电压,标准值为 +B				
1	+B	正常	如果上一步测得结果为方波,说明继电器内部触点接触不良,进行主继电器单件测试;如果上一步测得结果为 0V,说明继电器内部触点未吸合或损坏,测试继电器控制端对地电压
2	方波电压脉冲	异常	说明测试点上游线路可能存在虚接故障,检修线路
3	0	异常	说明测试点上游线路可能存在断路故障,检修线路

7)测量继电器控制端对地电压,见表 5-18。

表 5-18　继电器控制端对地电压测试

可能性	实测结果/V	状态	可能原因	下一步操作
\[测试条件和标准：打开启动按钮或车辆充电时，用万用表测量继电器控制端对地电压，标准值为 +B 切换到 0V。注意：先连接万用表，再打开启动按钮\]				
1	+B 切换到 0	正常	继电器触点或线圈损坏	进行主继电器单件测试
2	始终为 +B	异常	测试点下游线路可能存在断路故障	测量空调控制器的端子 G2IB/3 对地电压
3	始终 0	异常	测试点上游线路可能存在断路故障	测量继电器 IG4 供电端对地电压

8）测量继电器 IG4 供电端的端子对地电压，见表 5-19。

表 5-19　继电器 IG4 供电端的端子对地电压测试

测试条件和标准：打开点火开关，用万用表测量继电器 IG4 供电端对地电压，标准值为 +B

可能性	实测结果/V	状态	下一步操作
1	+B	正常	如果上一步测得结果为 +B 到 0，说明继电器内部线圈断路，进行主继电器单件测试
2	0 到 +B 的某个值	异常	说明 IG4 供电线路可能存在虚接故障，检修线路
3	0	异常	说明 IG4 供电线路可能存在虚接故障，检修线路

9）测量空调控制器的端子 G2IB/3 的对地电压，见表 5-20。

表 5-20　空调控制器的端子 G2IB/3 的对地电压测试

测试条件和标准：打开启动按钮或车辆充电时，用万用表测量空调控制器的端子 G2IB/3 对地电压，标准值为 0V 切换到 +B。注意：先连接万用表，再打开启动按钮

可能性	实测结果/V	状态	可能原因	下一步操作
1	+B 切换到 0	正常	空调控制器的端子 G2IB/3 到继电器的控制端之间线路断路	测量该线路的到导通性
2	始终为 0	异常	空调控制器内部故障	更换空调控制器
3	始终 +B	异常	空调控制器内部故障	更换空调控制器
4	0 至 +B 间的某个值切换到 0	异常	空调控制器内部故障	更换空调控制器

10）继电器单件测试，见表 5-21。

表 5-21　继电器单件测试

测试条件和标准：关闭启动按钮，拔下主继电器，用万用表测量继电器的控制端和 IG4 供电端的端子间线圈电阻，标准值为 60~200Ω

可能性	实测结果/Ω	状态	可能原因	下一步操作
1	60~200	正常	继电器内触点故障	转本表第 3 步
2	除 60~200 外	异常	线圈断路、短路、电阻过大	更换继电器
3	说明：只有在电阻正常的情况下才能进行通电测试 继电器控制端接辅助蓄电池负极，IG4 供电端的端子接辅助蓄电池正极，用万用表测量另外两个端子之间的电阻，应从无穷大切换到导通。如果不是，更换继电器			

11）测量暖风水泵接地线路的对地电压，见表 5-22。

表 5-22　暖风水泵接地线路的对地电压测试

测试条件和标准：在任何工况条件下，暖风水泵的 B42/3 端子对地电压应小于 0.1V					
可能性	实测结果/V	状态	可能原因	操作	
1	0	正常	暖风水泵存在故障	更换暖风水泵	
2	0.1～+B	异常	暖风水泵接地线路虚接或断路	检修线路、接地点	

5. 诊断结论验证

注意：完成诊断修理后，某些 DTC 需要将点火开关旋至 OFF（关闭）位置，然后旋回至 ON（打开）位置之后，故障诊断仪功能才会清除 DTC。

1）将点火开关置于 OFF（关闭）位置。
2）安装所有诊断时拆下或更换的部件及插接器。
3）将点火开关置于 ON（打开）位置。
4）清除 DTC。
5）关闭点火开关 60s。
6）踩下制动踏板，打开点火开关，车辆仪表显示正常，切换至 D 位或 R 位进行试车，车辆运行正常；开启空调制热功能，暖风热量正常；此时，用手触摸暖风水泵转速正常，冷却液管道压力正常；操作 PDA 屏幕按键，检查其他功能都正常，维修结束。

6. 故障机理分析

空调控制器通过控制 K1-15 暖风水泵继电器的吸合来给暖风水泵的端子 B42/1 进行供电，使其运转。由于线路故障，暖风水泵接收不到+B 电源，暖风水泵无法正常运转，导致空调无暖风，且无法为动力电池预热。

故障现象 3：鼓风机调速反馈信号线路故障

1. 原理简介及系统影响

从图 5-64 所示的空调鼓风机线路原理图中可以看出，+B 电源通过熔丝 F1/13 至鼓风机的端子 G23/2 后，经线圈流至鼓风机的端子 G23/1，由鼓风机端子 G23/1 进入调速模块 G24/4 端子，再从调速模块端子 G24/1 流至接地，构成回路。

当调节鼓风机转速开关，空调控制器

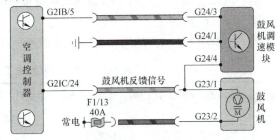

图 5-64　空调鼓风机线路原理图

接收到开关信号后计算处理，由端子 G2IB/5 向鼓风机调速模块发出电压信号，控制调速模块内部大功率管的导通电流。空调控制器输出电压越高，鼓风机转速越高。

鼓风机运转的同时，调速模块通过其端子 G24/4 向空调控制器提供一个鼓风机转速反馈信号，鼓风机转速越高，反馈信号电压越小。

如果反馈信号出现异常，空调控制器无法获知当前鼓风机的状态及速度，将无法精确地对鼓风机进行控制，此时操作 PDA 屏幕界面，仪表上的调速显示正常，但鼓风机不出风或者出风量异常。

2. 故障现象描述

踩下制动踏板并保持，打开点火开关，车辆正常上电。按压空调面板上的"制冷"按键，开启空调制冷功能，空调面板正常点亮，PDA 屏幕可以正常显示出风量的调节，如图 5-65 所示，但鼓风机不能对调节需求做出正确的反应。

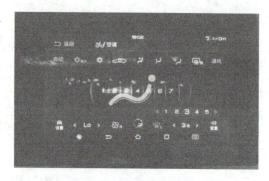

图 5-65　空调风速调节及显示图

3. 故障现象分析

暖风机没有对驾驶人的调节需求做出正确的反应，根据暖风机的工作原理，可能原因为：

1）鼓风机控制线路故障。
2）鼓风机接地线路故障。
3）鼓风机自身故障。

4. 故障诊断过程

为了进一步确认及缩小故障部位，借用诊断仪器读取空调控制器模块内故障码和数据流，对故障部位做进一步解析。

第一步：读取故障码。

连接诊断仪器，访问空调控制器，读取系统故障码如图 5-66 所示。

图 5-66　空调系统故障码信息

第二步：故障码（DTC）分析。

结合故障现象及故障码，得知鼓风机反馈信号异常，造成鼓风机转速失调。

第三步：线路测试。

1）测量空调控制器的端子 G2IC/24 对地电压，见表 5-23。

表 5-23　空调控制器端子 G2IC/24 对地测试

测试条件和标准：仪表上的"OK"指示灯点亮后开启空调，调节鼓风机调速开关，在不同档位，反馈信号电压变化应符合要求									
可能性	实测结果/V							状态	操作
	1档	2档	3档	4档	5档	6档	7档		
1	10.36	9.40	8.39	6.80	5.36	3.30	1.24	正常	说明空调控制器自身故障，考虑更换
2	0							异常	说明空调控制器自身故障或者信号线路对地短路，下一步检查线路对地电阻
3	部分 + B							异常	说明鼓风机调速器自身故障或者信号线路对 + B 短路，下一步检查线路对 + B 短路
4	其他数值							异常	说明鼓风机调速模块、空调控制器自身故障或者信号线路故障，下一步检查鼓风机调速模块的线路输出

2）测量鼓风机调速控制反馈信号线路的导通性，见表 5-24。

表 5-24　空调控制器的端子 G2IC/24 与鼓风机调速模块的端子 G24/4 之间线路的导通性测试

可能性	实测结果/Ω	状态	可能原因	操作
\multicolumn{5}{l}{测试条件和标准：关闭点火开关，拔掉空调控制器端插接器、鼓风机调速模块端插接器，测试该导线端对端电阻应近乎为 0Ω}				
1	近乎为 0	正常	线束插接器故障	检修插接器
2	明显存在电阻	异常	线路虚接	检修线路
3	∞	异常	线路断路	

3）测量空调控制器的端子 G2IC/24 到鼓风机调速模块之间线路的对地电阻，见表 5-25。

表 5-25　空调控制器的端子 G2IC/24 到鼓风机调速模块的端子 G24/4 间线路的对地电阻测试

测试条件和标准：关闭点火开关，拔掉空调控制器端插接器、鼓风机调速模块、鼓风机端插接器，测量线路对地的电阻应为 ∞。注意：需先确认模块、元件之间连接线路无断路或电阻过大故障

步骤	测试条件	实测结果/Ω	状态	可能原因	操作
1	—	∞	正常	鼓风机调速模块、空调控制器对地线路短路故障	转本表第 2 种可能
		明显大于 0	异常	线路对地虚接	检修线路
		近乎为 0	异常	线路对地短路	
2	连接空调控制器端插接器	∞	正常	鼓风机调速模块故障	转本表第 3 种可能
		存在电阻	异常	空调控制器内部对地虚接	更换空调控制器
		近乎为 0	异常	空调控制器内部对地短路	
3	连接鼓风机调速模块端插接器	∞	正常	—	维修结束
		存在电阻	异常	鼓风机调速模块内部对地虚接	更换鼓风机调速模块
		近乎为 0	异常	鼓风机调速模块内部对地虚接	

4）测量空调控制器的端子 G2IC/24 到鼓风机调速模块之间线路对 +B 是否短路，见表 5-26。

表 5-26　空调控制器的端子 G2IC/24 到鼓风机调速模块之间线路对 +B 短路测试

测试条件和标准：关闭点火开关，拔掉空调控制器端插接器、鼓风机调速模块、鼓风机端插接器，测试电阻应为 ∞。注意：需先确认模块、元件之间连接线路无断路或电阻过大故障

可能性	测试条件	实测结果/Ω	状态	可能原因	操作
1	—	∞	正常	空调控制器或鼓风机调速模块自身故障	转本表 2
		几乎为 0	异常	线路存在对电源短路故障	检修线路
2	安装空调控制器的插接器	∞	正常	鼓风机调速模块自身故障	转本表 3
		几乎为 0	异常	空调控制器内部对电源短路故障	更换空调控制器
3	安装鼓风机调速模块的插接器	∞	正常	插接器松动	检查两端插接器
		几乎为 0	异常	鼓风机调速模块内部对电源短路故障	更换鼓风机调速模块

5. 诊断结论验证

> 注意：完成诊断修理后，某些 DTC 需要将点火开关旋至 OFF（关闭）位置，然后旋回至 ON（打开）位置之后，故障诊断仪功能才会清除 DTC。

1）将点火开关置于 OFF（关闭）位置。
2）安装所有诊断时拆下或更换的部件及插接器。
3）诊断时，拆除过或更换过的部件及模块，根据需要执行调整、编程或设置程序。
4）将点火开关置于 ON（打开）位置。
5）清除 DTC。
6）关闭点火开关 60s。
7）踩下制动踏板，打开点火开关，车辆仪表显示正常，切换至 P 位或 R 位进行试车，车辆运行正常。操作空调面板，切换不同模式，确认空调系统在各模式下均工作正常。
8）关闭点火开关，连接充电枪，车辆慢充电功能正常。（快充由于条件有限，此处不做测试验证）
9）维修结束。

6. 故障机理分析

鼓风机反馈信号存在异常，造成空调控制器无法知晓调速模块的工作状态，进而导致指令失调，鼓风机运转异常。

故障现象 4：空调压力开关高/低压信号故障

1. 原理简介及系统影响

如图 5-67 所示为空调压力开关的线路原理图，IG4 继电器输出 +B 电源，通过熔丝 F1/8 至压力开关，通过开关内部高压（常闭）和低压（常闭）开关至空调控制器，空调控制器检测到此线路电压即可判断空调管路压力状态。

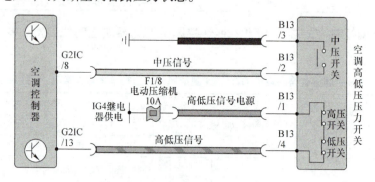

图 5-67 空调压力开关线路原理图

如果空调压力开关信号出现故障，空调控制器将无法准确识别当前制冷剂压力。若误判为压力过低或过高，将导致空调控制器禁止启动压缩机，空调系统不制冷；若中压开关信号出现故障，打开空调制冷系统，可导致电子扇一直处于高速运转状态。

2. 故障现象描述

踩下制动踏板并保持，打开点火开关，"OK" 指示灯正常点亮，外界温度显示正常，电子制动器指示灯显示正常，如图 5-68 所示。

按压空调面板上的"制冷"开关，启动空调制冷系统，空调面板正常点亮启动，如图 5-69 所示，鼓风机正常运转。1min 后使用手背感觉出风口温度时，发现出风口温度没有变化。打开前机舱盖，发现电子扇不运转，用手触摸空调低压管，低压管温度没有变化。再用手触摸空调压缩机外壳，发现压缩机没有振动的感觉，空调压缩机没有启动。

图 5-68　组合仪表显示图

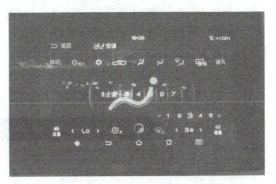
图 5-69　空调面板显示图

3. 故障现象分析

从如图 5-70 所示的空调系统线路图上可以看出，空调压缩机不能运转的原因，除了电动压缩机本身、正负高压电源、正负低压电源、通信线路以外，就是整个系统是否满足电动压缩机工作的条件。

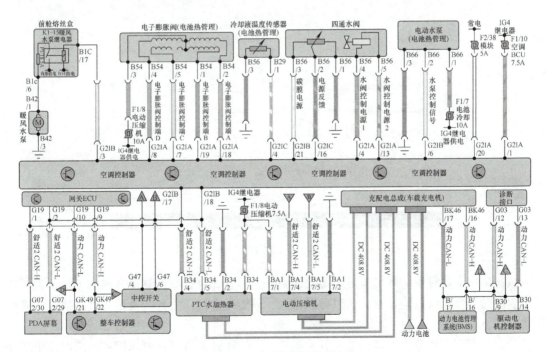
图 5-70　空调系统线路图

而此时高压系统上电正常，仪表所有显示也正常，说明 BMS、MCU、VCU、充配电管理单元、PTC 加热控制器、空调压缩机及控制器、空调控制器等自检正常，而电动压缩机不能运转，可能原因为：
1) 外界温度（≥-1℃）及温度传感器线路故障。
2) 蒸发箱温度（≥4℃）及温度传感器（≥-1℃）故障。
3) 空调管路压力（0.196MPa≤压力≤3.14MPa）及压力开关线路故障。

而此时仪表上外界温度显示25℃，说明外界温度以及温度传感器信息符合空调压缩机启动条件，可以排除。所以故障可能为以上2) 3) 两种原因造成的。

4. 故障诊断过程

第一步：读取故障码。

连接诊断仪，访问空调控制器，故障码如图5-71所示。

图5-71 空调控制器故障码信息

第二步：故障码（DTC）分析。

故障码说明空调管路处于高压状态或低压状态，为了进一步验证故障码的真实性，可使用诊断仪器读取数据流，如图5-72所示。

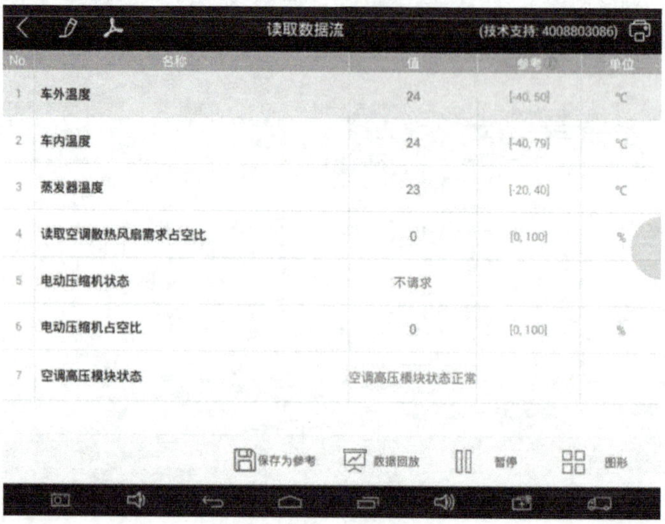

图5-72 空调系统数据流

数据流中车内温度、环境温度、蒸发器温度显示且都符合空调制冷开启的条件，说明这三个温度传感器及线路均正常，所以可以排除，只能是空调压力开关及信号线路故障造成此现象。

结合空调压力传感器内部构造及开关功能，高低压开关负责空调压缩机的启停，中压开关负责电子扇高速的启停，故障应为高低压开关的以下一项或多项：

1) 高低压开关电源线路故障。
2) 高低压开关至空调控制器之间信号线路故障。

3）高低压开关自身故障。
4）空调控制器局部故障。

第三步：线路测试。

1）测量空调控制器端子 G2IC/13 的对地电压，见表 5-27。

表 5-27　空调控制器端子 G2IC/13 对地电压的测试

可能性	压力表数值	实测结果/V	状态	操　作
\multicolumn{5}{l}{测试条件和标准：连接空调压力表，打开点火开关，"OK"指示灯点亮后，开启空调，测试值应随管路压力变化而变化}
1	0.196～3.14MPa 之间	+B	正常	转本表 2
		0	异常	说明高低压信号线路存在断路/虚接故障，下一步测量压力开关端子 B13/4 的对地电压
		0～+B	异常	
2	大于 3.14MPa 或小于 0.196MPa	+B	异常	如果此时压力大于 3.14MPa 时则说明高压开关故障，如果此时压力低于 0.196MPa 时则说明低压开关故障，更换空调压力开关再进行测试
		0	正常	可能控制器内部故障，更换空调控制器再进行测试

2）测量压力开关端子 B13/4 的对地电压，见表 5-28。

表 5-28　压力开关端子 B13/4 对地电压的测试

可能性	压力表数值	实测结果/V	状态	操　作
\multicolumn{5}{l}{测试条件和标准：连接空调压力表，打开点火开关，"OK"指示灯点亮后，开启空调，测试值应随管路压力变化而变化}
1	0.196～3.14MPa	+B	正常	端子 G2IC/13 到端子 B13/4 间线路存在虚接/断路故障，下一步对线路导通性进行测试
		0	异常	说明空调压力开关高/低压信号线路存在断路故障，下一步测量压力开关端子 B13/1 的对地电压
		0～+B	异常	

3）测量压力开关端子 B13/1 的对地电压，见表 5-29。

表 5-29　压力开关端子 B13/1 对地电压的测试

可能性	压力表数值	实测结果/V	状态	操　作
\multicolumn{5}{l}{测试条件和标准：连接空调压力表，打开点火开关，"OK"指示灯点亮后，开启空调，测试值应为 +B}
1	0.196～3.14MPa	+B	正常	说明空调压力开关高/低压开关存在断路故障，下一步对开关进行单件检测
		0	异常	说明空调压力开关高/低压电源线路存在虚接/断路故障，下一步测量熔丝 F1/8 两端对地电压
		0～+B	异常	

4）测量熔丝 F1/8 两端对地电压，见表 5-30。

表 5-30 熔丝 F1/8 两端电压测试

测试条件和标准：点火开关打开，踩下制动踏板，"OK"指示灯点亮后开启空调，压力表数值在 0.196~3.14MPa 之间，熔丝两端标准均应为 +B

可能性	实测结果/V	状态	可能原因	操 作
1	+B，+B	正常	熔丝 F1/8 到压力开关之间线路断路或虚接	测量熔丝 F1/8 到压力开关之间线路的导通性
2	0，0	异常	熔丝 F1/8 供电线路断路	检修熔丝供电线路
3	+B，0	异常	熔丝损坏	测量熔丝下游线路的对地电阻
4	均 0.1~+B 间	异常	熔丝 F1/8 供电线路虚接	检修熔丝供电线路
5	+B，0.1~+B 间	异常	熔丝 F1/8 内阻过大	更换熔丝

5）测量熔丝 F1/8 到压力开关之间线路的对地电阻，见表 5-31。

表 5-31 熔丝 F1/8 电动压缩机 10A 到压力开关的端子 B13/1 间线路的对地电阻测试

测试条件和标准：点火开关关闭，拔掉空调控制器的 G2IC 插接器，空调压力开关 B13 的插接器，以及熔丝 F1/8 电动压缩机 10A，测试电阻应为 ∞

步骤	附加条件	实测结果/Ω	状态	可能原因	操作
1	—	∞	正常	空调控制器、空调压力开关可能存在故障	转本表的 2
		明显大于 0	异常	线路对地虚接	检修线路
		近乎为 0	异常	线路对地短路	
2	连接空调控制器插接器	∞	正常	空调压力开关可能存在故障	转本表的 3
		存在电阻	异常	空调控制器内部对地虚接	更换空调控制器
		近乎为 0	异常	空调控制器内部对地短路	
3	连接空调压力开关	∞	正常	熔丝损坏	更换相同规格的熔丝
		存在电阻	异常	空调压力开关线路对地虚接	转本表的 4
		近乎为 0	异常	空调压力开关线路对地短路	

6）高/低压开关信号线路导通性测试，见表 5-32、表 5-33。

表 5-32 熔丝 F1/8 电动压缩机 10A 和端子 B13/1 之间线路导通性的测试

测试条件：关闭点火开关，拔掉熔丝 F1/8 电动压缩机 10A，断开 G2IC 插头，测试熔丝 F1/8 电动压缩机 10A 和端子 B13/1 之间线路的电阻值，标准值近乎为 0Ω

可能性	实测结果/Ω	状态	下一步操作
1	近乎为 0	正常	检修插接器
2	存在电阻	异常	维修或更换线束
3	∞	异常	维修或更换线束

表 5-33　G2IC/13 和 B13/4 间线路导通性的测试

测试条件：关闭点火开关，断开 G2IC 插接器和 B13/4 插接器，测试端子 G2IC/13 和端子 B13/4 之间线路的电阻值，标准值近乎为 0Ω

可能性	实测结果/Ω	状态	下一步操作
1	近乎为 0	正常	检修插接器
2	存在电阻	异常	维修或更换线束
3	∞	异常	维修或更换线束

5. 诊断结论验证

注意：完成诊断修理后，某些 DTC 需要将点火开关旋至 OFF（关闭）位置，然后旋回至 ON（打开）位置之后，故障诊断仪功能才会清除 DTC。

1）将点火开关置于 OFF（关闭）位置。
2）安装所有诊断时拆下或更换的部件及插接器。
3）诊断时，拆除过或更换过的部件及模块，根据需要执行调整、编程或设置程序。
4）将点火开关置于 ON（打开）位置。
5）清除 DTC。
6）关闭点火开关 60s。
7）踩下制动踏板，打开点火开关，车辆仪表显示正常，切换至 P 位或 R 位进行试车，车辆运行正常。操作空调面板，切换不同模式，确认空调系统在各模式下均工作正常。
8）关闭点火开关，连接充电枪，车辆慢充电功能正常（快充由于条件有限，此处不做测试验证）。
9）维修结束。

6. 故障机理分析

空调系统高低压开关信号故障造成系统运转条件不满足，空调压缩机被禁止启动，导致车辆空调制冷功能无法运行。

故障现象 5：空调 P+T 传感器信号故障

1. 原理简介及系统影响

如图 5-73 所示为空调 P+T 传感器的线路连接图。从中可以看出空调控制器为 P+T 传感器提供 +5V 电压；P+T 传感器为空调控制器提供压力和温度信号。

若空调 P+T 传感器的供电、接地、信号线路及自身出现故障，将可能造成空调控制器无法正确判断系统内的制冷剂的压力、温度信息，系统进入故障保护模式，空调制冷系统不启动，此时将关闭压缩机。

2. 故障现象描述

踩下制动踏板并保持，打开点火开关，"OK"指示灯正常点亮，外界温度显示正常，电子制动器指示灯显示正常。按压空调面板上的"制冷"开关，启动空调制冷系统，空调面板正常点亮启动，如图 5-74 所示，此时鼓风机正常运转。1min 后使用手背感觉出风口温度时，发现出风口温度没有变化。打开前机舱盖，发现电子扇正常不转，用手触摸空调低压管，低压管温度没有变化。再用手触摸空调压缩机外壳，发现压缩机没有振动的感觉，空调压缩机没有启动。

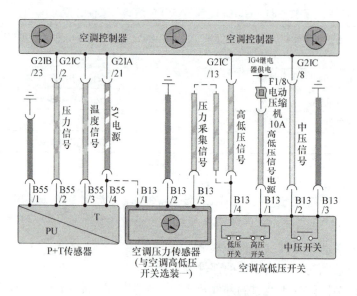

图 5-73 空调 P+T 传感器工作原理图

3. 故障现象分析

同故障现象 3。

4. 故障诊断过程

第一步：读取故障码。

连接诊断仪，访问空调控制器，故障码如图 5-75 所示。

第二步：故障码（DTC）分析。

根据读取到的故障码，说明故障应在 P+T 及信号线路，为了进一步验证故障部位，使用诊断仪器读取数据流。此时读取到的数据流如图 5-76 所示。

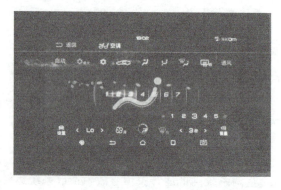

图 5-74 空调面板显示图

图 5-75 空调控制器故障码信息

数据流中车内温度、环境温度、蒸发器温度显示，且都符合空调制冷开启的条件，说明这三个温度传感器和线路正常，所以可以排除，只有空调 P+T 传感器及信号线路造成此现象。

结合空调 P+T 传感器内部构造及功能，故障应为空调 P+T 传感器的以下一项或多项：

1）空调 P+T 传感器压力信号线路故障。

2）空调 P+T 传感器接地线路开路、虚接、短路故障。

图 5-76 空调系统数据流

3）空调 P+T 传感器自身故障。
4）空调控制器局部故障。
第三步：线路测试。
参考本书温度传感器的线路故障测试方法进行。

5. 诊断结论验证

> 注意：完成诊断修理后，某些 DTC 需要将点火开关旋至 OFF（关闭）位置，然后旋回至 ON（打开）位置之后，故障诊断仪功能才会清除 DTC。

1）将点火开关置于 OFF（关闭）位置。
2）安装所有诊断时拆下或更换的部件及插接器。
3）诊断时，拆除过或更换过的部件及模块，根据需要执行调整、编程或设置程序。
4）将点火开关置于 ON（打开）位置。
5）清除 DTC。
6）关闭点火开关 60s。
7）踩下制动踏板，打开点火开关，车辆仪表显示正常，切换至 P 位或 R 位进行试车，车辆运行正常。操作空调面板，切换不同模式，确认空调系统在各模式下均工作正常。
8）关闭点火开关，连接充电枪，车辆慢充电功能正常（快充由于条件有限，此处不做测试验证）。
9）维修结束。

6. 故障机理分析

空调 P+T 传感器信号故障造成系统运转条件不满足，空调压缩机被禁止启动，导致车辆空调制冷功能无法运行。

故障现象 6：蒸发器温度传感器线路故障

1. 原理简介及系统影响

如图 5-77 所示为蒸发器温度传感器线路原理图，基于结构和工作原理，蒸发器温度传感器的信号电压随外界温度在 0.5~4.2V 之间变化，温度越高，输出信号电压越低。如果蒸发器温度传感器信号出现故障，将导致空调控制器无法正确识别当前的蒸发器温度信号，导致压缩机不启动、电子扇不转。

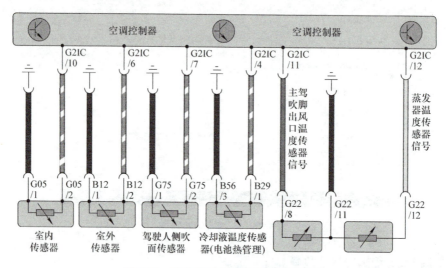

图 5-77 蒸发器温度传感器线路原理图

2. 故障现象描述

踩下制动踏板并保持，打开点火开关，"OK"指示灯正常点亮后，仪表上外界温度显示正常，电子制动器指示灯显示正常。按压空调面板上的"制冷"开关，启动空调制冷系统，空调面板正常点亮启动，如图 5-78 所示，鼓风机正常运转。1min 后使用手背感觉出风口温度时，发现出风口温度无明显变低且风速大小调节正常，压缩机不启动、电子扇不转。

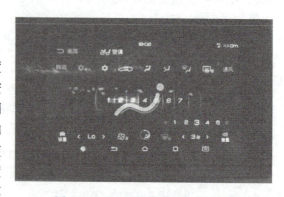

图 5-78 空调面板操作界面显示图

3. 故障现象分析

同故障现象 3。

4. 故障诊断过程

第一步：读取故障码。

连接诊断仪，访问空调控制器，系统故障码如图 5-79 所示。

图 5-79 空调控制器故障码信息

第二步：故障码（DTC）分析。

故障码显示蒸发器温度传感器断路，为了进一步验证故障部位，可使用诊断仪器读取数据流。此时读取到的数据流如图 5-80 所示，显示线路确实存在断路，可能原因为：
1）蒸发器温度传感器至空调控制器信号线路故障。
2）蒸发器温度传感器接地线路开路、虚接。
3）蒸发器温度传感器自身故障。
4）空调控制器局部故障。

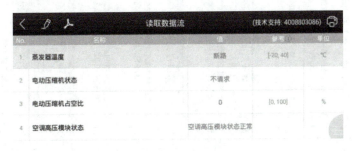

图 5-80　空调系统数据流

第三步：线路测试。
参考本书温度传感器的线路故障测试方法进行。

5. 诊断结论验证

> 注意：完成诊断修理后，某些 DTC 需要将点火开关旋至 OFF（关闭）位置，然后旋回至 ON（打开）位置之后，故障诊断仪功能才会清除 DTC。

1）将点火开关置于 OFF（关闭）位置。
2）安装所有诊断时拆下或更换的部件及插接器。
3）诊断时，拆除过或更换过的部件及模块，根据需要执行调整、编程或设置程序。
4）将点火开关置于 ON（打开）位置。
5）清除 DTC。
6）关闭点火开关 60s。
7）踩下制动踏板，打开点火开关，车辆仪表显示正常，切换至 P 位或 R 位进行试车，车辆运行正常。操作空调面板，切换不同模式，确认空调系统在各模式下均工作正常。
8）关闭点火开关，连接充电枪，车辆慢充电功能正常（快充由于条件有限，此处不做测试验证）。
9）维修结束。

6. 故障机理分析

空调控制器始终检测蒸发器温度传感器的信号电压值，此信号是直接反应蒸发器温度信息，空调控制器参考蒸发器温度传感器的信号电压更精准地控制压缩机动作。若蒸发箱温度小于 4℃ 时，为防止蒸发箱结霜冻冰的现象发生，空调控制器会关闭制冷系统，此时压缩机将停止运转。

故障现象 7：冷暖风门电机线路故障

1. 原理简介及系统影响

如图 5-81 所示为冷暖风门电机线路原理图，从中可以看出，空调控制器通过双源控制的方式为冷暖风电机提供电源，靠一个滑动电阻的反馈信号识别电机的转动位置，其电压在

1.38～3.44V 之间变化，最终停留在某一位置。

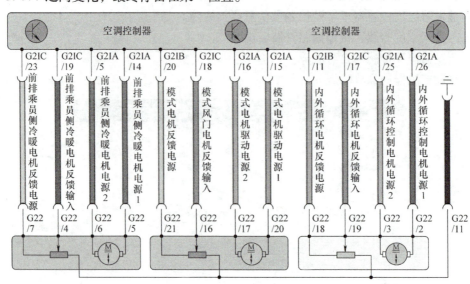

图 5-81　冷暖风门电机线路原理图

如果冷暖风门电机或其位置传感器的工作出现故障，将导致空调控制器无法控制或者正确识别冷暖风门的当前位置，导致冷暖风门电机不动作，只停留在一种位置模式下，从而使自动空调、手动制热或制冷控制功能丧失。

2. 故障现象描述

踩下制动踏板并保持，打开点火开关，"OK"指示灯正常点亮，仪表上外界温度显示正常，电子制动器指示灯显示正常。按压空调面板上的"制冷"开关，启动空调制冷系统，空调面板正常点亮启动，鼓风机正常运转。

1min 后使用手背感觉出风口温度时，发现出风口温度没有变化，同时听见前机舱处电子扇发出"嗡嗡"的运转声音。打开前机舱盖，用手触摸空调低压管，低压管温度逐渐变凉。再用手触摸空调压缩机外壳，发现压缩机有明显振动的感觉，此时空调压缩机已经启动。

3. 故障现象分析

压缩机正常启动、电子扇正常运转、风速可以调节，只是出风口的温度没有变化，说明空调系统已经开始进行了制冷过程，只是出风口温度仍然没有变化，重点怀疑冷暖电机不动作致使在某一位置停留。

4. 故障诊断过程

第一步：读取故障码。

连接诊断仪，访问空调控制器，故障码如图 5-82 所示。

图 5-82　空调控制器故障码信息

第二步：故障码（DTC）分析。

为了进一步验证故障码真实性，可以使用诊断仪器读取数据流，如图 5-83 所示为空调系统数据流信息。

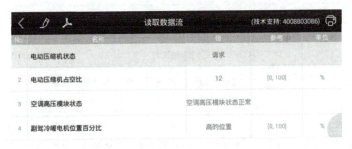

图 5-83　空调系统数据流

数据流中空调压缩机状态为请求、电动压缩机占空比为 12%、空调高压模块状态正常，实际中压缩机也正常工作，说明高压系统及通信线路正常，只有冷暖风电机位置信息在制冷或制热模式下始终没有变化。结合冷暖风电机的功能和工作原理，故障可能为以下的一项或多项：

1）冷暖风电机电源 1 线路故障。

2）冷暖风电机电源 2 线路故障。

3）冷暖风电机位置反馈信号参考电源线路故障。

4）冷暖风电机位置反馈信号线故障。

5）冷暖风电机自身故障。

6）空调控制器局部故障。

第三步：线路测试。

1）测量空调控制器的端子 G2IC/19 对地电压，见表 5-34。

表 5-34　空调控制器的端子 G2IC/19 对地电压测量

| 测试条件和标准：打开点火开关，操作空调 PDA 屏幕，将温度从 "Lo" 调至 "Hi"，测试值应从 3.44V 变为 1.38V ||||
可能性	实测结果/V	状态	可能原因	操作
1	从 3.44 变为 1.38	正常	—	如果诊断仪数据流显示冷暖电机位置异常，则考虑更换空调控制器
2	0	异常	冷暖风门电机的端子 G22/4 和空调控制器的端子 G2IC/19 之间线路断路	测量冷暖风门电机的端子 G22/4 对地电压
3	约为 5	异常	冷暖风门电机的端子 G22/4 和空调控制器的端子 G2IC/19 之间线路对电源短路或者传感器接地线路断路	冷暖风门电机的端子 G22/4 和空调控制器的端子 G2IC/19 之间线路对地电压

2）测量冷暖风门电机的端子 G22/4 对地电压，见表 5-35。

表 5-35　冷暖风门电机的端子 G22/4 对地电压测量

可能性	实测结果/V	状态	可能原因	操作
\multicolumn{5}{l}{测试条件和标准：打开点火开关，操作空调 PDA 屏幕，将温度从 "Lo" 调至 "Hi"，测试值应从 3.44V 变为 1.38V}
1	从 3.44 变为 1.38	正常	如果上一步测试结果为 0V，则说明冷暖风门电机的端子 G22/4 和空调控制器的端子 G2IC/19 之间线路断路	测量冷暖风门电机的端子 G22/4 和空调控制器的端子 G2IC/19 之间线路导通性
2	0	异常	冷暖风门电机的端子 G22/7 和空调控制器的端子 G2IC/23 之间线路断路	测量冷暖风电机的反馈信号电源线路的导通性
3	大于 5	异常	冷暖风门电机的 G22/4 端子和空调控制器的 G2IC/19 端子之间线路对电源短路或者传感器接地线路断路	冷暖风门电机的端子 G22/4 和空调控制器的端子 G2IC/19 之间线路对地电压

3）冷暖风门电机的端子 G22/4 和空调控制器的端子 G2IC/19 之间线路的导通性测试，见表 5-36。

表 5-36　冷暖风门电机的端子 G22/4 和空调控制器的端子 G2IC/19 之间线路的导通性测量

可能性	实测结果/Ω	状态	可能原因	操作
\multicolumn{5}{l}{测试条件和标准：关闭点火开关，拔掉空调控制器端插接器、冷暖风门电机端插接器，该导线端对端电阻应近乎为 0Ω}
1	近乎为 0	正常	插接器故障	检修插接器
2	∞	异常	线路断路	检修线路
3	大于 5	异常	线路虚接	检修线路

4）冷暖风门电机的端子 G22/4 和空调控制器的端子 G2IC/19 之间线路对地电阻，见表 5-37。

表 5-37　冷暖风门电机的端子 G22/4 和空调控制器的端子 G2IC/19 之间线路对地电阻测量

步骤	附加条件	实测结果/Ω	状态	可能原因	操作
\multicolumn{6}{l}{测试条件和标准：关闭点火开关，拔掉空调控制器端插接器、冷暖风门电机端插接器，测试对地电阻应为 ∞}
1	—	∞	正常	冷暖风门电机、空调控制器可能存在故障	转本表的 2
		存在电阻	异常	线路虚接或短路	检修线路
2	连接空调控制器端插接器	∞	正常	冷暖风门电机故障	转本表的 3
		存在电阻	异常	空调控制器内部故障	更换空调控制器
3	连接冷暖风门电机插接器，测量冷暖风门电机的端子 G22/4 和空调控制器的端子 G2IC/19 之间线路对地电压	∞	正常	—	维修结束
		存在电阻	异常	冷暖风门电机内部故障	更换冷暖风门电机

5）测量冷暖风门电机的接地线端子 G22/11 对地电压，见表 5-38。

表 5-38　冷暖风门电机的接地线端子 G22/11 对地电压测量

可能性	实测结果/V	状态	可能原因	操作
测试条件和标准：在任何工况条件下，空调控制器的端子 G2IA/22 对地电压应小于 0.1V					
1	0	正常	传感器存在故障	更换冷暖风门电机
2	0.1 ~ +B	异常	接地线路存在虚接	检修线路、接地点

5. 诊断结论验证

> 注意：完成诊断修理后，某些 DTC 需要将点火开关旋至 OFF（关闭）位置，然后旋回至 ON（打开）位置之后，故障诊断仪功能才会清除 DTC。

1）将点火开关置于 OFF（关闭）位置。
2）安装所有诊断时拆下或更换的部件及插接器。
3）诊断时，拆除过或更换过的部件及模块，根据需要执行调整、编程或设置程序。
4）将点火开关置于 ON（打开）位置。
5）清除 DTC。
6）关闭点火开关 60s。
7）踩下制动踏板，打开点火开关，车辆仪表显示正常，切换至 P 位或 R 位进行试车，车辆运行正常。操作空调面板，切换不同模式，确认空调系统在各模式下均工作正常。
8）关闭点火开关，连接充电枪，车辆慢充电功能正常（快充由于条件有限，此处不做测试验证）。
9）维修结束。

6. 故障机理分析

由于冷暖风门电机的位置信号出现异常，导致空调控制器无法准确控制风门电机的运转，使风门电机卡滞在热风位置，当制冷时，冷风无法从风门输出。

任务实施

1. 教师设置故障

参照知识准备"相关知识"设置相应故障。（配微课和视频以指导教师设置故障）

案例 1　故障设置列表

序号	故障部位	故障性质
1	IG4 继电器	熔断、虚接、短路
2	F1/12 熔丝	断路、虚接、接触不良
3	G2IA/1 与 IG4 继电器之间线路	断路、虚接
4	空调控制器 G21A/22、G2IC/5 车身接地线路	断路、虚接

案例 2　故障设置列表

序号	故障部位	故障性质
1	熔丝 F1/18	熔断、电阻过大
2	暖风水泵控制线路	断路、虚接、短路
3	暖风水泵接地线路	断路、虚接
4	暖风水泵内线圈	断路、虚接、短路

案例 3　故障设置列表

序号	故障部位	故障性质
1	鼓风机调速模块反馈信号线路	断路、虚接、短路
2	鼓风机继电器反馈线路	断路、虚接
3	插接器	虚接、退针

案例 4　故障设置列表

序号	故障部位	故障性质
1	空调压力开关高/低压信号线路	断路、虚接、短路
2	熔丝 F1/8 电动压缩机 10A	断路、虚接、短路
3	空调压力开关	断路、虚接、短路
4	空调压力开关中压信号线路	断路、虚接、短路
5	空调压力开关中压信号接地线路	断路、虚接、短路
6	插接器	虚接、退针

案例 5　故障设置列表

序号	故障部位	故障性质
1	空调 P+T 传感器的信号线路	断路、虚接、短路
2	空调 P+T 传感器的供电线路	断路、虚接、短路
3	空调 P+T 传感器的接地线路	断路、虚接、短路
4	插接器	虚接、退针

案例 6　故障设置列表

序号	故障部位	故障性质
1	蒸发器温度传感器信号线路	断路、虚接、短路
2	蒸发器温度传感器接地线路	断路、虚接、短路
3	插接器	虚接、退针

案例 7　故障设置列表

序号	故障部位	故障性质
1	冷暖风门电机信号线路	断路、虚接、短路
2	冷暖风门电机接地线路	断路、虚接、短路
3	插接器	虚接、退针

2. 教师随机设置故障，学生分组排除并完成工作页工单

故障现象描述	（包括故障现象和故障码）	得分
分析故障现象得出可能的故障原因	（结合故障现象及故障码进行故障分析，并得出故障的可能原因）	
故障点和故障类型确认过程	（完成记录测试过程，直到故障排除。每一步都要求记录测试对象、测试条件、实测结果及判断）	
故障机理分析	（分析故障部位及故障性质为什么会导致此故障现象）	

3. 故障修复后检查，并填写完工单

请留下您宝贵的意见！以便我们为您提供更好的服务					尊敬的车主阁下：我中心已遵照您的尊意，将您的座驾□修理□保养□检验完毕，经检查发现您的座驾还有以下问题，敬请您早作处理，以确保您旅途愉快！		完工检验
质量	技术	□好	□一般	□差	检查结果：	处理意见：	检验结果：
	设备	□先进	□落后				
	操作	□规范	□一般	□不规范			
工期	待工	□长	□一般				处理意见：
	待料	□长	□一般				
价格	工价	□满意	□能接受	□不能接受			
	料价	□满意	□能接受	□不能接受			备注：
服务	态度	□热情	□一般	□冷淡			
	环境	□整洁	□一般	□脏乱			
	秩序	□有序	□一般	□混乱			班组签名：
	手续	□烦琐	□简便				
抱怨处理情况	□能得到有效处理 □不能得到有效处理				检验员签名： 技术主管签名：		检验员签名：
其他建议：					出厂检验： 1. 确认油、液及所有安全项目均已检查 2. 检查工单是否填写完整 3. 旧件的处理同车主的交涉是否完成 4. 确认车辆内外的清洁是否完成 5. 清点随车工具和其他物品 6. 确认维修作业位置没有弄脏或弄坏 7. 确认实际维修更换件项目和费用是否与报修单相符		服务顾问签名：

评价反馈

1）小组讨论。
2）各小组互评。
3）教师记录过程并进行评价。

项目	评价内容	评价等级		
		A	B	C
关键能力考核项目	遵守纪律，遵守学习场所管理规定，服从安排			
	安全意识、责任意识、5S管理意识，注重节约、节能与环保			
	学习积极主动，能参加安排的实习活动			
	团队合作意识，注重沟通，能自主学习及相互合作			
	仪容仪表符合活动要求			
专业能力考核项目	按时按要求独立完成工作页、任务			
	工具、设备选择得当，使用符合技术要求			
	操作规范，符合要求			
	学习准备充分、齐全			
	注重工作效率与工作质量			
	技能点1：			
	技能点2：			
小组评语及建议		组长签名： 年　月　日		
老师评语及建议		老师签名： 年　月　日		

任务拓展

● 调研和查阅其他车型资料，对比空调管理系统在功能、操作、结构、线路等方面的差异。

巩固提高

一、填空题

1. 比亚迪（秦）EV电动汽车系列整车空调系统的主要功能除了像传统汽车具有的

_____四个功能外，同时为了保护动力电池、增加动力电池续航能力以及缩短充电时间，整车空调系统还负责动力电池的热管理功能，即_____。

2. 以往的燃油汽车可利用发动机的余热，而电动汽车的余热较少（温度也较低），因此需要单独的加热系统。目前的新能源汽车以采用正温度系数的热敏电阻PTC加热器直接加热空气或水的方式居多。比亚迪（秦）EV系列采用的是_____。

3. 空调控制器的对外线路主要由供电电源和CAN通信线路组成，其中电源由两路组成：一路为+B电源，另一路为IG4电源。如果+B电源出现异常，将导致空调控制器内部存储的临时性数据及信息丢失，同时，与其他模块进行正常的通信功能丧失，致使_____。如果IG4电源出现问题，将导致_____。而此时PDA屏幕如果接收到点火信号后激活，与空调控制器进行数据交换时无法通信，PDA屏幕将显示"请检查空调系统"来提醒驾驶人。

4. 结合线路图，写出影响"打开空调开关，PDA屏幕没有反应，同时显示'请检查空调系统'"的可能因素有：

（1）空调控制器+B电源线路故障。

（2）_____。

（3）_____。

（4）_____。

（5）_____。

5. 空调控制器输出电压越高，鼓风机转速越高，反馈信号电压越小。如果反馈信号出现异常，根据鼓风机的工作原理，可能原因为：

（1）鼓风机控制线路故障。

（2）_____。

（3）_____。

二、选择题

1. 制冷系统启动后，电动压缩机在运行过程中，根据（　　）、压力、（　　）等信号的变化以及汽车运行状况和外界环境条件，自行调节制冷剂流量以达到节能、降噪和实现车厢环境最优化的控制目的。

A. 电压　　　　B. 转速　　　　C. 温度　　　　D. 电流

2. （　　）是空调系统制冷、制热、通风、除霜以及动力电池热管理的大脑。

A. VCU　　　　B. 空调控制器　　　　C. 压缩机　　　　D. 电子膨胀阀

3. PTC热敏电阻的工作原理是一种能量的平衡，当（　　）流过PTC元件时会产生热量，而产生的热便会全部或部分散发至环境中，没有散出去的便会提高PTC元件的温度。

A. 电压　　　　B. 空气　　　　C. 冷却液　　　　D. 电流

4. 新能源汽车一般使用的压缩机是（　　）。

A. 斜盘式　　　　B. 涡旋式　　　　C. 曲柄连杆式　　　　D. 叶片式

5. 如果冷暖风门电机或其位置传感器的工作出现故障，将导致冷暖风门电机不动作，（　　）。

  A. 只停留在一种位置模式   B. 只停留在自动空调模式

  C. 只停留在手动制热或制热模式   D. 可以调节任何一种模式

6. （　　）是适应机电一体化的制冷节流元件，它响应快，流量调节范围宽，可以按预设的各种调节规律进行控制。它能保证制冷装置中设备（蒸发器）的高效率使用，运行稳定，能耗低，温度控制精度好。

  A. 散热器风扇   B. 节温器   C. 电子膨胀阀   D. 温度传感器